Paul Hindemith

Sonata for Double Bass and Piano | Sonate für Kontrabaß und Klavier

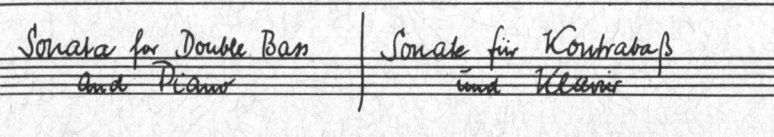

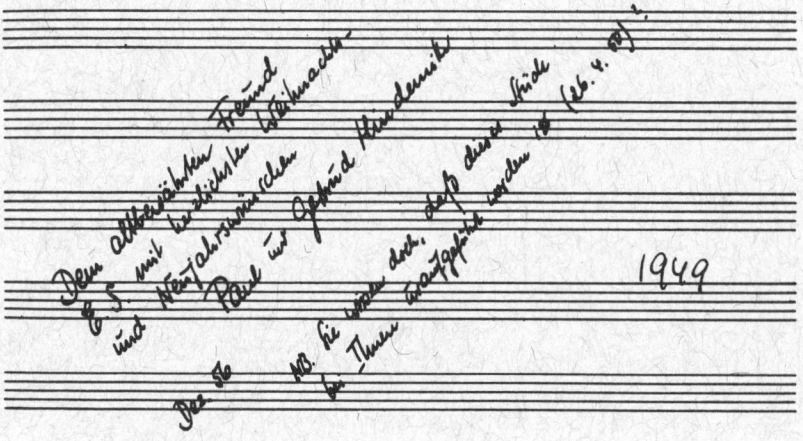

1949

Allegretto (♩ = 96)

Neff

Egon Seefehlner

Die Musik meines Lebens

Vom Rechtspraktikanten zum Opernchef
in Berlin und Wien

PAUL NEFF VERLAG · WIEN

ISBN 3-7014-0193-4

Umschlag- und Einbandentwurf von Werner Sramek
Umschlagfoto Österr. Bundestheaterverband/A. Zeininger
Vorsatz: links Brief an den Autor mit Genesungswünschen
und Zeichnung von Jean Cocteau, rechts Titelblatt der
Sonate für Kontrabaß und Klavier von Paul Hindemith
Gedruckt und gebunden beim Wiener Verlag
Hergestellt im Auftrag des Paul Neff Verlages, Wien

Meinen Eltern
und allen guten Freunden gewidmet

Inhalt

9

Vorwort

Ich sitze in meiner Wohnung am Esteplatz auf dem Sessel, der durch sieben Jahre geduldig und ohne zu knarren die physische Last meiner Körperlichkeit und die psychischen Anstrengungen meines Amtes getragen hat, und den mir der Hausverwalter des Bundestheaterverbandes als eine Art Abschiedsgeschenk ins Ausgedinge mitgab. Er hat vier intakte Beine, obwohl man doch sagt, daß am Direktorsessel der Wiener Oper ununterbrochen gesägt wird. Hinter mir, auf der Hinterseite der Rückenlehne, sind in Messing geätzt die Namen von Vorgängern zu lesen: Karl Böhm, Herbert von Karajan, Egon Hilbert, Heinrich Reif-Gintl. Vor mir liegen ausgebreitet auf dem Tisch im weichen Licht eines Frühlingstages die letzten Korrekturfahnen meines Buches. Es ist nun doch fertig geworden.

Wenn ein Buch fertig ist, so muß man ihm nach der Meinung des Verlegers ein Vorwort mit auf den Weg geben. Das ist das Schwerste. Die Distanz zu dem, was man im Lauf eines Jahres zu Papier gebracht hat, ist noch zu gering und gleichzeitig schon wieder zu groß geworden. Man kann nicht mehr recht abschätzen, ob es sich gelohnt hat, wozu man sich da seinerzeit zögernd entschloß.

Eigentlich habe ich mich zunächst dagegen gesträubt, meine Erinnerungen zu Papier zu bringen, aber Freunde haben mir immer wieder zugeredet, und als sich dann Gotthard Böhm anbot, mir bei der Arbeit zu helfen, entschloß ich mich, in Gottes Namen es zu tun. Ihm habe ich, so wie auch anderen guten Freunden, für die Hilfe, die sie mir auf sehr verschiedene Weise, durch Beistellung von Daten etwa oder von Photos, oder einfach durch Ermunterung gaben, zu danken. Namentlich habe ich das bei einigen schon auf unorthodoxe Weise im ABC am Schluß des Buches getan.

11

Anreiz für die Arbeit gaben vor allem drei Zeitabschnitte meines Lebens, in denen ich glaube, etwas geleistet zu haben, was freilich nur andere beurteilen können: meine Zeit im Wiener Konzerthaus und meine Operntätigkeit in Wien und Berlin. Jetzt allerdings, wo diese Lebensabschnitte gesetzt vor mir liegen, scheinen sie mir nicht mehr so prominent zu sein, wie am Beginn der Arbeit. Sie sind nun Kapitel des Buches und Teile jenes Ganzen geworden, das mein Leben war.

Das Buch enthält vieles, aber nicht alles. Es ist Stückwerk, ein Stückwerk im Spiegel meiner Auffassung, für die im wesentlichen meine Herkunft, meine Erziehung und Bildung, meine Anlagen und Neigungen und meine Erfahrung verantwortlich sind. Ich empfehle es mit den Vorbehalten und Zweifeln, mit denen ich es zum Druck freigebe, dem Wohlwollen meiner Leser als das, was sein Titel verspricht: Die Musik meines Lebens.

Wien, im April 1983   E. S.

I

Kindheit in Wien

Wo soll ich anfangen? Wenn man mich verstehen will, muß man wissen, daß ich ein Österreicher im alten Sinne bin. Ich bin weder Deutscher, noch Ungar oder Kroate, trage aber von diesen Völkern so viel in mir, daß ich noch jene Welt repräsentiere, die im Jahr 1918 zerstört wurde.

Ich habe einen österreichischen Vater, der in Budapest geboren wurde und lange Jahre ein begeisterter Ungar war, bis er erkannte, daß er in Ungarn nicht erreichen konnte, was er anstrebte. Er ging deshalb zunächst als Assistent an die technische Hochschule nach Dresden und dann nach Wien, wo er im Jahre 1901 als bereits international anerkannter Fachmann für elektrische Zugsförderung bei der AEG-Union eintrat, deren Direktoriumsvorsitzender er 1923 wurde.

Meine Mutter war Ungarin, aber ihr Großvater mütterlicherseits hieß Frumer vom Kreuze und mußte sich als erster Landesverteidigungsminister Ungarns nach dem Ausgleich des Jahres 1867 zum Béla Szende von Keresztes magyarisieren. Der Vater meiner Mutter hat über seine Geburt und seine Herkunft nie gesprochen. Als er 1875 als bedeutender Bergbauingenieur und Hochschulprofessor vom schlichten Anton Kerpeli zum Ritter von Kerpely-Krasso erhoben wurde, bestätigte ihm das zuständige Amt, am 3. Februar 1837 in Lugos bei Arad, in Siebenbürgen im heutigen Rumänien, geboren worden zu sein. Nachforschungen der Familie ergaben nur, daß seine Eltern wahrscheinlich aus Armenien gekommen waren und sein Vater wohl Taglöhner war.

13

Der Vater meiner Mutter war dreimal verheiratet, und sie hatte zwei Geschwister und elf Halbgeschwister. Einer ihrer Halbbrüder, Anton von Kerpely-Krasso, war der eigentliche Gründer der Alpine Montan-Gesellschaft und jener Galan der Tänzerin Anna Pawlowa, der dieser vergötterten Künstlerin das Diadem geschenkt hatte, das sie stets trug, wenn sie »Der sterbende Schwan« tanzte. Ich habe die Pawlowa, die 1931 starb, bei ihrem letzten Wiener Gastspiel in der Volksoper in den Zwanziger Jahren im »Sterbenden Schwan« gesehen. Sie war damals schon eine ältere Dame, aber in ihrer Fragilität und Poesie immer noch faszinierend. Anton von Kerpely-Krasso, der Spender des Diadems, brach während einer Aufsichtsratssitzung der Alpine Montan in einem Anfall von Paralyse zusammen.

Stammvater der Familie Seefehlner war Franz Anton Seefelner (noch ohne h). Er war aus Landsberg oder Landsperg – weder am Lech noch in Schlesien konnte sein Taufbuch gefunden werden – nach Untergriesbach in Bayern gekommen, wo er, zweiundzwanzig Jahre alt, 1755 die um acht Jahre ältere Bäckerswitwe Katharina Fritz, eine geborene Landgraff aus Aigen bei Schlägel, ehelichte und vom Friseurgewerbe seines Vaters zum Bäckergewerbe seiner Frau überwechselte. Franz Anton und Katharina hatten acht Kinder, von denen die drei Brüder Franz Anton II., Andreas und August die drei Linien Seefelner in den verschiedenen Schreibungen begründeten.

Und das kam so: Anton, Andreas und August waren Bäcker, Müller und Mehlhändler in Untergriesbach. Anton kaufte die »Wurmmühle« am Würmholz bei Untergriesbach, Andreas erheiratete ein Haus mit Gastwirtschaft – sie hieß »Zum bayerischen Löwen« und existiert heute noch, wenn die Seefelners dort auch ausgestorben sind –, und August war mit Mehl- und Getreideimport aus Ungarn befaßt. Zwischen den drei Brüdern entstand nun ein Zwist, denn die des Lesens kaum mächtigen »Briefträger« jener Gegend und Zeit, meist alte Weiber, übergaben die Briefe dem in der Nähe der Post wohnenden Andreas, der sie las und so die Geschäftsgeheimnisse seiner Brüder erfuhr und für sich nützte.

Als die Sache aufkam, mußte er drei Monate hindurch jeden Sonntag vor der Kirche am Pranger stehen. Damals sollen die drei Brüder die verschiedenen Schreibweisen vereinbart haben, so trat zu Seefelner zunächst einerseits Seefellner, andrerseits Seefehlner. Der dritte Franz Anton Seefehlner verzog 1781 der Schuld wegen, die sein Onkel auf sich geladen hatte, nach Obernzell an der Donau. Und August Seefelner, der ja Beziehungen zu Ungarn hatte, übersiedelte nach Pesth. Dort beschloß hundert Jahre später mein Urgroßvater August, das »h« einzufügen, wohl um der ungarischen Neigung zur archaischen Schreibung von Familiennamen seinen Tribut zu zollen.

Ich habe aber durch die Mutter meines Vaters, eine geborene Polz, auch alpenländische Vorfahren. Die Polz waren 1645 nach Karlovac gekommen, als sich nach den Türkenkriegen und wiederholten Pestepidemien dreihundert Familien im verödeten Kroatien ansiedelten. Durch diese »kroatische« Großmutter, die perfekt deutsch sprach, aber nie ein Wort ungarisch gelernt hatte, obwohl sie 47 Jahre in Budapest gelebt hat, weil der Haß der Kroaten auf die Ungarn zu groß war, sind wir mit der Familie Freysauff von Neudegg verwandt. Die Freysauffs hatten ihren Adelstitel dem Umstand zu verdanken, daß sie während der Bauernkriege im 17. Jahrhundert von der Burg Wels aus auf der kaiserlichen Seite fochten. Mein Vorfahre Freysauff war allerdings ein armer Offizier; er starb 1809 in Triest als Oberstleutnant im Ruhestand. Auch sonst scheinen die Freysauffs in unserem Jahrhundert nicht mehr begütert gewesen zu sein, denn sie verkauften meinem Vater ihren Adelsbrief mit der eigenhändigen Unterschrift des Kaisers Ferdinand II.

Zum Erzhaus gab es in unserer Familie noch eine andere recht kuriose Beziehung. Im vorigen Jahrhundert hatte einer meiner Vorfahren väterlicherseits, Josef Ludwig Seefehlner (1840 bis 1896) ein vornehmes Mal- und Zeichenutensiliengeschäft in der Vaciutca 20, der »Kärntnerstraße« Budapests, gegründet. Er wurde bald Hoflieferant und erwarb damit das seltsame Vorrecht, die un-

garische Stephanskrone, dieses nationale Heiligtum, durch Karton-
einlagen dem jeweiligen Herrscherkopf für die Krönungsfeierlich-
keiten anzupassen.

Dieses kuriose Privileg konnte nur einmal geltend gemacht werden, und damals war »Lajosbácsi« schon tot, nämlich 1916, als
Kaiser Karl am Krönungshügel vor der Matthiaskirche in Buda
zum König von Ungarn gekrönt wurde.

Papier war die Domäne von »Lajosbácsi«. Brücken beherrschten
dagegen das Leben seines Bruders, meines Großvaters Julius Seefehlner. Er war der bedeutendste Brückenbauer Ungarns. Von ihm
stammten die Donaubrücken bei Preßburg, Györ, Komorn, Eszter-
gom, in Budapest baute er die Elisabeth- und die Franz Joseph-
Brücke und in Wien die Nußdorfer Schleusenbrücke. Heute heißt
die Budapester Franz Joseph-Brücke Freiheitsbrücke, die Elisabeth-
Brücke wurde im Krieg total zerstört, aber die Franz Joseph-Brücke
konnte wiederhergestellt werden. Den Namen meines Großvaters
hat man dabei nicht entfernt.

Trotz dieser Bindungen waren die Seefehlners in Budapest im
Grunde Fremde geblieben. Erst die Nachkommen der Schwester
meines Vaters, die Bierbauer hießen, nannten sich aus Haß auf die
Deutschen, die verhinderten, daß Budapest im Zweiten Weltkrieg
zur offenen Stadt erklärt wurde, Borbiró. Aber einer der Söhne meines Cousins, der 1956 nach Deutschland floh, heißt dort wieder
Bierbauer. Namen sind eben nicht Schall und Rauch, sondern Geschichte. Im Falle meiner Familie, deren Schicksalsfluß die Donau
war, spiegeln sie die Geschichte der österreichisch-ungarischen
Monarchie wider.

Mein Vater war ein sehr starker Mensch mit festem Willen sich
durchzusetzen, manchmal herrisch und sehr apodiktisch, aber eine
Persönlichkeit von großer, man kann beinahe sagen genialer Begabung, und ein Mathematiker und Ingenieur allerersten Ranges, a.
o. Professor an der Technischen Hochschule Wien und ein Spezia-
list auf dem Gebiet der elektrischen Zugsförderung, über die er ein

international anerkanntes Buch schrieb. Die Elektrifizierung der Österreichischen Bundesbahnen ist mit seinem Namen aufs engste verbunden; zunächst durch seine Tätigkeit bei der AEG und dann durch sein Wirken als Generaldirektor der Bundesbahnen, ein Amt, in das er als Repräsentant der Industrie eingesetzt wurde.

Seine Karriere endete auf höchst bittere Weise. Mein Vater war zwar immer davon überzeugt, ein politischer Mensch zu sein, aber gerade das war er nicht, und deshalb scheiterte er. Zur Klarstellung der schwierigen Situation: Die Bundesbahnen hatten in der ersten Republik so wie heute ein beachtliches Defizit und man suchte nach einer Persönlichkeit, die es senken konnte. Mein Vater hatte zweifellos die harte Hand, um Sanierungsmaßnahmen zu setzen, obwohl er ein sehr sozialer Mensch war. Ich kenne keinen einzigen Fall, in dem mein Vater einem Mitarbeiter gegenüber jemals ungerecht gewesen wäre. Wenn er aber Entscheidungen von grundsätzlicher Bedeutung treffen mußte, konnte er sehr hart sein. Der Generaldirektor der Bundesbahnen hatte damals eine viel selbständigere Position als heute. Er war kein Beamter, sondern ein vom Aufsichtsrat bestellter, selbständig agierender Generaldirektor, der zwar die Genehmigung der Regierung für seine Maßnahmen einholen mußte, aber im Grunde genommen für seine Entscheidungen allein verantwortlich war. Mein Vater sah sich zunächst vor die schwierige Aufgabe gestellt, den vielfach noch auf die Dimensionen der großen Donaumonarchie zugeschnittenen Bahnbetrieb so zu reduzieren, daß er den Gegebenheiten der weit kleineren Republik gemäß war. Es gab da eine Reihe von unproportional großen Belastungen, die aus der alten Konstruktion übernommen werden mußten, wie etwa die Pensionen für gewisse ehemalige Eisenbahner, die nun in den Nachfolgestaaten lebten. Einer der vordringlichsten und schwierigsten Punkte der Sanierung war die Reduzierung des Personals, ein Problem, das nicht ohne radikale Maßnahmen gelöst werden konnte. Ich hörte einmal, wie mein Vater sagte: »Ich muß fünfundzwanzigtausend Menschen entlassen.« Als Folge davon erlebte ich, daß bei uns zu Hause das Telephon nicht zur

Ruhe kam. Viele Anrufer bedrohten meinen Vater mit Tätlichkeiten. Einmal sagte einer: »Wennst nächstes Mal aus deinem Haus kommst, kriegst eine mit der Eisenstangen über den Schädel.« Daran erinnere ich mich noch, als ob es gestern gewesen wäre. Meinen Vater ließen diese Anrufe eigentlich kalt, er hatte das Notwendige getan und damit basta.

Die Tätigkeit meines Vaters bei den Bundesbahnen endete mit einem Skandal. »Seefehlner an den Galgen«, »Seefehlner muß sofort zurücktreten«, »Seefehlner versuchte Bestechung« schrieben die Zeitungen der Linken, und die Regierung ließ meinen Vater fallen. Bundeskanzler war damals Buresch, Landwirtschaftsminister Engelbert Dollfuß und Handelsminister Guido Jakoncig; besonders er hat meinem Vater sehr übel mitgespielt und wollte keinerlei Verantwortung übernehmen.

Was war geschehen? Aus Italien sollten Gewehre nach Hirtenberg eingeführt und von dort, als Jagdwaffen deklariert, verbotenerweise nach Ungarn transportiert werden, wo der Empfänger das autoritäre Regime des Ministerpräsidenten Gömbös gewesen wäre, der Gömbölini genannt wurde, weil er sich die Allüren Mussolinis angeeignet hatte. Mein Vater, der den Auftrag hatte, die Österreichischen Bundesbahnen möglichst gewinnbringend zu führen, wollte auf diesen lukrativen Auftrag nicht verzichten. Er wußte aber, daß man diese Waffen nicht ohne die Genehmigung des Personalvertreters verladen konnte und mußte sich die Zustimmung des mächtigen, auch im Parlament vertretenen Gewerkschafters Berthold König holen. In seinem Bemühen, diese Zustimmung im Interesse der Bundesbahnfinanzen zu erlangen, deren Sanierung ja wiederum dem Personal zugute gekommen wäre, ging mein Vater zu weit, als er zu König sagte: »Ihr seid doch auch nicht so reich, daß ihr nicht ein paar Hunderttausend vertragen könntet!« Diese Worte wurden von König als Bestechungsversuch gewertet und publik gemacht, worauf mein Vater zurücktreten und im Alter von 60 Jahren seine berufliche Laufbahn beenden mußte.

Als dies geschah, schickte ich mich gerade an, in das Berufsleben einzutreten und konnte auf eine unbeschwerte Jugend, die ich in der Geborgenheit der Familie verbracht hatte, zurückblicken. In der Nacht des 3. Juni 1912 bin ich im zweiten Stock des elterlichen Hauses in der Peter Jordan-Straße 17 im 19. Wiener Gemeindebezirk geboren worden. Während ich das Licht der Welt erblickte, wurde in der Wiener Hofoper gerade Richard Wagners »Fliegender Holländer« aufgeführt.

Wenn ich mir den damaligen Theaterzettel ansehe, den mir Renate Holm zum 70. Geburtstag schenkte, stelle ich fest, daß die Besetzung gar nicht so gut war, wie man das in rückblickender Verklärung so oft glaubt. Es sangen Lorenz Corvinus – den ich dann später als alten Herrn ganz schlecht in der Volksoper gehört habe – und Hubert Leuer, den ich wiederholt als Einspringer für Alfred Piccaver hörte und über den ich mich deshalb Jahre hindurch immer wieder ärgern mußte.

Die Peter Jordan-Straße war zur Zeit meiner Kindheit eine hübsche Cottage-Straße, allerdings noch ohne die Bäume, die heute die Fahrbahn säumen. Unserem Haus gegenüber lag eine große Wiese, auf der wir spielen durften, weil sie unserem Hausherrn gehörte. Das Haus steht heute noch. Ich wäre gerne wieder dort eingezogen, aber die Tatsache, daß es in dem Haus keinen Lift gibt, hat mich nicht gerade ermutigt.

Zu meinen frühen Kindheitserinnerungen gehört, daß mein Vater an Kaisers Geburtstag die Fensterbretter mit kleinen bunten elektrischen Kerzen schmückte. Es gab bei uns auch nie echte Kerzen auf dem Christbaum, sondern immer elektrische, und wir waren stolz darauf, weil das damals noch keineswegs üblich war.

Meine Kindheit war geprägt durch den starken, energischen Vater, durch die gütige Mutter, die achtzehn Jahre jünger war als er, und durch drei Schwestern. Die älteste war um ein Jahr jünger als ich, die zweite wurde 1915, die jüngste 1917 geboren. Ich hatte von ihnen viel auszustehen, denn sie tyrannisierten mich bis aufs Blut. – Heute behaupten sie allerdings, als einziger Sohn sei ich doch der Hahn im Korb gewesen.

Und dann gab es noch eine aus Böhmen stammende Wirtschafterin namens Fanny Kolar, die der gute Geist des Hauses und eine ausgezeichnete Köchin war. Sie verwöhnte mich sehr, sodaß meine Mutter ein wenig auf sie eifersüchtig war.

Eine Zeitlang wurde ich auch von einem ungarischen Kindermädchen erzogen, und das kam so: Mein Vater hatte nach dem Zusammenbruch der Monarchie befürchtet, Österreich könnte unter kommunistische Herrschaft kommen und brachte daher die Familie nach Budapest in Sicherheit. Kaum waren wir aber ein halbes Jahr in Budapest, brach dort die kommunistische Revolution unter Béla Kun aus und die Familie wurde mit Sack und Pack wieder nach Wien verfrachtet. Diesem frühen und kurzen Budapester Zwischenspiel verdanke ich erstaunlicherweise, daß ich bis zum heutigen Tag Ungarisch, wie man mir versichert, ziemlich akzentfrei spreche und gut verstehe, natürlich fehlt mir die Übung und ich kann Ungarisch nicht fließend sprechen. Für mich ist das ein Wunder, denn seit meinem fünften Lebensjahr hatte ich kaum mehr Gelegenheit, Ungarisch zu sprechen.

Zu meinen frühen Kindheitserinnerungen zählt der Anblick von Kaiser Franz Joseph, wie er vom Balkon der Hofburg aus eine Parade abnahm. Auch an die schwarz verhüllte Gestalt der Kaiserin Zita bei seinem Begräbnis erinnere ich mich, wie denn überhaupt die Monarchie für meine Entwicklung von prägender Wirkung war. Ich bin ein Altösterreicher der Abstammung nach und bin es in meiner geistigen Haltung geblieben.

Bei uns zu Hause ging es merkwürdig zu. Mein Vater war ein glühender Österreicher, und wenn ein ungarischer Verwandter zu Besuch kam, vertrat er die österreichische Sache voller Energie und manchmal auch mit Beschimpfungen der ungarischen Chauvinisten. Andererseits war mein Vater aber auch ein glühender Verehrer Ungarns, und deshalb verbrachten wir unsere Sommerfrische, wie man die Ferien bzw. den Urlaub damals noch nannte, meist in Ungarn oder Kroatien. Dagegen haben wir niemals den Boden der späteren Tschechoslowakei betreten, die für meinen Vater ein zu vergessender Teil der Monarchie war. Recht einseitig war auch die politische Haltung meines Vaters. Er war ein weit rechts stehender patriotischer Österreicher, ein Bürgerlicher, wie er im Buch steht, liberal in seinen moralischen, wenig liberal aber in seinen politischen Anschauungen. Für ihn waren die Sozialdemokraten jener Zeit Bolschewisten, und ein Gespräch über Politik war eigentlich bei uns kaum möglich, weil mein Vater keinerlei Verständnis für das andere Lager hatte.

Eines Tages, er war schon Chef der AEG, erzählte er uns, er müsse heute zu Bürgermeister Seitz gehen – und das in einem Ton, als müsse er den Weg in die Hölle einschlagen. Als er zurückkam, mußte er zugeben, daß Bürgermeister Seitz sehr nett gewesen sei und mit ihm ein ganz gutes Gespräch geführt habe.

Eine so starke Persönlichkeit wie mein Vater war aber nicht leicht zu beeinflussen, was auch für seine künstlerischen Auffassungen galt. So war sein Verhältnis zur bildenden Kunst ausschließlich von seinem Interesse für persische Teppiche geprägt. Er unternahm Pilgerfahrten zu Museen, nur um ein Bild zu betrachten, auf dem ein Perserteppich zu sehen war. Er hat sogar ein Manuskript über Perserteppiche begonnen, das ich später vollendet habe. Seine Einstellung zur Natur wiederum wurde durch die Suche nach interessanten Pflanzen für sein Herbarium dominiert. Für uns Kinder war das sehr langweilig, weil wir in einen botanischen Garten gehen und uns seine Erklärungen anhören mußten, die uns nicht so besonders interessierten.

Fanny, die Köchin, die sich mit unendlicher Liebe um uns gekümmert hat, korrumpierte mich auch ein wenig. So gelang es ihr, im Gegensatz zu meinen Eltern, mich zum Friseur zu bringen, indem sie mir drei Schilling in Aussicht stellte, wenn ich mir die Haare schneiden ließe. Ich ging daraufhin oft zum Friseur, weil ich erkannt hatte, daß ich so bequem zu einem Taschengeld kam. Ähnlich verfuhren wir mit einer Tante meines Vaters, die lange Zeit bei uns lebte. Sie war an die achtzig Jahre alt, sehr vergeßlich und suchte immer irgendwo irgendetwas. Wir Kinder kamen bald darauf, daß wir Geld verdienen konnten, indem wir der Anna-néni etwas versteckten und es dann, wohlbedankt, »fanden«. Ich habe aus diesem kindlichen Geschehen die Lehre gezogen, daß der Mensch eigentlich von Geburt aus für Korruption anfällig ist und diese angeborene Neigung bekämpfen muß.

In der Peter Jordan-Straße 17 wohnten zusammen mit uns einige interessante Leute. Unmittelbar benachbart war uns die Familie Stross. Frau Stross war die Tochter des berühmten Schriftstellers Carl Karlweis, der eigentlich Karl Weiß hieß und mit dem Roman »Wiener Kinder« und dem Volksstück »Der kleine Mann« bekanntgeworden war. Sein Sohn war der ebenso berühmte Schauspieler Oskar Karlweis. Schräg unter uns wohnte die Familie Egon Feuerstein, deren Sohn Erich mein Spielkamerad war. Zusammen mit Otto Bolt, der im Nebenhaus wohnte, waren wir bis zum Einmarsch Hitlers ein unzertrennliches Kleeblatt.

Die Familie Feuerstein wurde geradezu zum Symbol für die Schrecken, deren Zeuge meine Generation war. Die Feuersteins bekannten sich zur katholischen Religion, doch der alte Egon Feuerstein galt nach den Nürnberger Rassengesetzen als »Volljude«. Seine Frau mußte sich nach 1938 von ihm scheiden lassen, um der Familie wenigstens einen Teil ihres Besitzes – sie waren Miteigentümer einer großen Textilfabrik in der Tschechoslowakei und besaßen in Österreich ein schönes Gut bei Laab am Walde – zu erhalten. Nach der Scheidung wurde Egon Feuerstein in Horschitz bei Trautenau in einer Wohnung eingesperrt und durfte nur einmal im Monat von seiner Tochter besucht werden. Er war schließlich so deprimiert, daß er einen Selbstmordversuch unternahm und sich mit einem Revolver in die Schläfe schoß. Die Kugel trat aber an der anderen Seite des Schädels heraus und Egon Feuerstein erblindete. Er konnte sich nur tastend fortbewegen und ist wahrscheinlich nur durch den Einsatz seines Sohnes, meines Freundes Erich, vor dem Konzentrationslager bewahrt geblieben. Erich, der nach 1938 fast nur noch in der Tschechoslowakei lebte, hatte es für notwendig empfunden, gute Beziehungen zu den nationalsozialistischen

Machthabern anzuknüpfen. Als dann das Tausendjährige Reich zu
Ende ging, wußte er nicht mehr, wie er sich aus den Schlingen, die
das Schicksal seiner Familie gelegt hatte, befreien konnte und be-
ging Selbstmord aus Angst, wegen Kollaboration zur Verantwortung gezogen zu werden. Als in den letzten Wochen des Krieges
bekannt wurde, daß man alle Juden, die noch in Freiheit waren,
endgültig in Sammellager bringen werde, um sie dort zu vernichten, war Vater Feuerstein entschlossen, diesem Schicksal zu entgehen und schnitt sich mit einer Schere die Pulsadern auf. Wenige
Tage vor der Befreiung setzte er auf diese Weise seinem Leben ein
Ende.

Ein ganz anderes, aber ebenso tragisches Los ereilte meinen
Freund Otto Bolt: der gesunde, lustige Bursche starb plötzlich im
Jahre 1927 an Bauchtuberkulose.

Otto Holländer, Klassenkamerad im Döblinger Gymnasium,
war der dritte Freund in meiner Runde. Er gehörte einer jüdischen
Familie an, die nach 1938 in die USA auswanderte. Jeder Kontakt
zwischen uns ging verloren, aber nachdem ich Direktor der Wiener
Staatsoper geworden war, schrieb er mir, daß er in einer amerikanischen Zeitung von meiner Ernennung gelesen habe. Bald darauf
mußte ich dienstlich in die Staaten fliegen, und wir trafen uns in
New York im Russian Tearoom. Zu meinem großen Erstaunen sah
Otto Holländer eigentlich noch genau so aus, wie ich ihn als Fünf-
zehnjährigen in Erinnerung hatte.

Schräg gegenüber in unserem Haus in der Peter Jordan-Straße
lebte eine Familie namens Adler. Den Sohn, fünf Jahre älter als ich,
beobachtete ich aus dem Fenster unseres Gartenzimmers, wenn er
auf dem Balkon merkwürdige Dirigierbewegungen machte. Obwohl er mit den Feuersteins befreundet war, habe ich ihn erst nach
dem Krieg kennengelernt, als Kurt Herbert Adler bereits Direktor
der San Francisco Opera war.

Noch in der Peter Jordan-Straße, hatte mein Vater 1911 sein
erstes Auto, einen NAG, erworben. Unser erster Chauffeur, Herr
Samt, war sehr kinderlieb, und wir hatten viel Spaß mit ihm.

Im Jahre 1923 wurde mein Vater Generaldirektor der AEG, und zu seinem ansehnlichen Gehalt kamen die Tantiemen aus seinem Werk über die elektrische Zugsförderung in zwei Auflagen und in französischer Übersetzung.

Er entschloß sich daraufhin, ein eigenes Haus mit vierzehn Zimmern in der Türkenschanzstraße 16 zu erwerben. Die elegante Villa hatte eine riesige Halle, die mit Untersberger Marmor ausgelegt war. Im dritten Stock befand sich ein großer Fechtsaal, weil die Söhne des Erstbesitzers große Fechter waren. Dieser Saal wurde unterteilt; ein Teil wurde die technische Bibliothek meines Vaters, ein anderer mein Domizil. Das Haus hatte einen herrlichen Garten, man kann fast sagen einen Park, dessen Föhren und Fichten auch heute noch zu sehen sind. Jetzt steht an der Stelle der Villa ein Apartmenthaus, und das Blockhaus im Garten, in dem wir Kinder oft spielten, ist abgerissen.

Wir hatten auch Hunde, die wir sehr liebten. Zuerst Schäferhunde, die uns der Chef der deutschen AEG, Geheimrat Deutsch, geschenkt hatte, ein Weibchen namens Bella, einen Rüden namens Chlodolf. Nach dem Ableben dieser herrlichen Hunde erinnerte sich mein Vater wieder einmal unserer transleithanischen Abstammung und erwarb zwei ungarische Schäferhunde. Die blonde Hündin – eine große Seltenheit, denn ungarische Schäferhunde sind meist schwarz – hieß Morzsa, auf Deutsch Brösel, der schwarze, zottelige Rüde hieß Hunor nach dem Urahnen der Hunnen. Sie blieben bei uns, so lange wir in der Türkenschanzstraße lebten.

Mit der Familie, Herrn Samt und der Fanny zog in die Türkenschanzstraße auch Dorothy Margaret Hannon, genannt Peggy, unser englisches Fräulein, ein. Sie war die Tochter eines konservativen Abgeordneten im Unterhaus, der Präsident des englischen Industriellenverbandes war. Peggy war ein Original. Sie hatte die Aufgabe, uns Englisch beizubringen und Manieren zu lehren. Ihre meistbenützte Mahnung lautete: »Don't put your elbows on the table!« Außerdem hatte sie dafür zu sorgen, daß wir aßen, was auf den Tisch kam. An mir konnte sie nicht mehr viel herumziehen, denn mein Vater hatte mich ins Theresianum gesteckt, nachdem ich in der vierten Klasse des Döblinger Gymnasiums trotz wohlwollender Behandlung durch meinen Lieblingsprofessor Weidinger in Mathematik durchgefallen war und die Klasse hätte repetieren müssen. Da mein Vater mich außerdem der Weiberwirtschaft in der Türkenschanzstraße entziehen wollte, kam ich im Jahre 1925 in jenes Institut, das meinen weiteren Lebensweg sehr beeinflussen sollte.

Mein Vater teilte mir seine Entscheidung mit, als ich gerade fleißig dabei war Radio zu hören, statt zu lernen. Ich suchte mit dem Detektor auf dem Kristall interessante Musik, aber meistens war nur die Salon-Kapelle Bert Silving zu hören, die Sindings »Frühlingsrauschen« und ähnliches spielte.

Es galt also, vom Döblinger Gymnasium Abschied zu nehmen und vom Mathematikprofessor Scharf, für den das alte Wort galt: nomen est omen.

Er hatte die Eigenschaft einer Kobra; wenn er einen ansah, vergaß man sämtliche mathematische Formeln, die man zu Hause so mühsam gelernt hatte. Dabei war mein Vater ein genialer Mathematiker, der nicht verstehen konnte, daß ich so gar nichts vom Rechnen hielt.

Im Döblinger Gymnasium hatte ich einen Schulkollegen namens Heinrich Krips, den viel jüngeren Bruder von Josef Krips, der nach Australien ging und dort als Henry Krips eine ansehnliche Dirigentenkarriere machte. Leider ist er in Wien, wo wir wiederholt versucht haben, ihn einzuführen, nicht »angekommen«, und so war es ihm nicht vergönnt, in der Heimat wieder Fuß zu fassen.

In Erinnerung blieb mir auch ein Kollege namens Peter Drukker. Ihm erzählte ich einmal, daß ich im Burgtheater »Peer Gynt« gesehen hätte und sehr beeindruckt gewesen sei, worauf er mich belehrte: »Das kann dir gar nicht gefallen haben, weil du ja gar nicht verstehst, was sich hinter dieser Dichtung verbirgt.« Drucker war der Gescheiteste in unserer Klasse und hat es in Amerika zum angesehenen Universitätsprofessor gebracht.

Mit Ausnahme von Professor Scharf hatten wir lauter nette Professoren. Ein Original war unser Religionsprofessor namens Löwenstein. Wenn er in der Karmeliterkirche in der Silbergasse predigte, atmete er vor jedem Satz so geräuschvoll ein und aus, daß es sich wie ein Blasbalg anhörte. Meine Schwester Lotte, die neben Otto Bolts Schwester Liesl saß, die sich wiederum dadurch auszeichnete, daß sie manchmal in die Schule in ihrem Taschentuch Gulasch mitbrachte, um es in der Pause zu verzehren, mußte eines Tages so laut lachen, daß sie von Löwenstein von der Kanzel herab aus der Kirche gewiesen wurde. Löwensteins Nachfolger war Dr. Michael Pfliegler, der bedeutendste Pastoraltheologe Österreichs und einer der führenden Köpfe der Jugendbewegung »Neuland«, ein Mensch von großer Güte und großem Verständnis.

Der Professor, der mir am sympathischesten war und auch mich irgendwie ins Herz geschlossen hatte, der mir half, mir Latein beibrachte und Allgemeinbildung vermittelte, war Oskar Weidinger. Einer der Direktoren des Döblinger Gymnasiums war übrigens der Vater des Dirigenten Erich Kleiber.

Ein großes Ereignis für die ganze Familie war die Ablösung des NAG durch einen Steyr Spitzkühler, ein Modell, das wegen seiner eleganten Linienführung bei Kennern heute noch berühmt ist. Mit diesem neuen Wagen kam auch ein neuer Chauffeur, der auf den klangvollen Namen Isidor Schellong hörte. Er stammte aus Schlesien und sagte uns gleich, daß ihm zehn Hunde lieber seien als zwei Kinder. Wahrscheinlich ist es für einen Chauffeur wirklich eine Plage, wenn vier Kinder die Notsitze bevölkern.

Im Steyr Spitzkühler sind wir kreuz und quer durch Europa gefahren. Mehrmals waren wir an der Côte d'Azur, weil mein Vater den Kakteengarten des Fürsten von Monaco besuchen wollte. Oft weilten wir in Jugoslawien bei unseren Verwandten in Trešćerovac, wo sie ein schönes Schloß hatten, das einmal dem Banus von Kroatien, Tomašić, gehört hatte. In der Kulpa habe ich schwimmen gelernt – auf die brutalste Art. Mein Vater band mich an einen Strick und schubste mich in den kleinen Fluß.

Trešćerovac gehörte meinen Cousins Josip und Christa Prpić.
Das Schloß ist heute natürlich nicht mehr im Besitz der Familie –
und das gilt auch für die übrigen Güter meiner großen Verwandtschaft mütterlicherseits, wie den Besitz sechzig Kilometer von Budapest an der Donau in Ráczálmas und einige große Güter an der
rumänischen Grenze in Dombiratos.

Von unseren Reisen in Kroatien ist mir vor allem der Aufenthalt
an den Plitvicer Seen in Erinnerung. Damals gab es dort nur ein
einziges großes, ausgezeichnet geführtes Hotel, das hoch über dem
See lag. Wir wanderten hinunter und badeten im azurblauen kalten
Wasser oder fingen mit zugespitzten Stangen, an denen wir Schafs-
darm befestigt hatten, riesige Solokrebse. Im Hotel verzehrten wir
dann den köstlich schmeckenden Fang. Eines Sommers gab es einen
kuriosen Wintereinbruch, es schneite eine Nacht lang. Am nächsten Tag entdeckte man in der Nähe des Hotels Bärenspuren. Damals war der Bau noch umgeben von Urwäldern. Heute stehen
dort viele Hotels, man kann nicht mehr direkt zum See hinunter,
die ganze Gegend hat durch Ausbau sehr stark an Reiz verloren.

Nachdem ich im Jahre 1919 an Kinderlähmung erkrankt war,
verordneten mir die Ärzte Höhenluft, und so entdeckte mein Vater
den Mooserboden, der nur zu Fuß oder auf Mulis zu erreichen war.
Der Aufstieg führte über Kaprun und das Kesselfall-Alpenhaus.
Auf Holzsteigen konnte man ganz nah an den herrlichen Wasser-
fall herangehen. Vom Kesselfall begann der vierstündige Aufstieg
auf den Mooserboden; auf der Limbergalm wurde Rast gehalten
und saure Milch getrunken. Das Hotel am Mooserboden stand un-
terhalb der Höhenburg, einem Berg, auf dem man Alpenrosen, En-
zian und auch Edelweiß fand. Im Hotel gab es eine wunderbare
Verpflegung, noch heute erinnere ich mich an die herrlichen Cre-
meschnitten.

Im ersten Jahr mußte ich, der Rekonvaleszent, den anstrengenden Weg natürlich nicht per pedes zurücklegen. In einem altmodi-
schen überdachten Karren, der seinen Rädern zum Trotz an einen
russischen Schlitten erinnerte und von Maultieren gezogen wurde,

27

kutschierte man mich, mit dem Rücken bergauf, in die Sommerfrische.

Täglich unternahmen wir Touren, aufs Wiesbachhorn, das Kitzsteinhorn, oder zum Karlinger Kees, einem Gletscher am Ende des Mooserbodens, den man überquerte, um die Hütte am Riffler Tor zu erreichen. Die Touren waren für mich notwendig, damit meine geschwächten Gliedmaßen wieder erstarkten, und haben sicher dazu beigetragen, daß ich vollkommen gesundete. Daß mein Mund etwas schief geraten ist, führen einige Familienmitglieder auf die Kinderlähmung zurück, ich glaube jedoch, daß ich schon mit diesem schiefen Mund auf die Welt gekommen bin. Wenn wir Besuch hatten, wurde er allerdings mit geheimnisvollen Andeutungen hergezeigt, ebenso wie ein dunkler Fleck über dem linken Auge. Als ich etwas älter war und erfahren durfte, daß die Kinder nicht vom Storch gebracht werden, klärte man mich auch über diesen Fleck auf: Er war eine Folge des Umstands, daß es sich bei meinem Eintritt in die Welt um eine Zangengeburt gehandelt hatte.

Es folgten die Sommeraufenthalte auf Brioni. Diese Inselgruppe ist nicht nur eine Entdeckung, sondern geradezu eine Erfindung von Paul Kupelwieser. Auf einer Adria-Reise passierte er mit seinem Freund Robert Koch, dem großen Bakteriologen, die Brionischen Inseln, verliebte sich in diese Landschaft und erfuhr, daß die Inseln unbewohnt seien, weil sie malariaverseucht waren und es kein Trinkwasser gab.

Kupelwieser, einer der großen Wirtschaftspioniere der Gründerzeit, war dadurch nicht abzuschrecken. Er kaufte die Inselgruppe, ließ die erste Unterwasser-Wasserleitung legen und rottete mit Hilfe seines Freundes Koch die Malaria aus. Wir wohnten auf Brioni in der »Villa Carmen«; die Familie Kupelwieser residierte in einem ehemaligen venezianischen Kastell.

In Brioni lernte ich das Polo-Spiel kennen, das zum täglichen Vergnügen der dortigen Gesellschaft gehörte. Einer der Stammgäste war Admiral Beatty, der in der Seeschlacht von Skagerrak die englischen Schlachtkreuzer befehligt hatte und danach Flottenchef geworden war. Oft sahen wir auch Alfred Henschke, der sich als Dichter Klabund nannte, in Begleitung der aparten Schauspielerin Carola Neher. Ein Kuriosum am Rande für mich war, daß der »Hausphotograph« von Brioni ein Bruder des Komponisten Franz Schreker war.

Nach den unbeschwerten Sommertagen ging es jeweils zurück ins Theresianum, das, wie sein Name schon sagt, von Kaiserin Maria Theresia als Erziehungsinstitut gegründet worden ist. Untergebracht war und ist es noch in der Favorita, dem Lieblingssommersitz von Kaiser Karl VI., dem Vater Maria Theresias, der dort auch gestorben ist. Sein Sterbezimmer ist das Zimmer des jeweiligen Kurators. Heute noch gibt es im Park des Theresianums die Grotte, in der Kaiser Karl VI. die pragmatische Sanktion unterschrieben hat. Sie ist nach dem Ersten Weltkrieg in ein Denkmal für die gefallenen Theresianisten umgestaltet worden.

Das Theresianum sollte seine Zöglinge nicht nur in den Wissenschaften unterrichten, sondern aus ihnen Menschen machen, die den gesellschaftlichen Anforderungen gewachsen waren. Dazu gehörte, daß man Fechten und Reiten lernte, Theater spielte und musizierte. Wir nahmen unsere Mahlzeiten zwar in barocken Speisesälen ein, aber das Essen war genauso schlecht wie in allen anderen Erziehungsinstituten. Wir lebten – so scheint es mir in der Erinnerung – hauptsächlich von Augsburgern und Knödeln; einmal in der Woche gab es zwar Schnitzel, aber aus minderwertigem Fleisch. Einmal sammelten wir die Semmelknödel, die es zum Abendessen gegeben hatte, und bauten sie in der Nacht pyramidenförmig vor der Tür des Wirtschaftsdirektors auf.

In den großen Schlafsälen waren wir äußerst spartanisch untergebracht. Wir schliefen in sogenannten Kaiser Franz Joseph-Betten aus Eisen; neben jedem Bett standen ein Sessel und eine Kommode. Auf den Sesseln legten wir unsere Kleidung ab. Ausgangsuniform war ein blauer Anzug mit dem goldgestickten Monogramm MT und eine Art Chauffeurkappe mit dem gleichen Monogramm und dazu ein blauer Mantel. Die Uniform war bei uns nicht sehr beliebt, weil wir mit ihr im Stadtbild auffielen und uns daher gut benehmen mußten, was vielen von uns schwer fiel. Aber die Uniform gehörte nun einmal zum Theresianum, das für seine Schüler eine Art von Loge war. Ein Theresianist – und am deutlichsten zeigte sich das in der Zeit des Nationalsozialismus – hält zu einem Theresianisten. Als Gegner des Regimes konnte man mit einem Nationalsozialisten völlig frei sprechen, weil man als Voraussetzung annehmen durfte, daß ein Theresianist einen anderen nie anzeigen würde.

Ich habe mir oft den Kopf zerbrochen, woran das lag, denn während des Studiums waren wir, wie das in allen Schulen ist, in Cliquen aufgespalten. Von dem Augenblick, in dem man das Theresianum nach der Matura verließ, hielt man jedoch zusammen.

Ich besuchte anfänglich das Theresianum gar nicht so gerne. Für Sport interessierte ich mich gar nicht und verbrachte meine Freizeit lieber in einem der Klavierzimmer, in denen verstimmte Instrumente, anscheinend noch aus der Beethoven-Zeit, herumstanden. Mein Klavierlehrer war Herr Dinzl, der einen Eierkopf ohne Haare hatte und sehr schlecht, wenn auch schnell spielte. Er liebte Mendelssohn über alles und spielte ihn mit mir vierhändig. Seine vielen falschen Noten machten mich nervös, schärften mein Ohr für spätere Zeiten, in denen ich bessere Lehrer hatte, und lehrten mich den Unterschied zwischen guter und schlechter Interpretation erkennen.

Mentor der intensiven musischen Aktivitäten im Theresianum war Professor Norbert Miklautz. Alljährlich fanden Konzerte des Theresianum-Orchesters, Theateraufführungen und Festivitäten mit künstlerischen Darbietungen statt. Ich habe wiederholt als mäßiger Pianist bei den Konzerten mitgewirkt; sei es als Liedbegleiter, in einem Kammerensemble, oder als Solist.

Der Höhepunkt der Festlichkeiten in meiner Schulzeit war 1930 das Maria Theresien-Fest zugunsten des Spitals der Barmherzigen Brüder anläßlich des 150. Todestages der Stifterin. Es fand im Garten des Theresianums statt, stand unter dem Ehrenschutz von Bun-

despräsident Miklas und wurde um drei Uhr nachmittag mit einem
Platzkonzert von Militärkapellen eröffnet. Dann wurden der festli-
che Einzug der Kaiserin und ihres Hofstaates in die Theresianische
Akademie und der feierliche Empfang durch den ersten Kurator des
Instituts, Fürst Khevenhüller, dargestellt. Maria Theresia wurde
von Mariza von und zu Liechtenstein verkörpert, Erzherzog Joseph
von Fritz Windischgraetz und Khevenhüller von Ferdinand von
und zu Liechtenstein. Unter dem Gefolge dieser hohen Herrschaf-
ten befand auch ich mich als wenig aristokratischer Edelknabe. Die
übrigen Edelknaben stammten dagegen vorwiegend aus Häusern,
die mit der Geschichte des Theresianums verbunden waren. Um
viertel fünf fand vor der Kaiserin und ihrem Hofstaat auf der Freilichtbühne eine Festvorstellung statt. Otto Treßler sprach einen
Prolog, den Hans Nüchtern verfaßt hatte, es gab Tanzvorführun-
gen des Staatsopernballetts und schließlich eine Aufführung von
Goethes »Die Laune des Verliebten« mit Paula Wessely, Julia Janssen, Fritz Delius und Hans Jaray; die beiden Schauspieler waren
Absolventen des Theresianums. Nach dem Auszug der Kaiserin aus
dem Akademiepark um sechs Uhr wurde eine Quadrille, geleitet
von den Reitlehrern der Akademie, Karl Chimani, Karl Kaiser und
Major Ludwig Ritter von Röhn, geboten. Um halb sieben fand
abermals ein Platzkonzert statt, im Garten gab es Publikumstanz,
und um acht Uhr fand auf der Freilichtbühne ein bunter Abend
statt. Mitwirkende waren Lilly Marberg, Betty Fischer, Liselotte
Medelsky, Otto Treßler, Fritz Delius, Kammersänger Georg
Maikl, dessen Sohn Theresianist war, Hubert Marischka, Emmerich
Reimers und Hans Madin. In Buschenschank und Bierzelt wurde
bis um Mitternacht gefeiert. Die Eintrittspreise waren für damalige
Begriffe sehr hoch; man zahlte für einen Tribünensitz 20 Schilling.

Nachdem ich 16 Jahre alt geworden war, durfte ich bei den all-
jährlichen Theateraufführungen im Theresianum mitwirken.
Meine erste Rolle spielte ich in »Alt Heidelberg«. Hans Madin gab
den Prinzen Karl Heinrich von Sachsen-Karlsburg, und ich war der
herzogliche Bediente Schölermann. Den Höhepunkt meiner Kar-

riere erreichte ich in Nestroys »Bösen Buben in der Schule«. Ich spielte die Beschließerin Schnabl und hatte meinen Vater dazu gebracht, die Vorstellung zu besuchen. Nachher sagte er grantig zu mir, warum er sich das habe antun müssen, wo ich doch gar nicht mitgespielt hätte. Er hatte seinen eigenen Sohn auf der Bühne nicht erkannt; so groß war meine Darstellungskunst! Dieser Triumph wurde durch die wohlwollende Rezension des »Neuen Wiener Journals« noch gesteigert. Im »Zerrissenen« von Nestroy spielte ich neben Hans Madin, der den Herrn von Lips darstellte, den Justitiarius Staubmann, eine Rolle, die in meine unmittelbare berufliche Zukunft wies. A propos Hans Madin: Er war der Sohn des gleichnamigen Staatsopernsängers und machte später in der Operette Karriere.

So kulturfreundlich man im Theresianum im allgemeinen auch war, so fieberte ich doch jenen beiden Donnerstagen im Monat entgegen, an denen wir unser Abonnement für Staatsoper, Burgtheater und Konzerte benützen durften.

1 Der kleine Egon an der Schubkarre mit zwei Schwestern und dem Vater, der ein
international anerkannter Fachmann für elektrische Zugsförderung und ein begeisterter
Amateurphotograph war

2   Auch Großvater Julius Seefehlner war ein bedeutender Techniker. Hier eröffnet
1896 Kaiser Franz Joseph die nach ihm benannte und vom Großvater (der Dritte von
links) erbaute Brücke in Budapest

3/4   *Der Vater im Führerstand des Triebwagens der von ihm erbauten Bahn Triest–*
Opcina. Unten am Steuer seines NAG mit seiner Frau Sári im Jahre 1911

5/6 *Die Villa Seefehlner in der Türkenschanzstraße. Unten Wirtschaftsgebäude eines Familiengutes in Ungarn*

II

Erste Begegnung mit den Künsten

Nichts war für mich mit dem Zauber vergleichbar, der vom »Haus am Ring«, von der alten Staatsoper, ausging. Bei aller Anerkennung für die Architektur des wiederaufgebauten Hauses muß man doch sagen, daß der alte Zuschauerraum viel, viel mehr Atmosphäre gehabt hat. Er hatte allerdings viele Plätze, auf denen man gar nichts oder schlecht sah und vielleicht auch nicht gut hörte. Aber dafür hatte er eine unverwechselbare Ausstrahlung, die dazu beitrug, daß wir der Oper auch in schlechten Zeiten, in denen sie alles andere als ausverkauft war, die Treue hielten. Während der Amtszeit meines Vaters als Generaldirektor der Bundesbahnen hatten wir täglich eine Loge, abwechselnd in Burg und Oper. Vorher und nachher wandte ich bei meinen Opernbesuchen folgenden Trick an: Ich ging im letzten Augenblick an die Kasse und erwarb einen der Säulensitze, von denen man nur ein Drittel bis etwa die Hälfte der Bühne sah, wußte aber, daß gute Nebenplätze frei sein würden, und ich mich dann dort etablieren konnte. Wollte ich einen bestimmten Sitz haben, wandte ich mich an Herrn Kirch, Amtsdiener der Bundestheaterverwaltung, der alle Kaufkartenwünsche erfüllen konnte und auch immer wußte, wann es Freikarten gab.

Ausverkauft waren in den letzten Jahren vor dem Krieg nur Operetten-Aufführungen, wie etwa »Giuditta« von Lehár mit Richard Tauber und Jarmila Novotna, oder »Boccaccio« und »Eine Nacht in Venedig« mit der Jeritza, und das waren Abende, die uns Opern-Fans nicht sehr interessierten. Wir beobachteten das Geschehen in der Staatsoper mit größter Akribie und interessierten uns auch für die Besetzungen der kleinsten Partien. Ich habe Tagebuch darüber geführt, wer eine neue Partie übernommen hatte, auch wenn es bloß die Lola im »Bajazzo« war, und ich erinnere mich, daß ich eigens in die Oper ging, um Frau Jarmila Barton in dieser Rolle zu hören.

Der Opernbesuch war heilige Pflicht, wenn Alfred Piccaver eine neue Partie in sein Repertoire aufnahm; den Stolzing oder den Lohengrin, den er nur sehr selten sang, weil diese Partie doch an seinen Grenzen lag.

Zu den Stars des Hauses gehörten Maria Jeritza, Lotte Lehmann, Maria Nemeth, Elisabeth Schumann, Richard Schubert, Emil Schipper, Margit Schenker-Angerer, Richard Mayr, später Franz Völker, Josef von Manowarda, Kerstin Thorborg und viele andere. Nur kurz strahlte der Stern von Trajan Grosavescu, der im Februar 1927 von seiner Frau aus Eifersucht erschossen wurde. Ein Liebling besonderer Art war Alfred Jerger, der zwar keine besonders schöne Stimme hatte, aber jede Rolle mit darstellerischer Souveränität und Musikalität meisterte. Es kümmerte uns damals wenig, daß der Theaterzettel keine Namen der Regisseure und oft auch nicht den Bühnenbildner aufwies, denn wir interessierten uns in erster Linie für die Sänger. Dennoch waren wir froh, als unmittelbar vor der Direktion Clemens Krauss Lothar Wallerstein von Franz Schalk als Oberregisseur engagiert wurde. Unter Clemens Krauss gelangten einige neue Sänger zu großem Ruhm: Wilhelm Rode, Gertrud Rünger, vor allem aber Viorica Ursuleac und Franz Völker.

Wenn man heute die Programmzettel dieser Zeit von 1926 an durchblättert, kann man feststellen, daß nicht nur die Regisseure unwichtig schienen, sondern daß in der Ära Strauss/Schalk die beiden Direktoren zugleich die beiden einzigen Dirigenten von Bedeutung waren. Die übrigen Kapellmeister waren bestenfalls Routiniers. Etwa sechzig Vorstellungen im Jahr dirigierte Herr Reichenberger, ebenso oft Herr Alwin. So blieb es bis zur Direktion Clemens Krauss, der zunächst nahezu alle Premieren dirigierte und dann Josef Krips und Egon Pollak, zwei Dirigenten von Rang, engagierte. Neben Alwin und Reichenberger gab es noch Robert Heger, der zwar ein seriöser und solider Musiker war, uns aber immer etwas langweilte.

Die Direktionszeit Franz Schalks von 1924 bis 1929, während der Richard Strauss als Gast noch oft dirigierte, war durch eine Reihe großartiger Vorstellungen gekennzeichnet. So gab es unter Schalks Leitung 1926 einen »Fidelio« mit Lotte Lehmann, Elisabeth Schumann, Alfred Jerger und Richard Mayr und eine großartige Aufführung der »Jenufa« mit Maria Jeritza in der Titelrolle. 1927 inszenierte Lothar Wallerstein die Wiener Erstaufführung von Richard Strauss' »Intermezzo«. Strauss hatte diese Oper eigentlich für Wien geschrieben, sie aber nach seinem Ausscheiden aus der Direktion in München uraufführen lassen. Lotte Lehmann und Alfred Jerger sangen das Ehepaar Storch. Ein herausragendes Ereignis jener Zeit war die Wiener Erstaufführung von Giuseppe Verdis »Die Macht des Schicksals« in der dramaturgischen Fassung und deutschen Übertragung von Franz Werfel. Mit dieser Werfel-Bearbeitung begann die Renaissance der Werke der mittleren Verdi-Periode. In der Ära Krauss folgten zuerst »Don Carlos« und dann »Simone Boccanegra« mit Wilhelm Rode als Simone, mit Josef Manowarda, Franz Völker, Viorica Ursuleac und Gertrud Rünger, eine Paradeaufführung, die den Ruhm von Clemens Krauss endgültig sicherte, und dann »Don Carlos«.

Clemens Krauss war als Achtunddreißigjähriger nach Wien berufen worden. Ich erinnere mich, wie alle Zeitungen voll Entsetzen darüber berichteten, daß in diesem hehren Haus ein so junger Mann aus Frankfurt herrschen sollte.

Mit Krauss kam ein Musiker, der mit eiserner Hand seine Ansichten von der Opernkunst durchsetzte. Immerhin übernahm er ein Haus, in dem ein Jahr zuvor die Wiener Erstaufführung von Puccinis »Turandot«, erst mit Lotte Lehmann, dann mit Maria Jeritza in der Titelrolle, stattgefunden hatte und in dem Korngolds neue Oper »Das Wunder der Heliane« mit Lotte Lehmann, Jan Kiepura und Emil Schipper erstaufgeführt worden war. Mit

Jan Kiepura war ein neuer Stern am Opernhimmel aufgegangen. Auch die neueste Oper von Richard Strauss, »Die ägyptische Helena«, war 1928 mit Maria Jeritza in der Titelrolle als Erstaufführung herausgekommen; der Komponist stand selbst am Pult. 1929 hörte ich zum ersten Mal »Elektra« unter der Leitung des Komponisten und sah zum ersten Mal die Witwe Hermann Bahrs, die legendäre Mahler-Künstlerin Anna Mildenburg, als Klytämnestra. Ich war zwischen der Bewunderung für eine weltberühmte Künstlerin und dem ans Komische grenzenden Eindruck, den ihre Gestaltung der Rolle auf mich machte, hin- und hergerissen. Die Zeit war über sie hinweggegangen. Sie war damals schon lange im Ruhestand und arbeitete auch als »Coach«, wie man das heute nennen würde, für Wagner-Partien, weshalb man sie später die »Reichsgebärdenmutter« nannte.

Unter der Leitung von Richard Strauss erlebte ich auch eine großartige »Ariadne auf Naxos« mit Lotte Lehmann und Richard Schubert als Bacchus. Schubert war damals noch der beliebteste Heldentenor Wiens, ein sehr schöner Mann und glänzender Schauspieler, aber bereits kurz vor dem stimmlichen Abstieg, den er nicht früh genug erkannte. Auch die letzten Vorstellungen von Leo Slezak, der als »Othello« noch einen großen Eindruck auf mich machte, erlebte ich.

Clemens Krauss, der ein sehr lebendiges Theater führte, brachte am 7. Mai 1930 unter seiner Leitung den »Wozzeck« von Alban Berg heraus. Josef Manowarda sang die Titelrolle und Rose Pauly die Marie. Zunächst hatte ich überhaupt kein Verständnis für dieses Werk. Ich glaubte, in den Orchestergraben springen zu müssen, um die Musiker zum Schweigen zu bringen. Ich hatte aber bereits gelernt, nicht vorschnell zu urteilen und ging in jede Vorstellung, und von Abend zu Abend wuchs mein Verständnis für dieses Meisterwerk, bis es dann Jahre später, als wir es nach Ende des »Tausendjährigen Reiches« wieder hören durften, eines meiner geliebtesten Werke war.

Es gab auch Kuriositäten, wie eine »Carmen«-Vorstellung am

3. April 1930, in der Maria Jeritza als blonde Carmen auftrat. Das Publikum raste, insbesondere deshalb, weil sie an diesem Abend zum ersten Mal wieder mit Alfred Piccaver als Partner auftrat, mit dem sie jahrelang zerstritten gewesen war. Nach der Rosenarie gab es tosenden Beifall für Piccaver, bis die Jeritza schließlich seinen Kopf auf ihrem Schoß bettete und ihn zum Zeichen der Versöhnung streichelte. Solche Augenblicke gab es in der Oper nicht viele, aber es konnte sie nur in Wien geben, denn nur hier ist die Oper eine Familie, das Publikum ein Teil der Bühne und der Künstler ein Teil des Publikums.

Daß ich bei diesem Familienfest der Versöhnung dabei war, entschädigte mich dafür, daß ich seinerzeit in der Schalk-Ära die Vorstellung der »Walküre« versäumt hatte, die zu einem Familienzwist geführt hatte. Maria Olczewska, die die Fricka sang, wollte Maria Jeritza, die Sieglinde, anspucken, traf aber die Walküre Hermine Kittel. Emil Schipper, der Ehemann der Olczewska, war an diesem Abend Wotan. Die Affäre sprach sich schnell herum, alle Zeitungen berichteten über sie. Wien teilte sich in eine Jeritza- und eine Olczewska-Partei und konnte erst aufatmen, nachdem die Gazetten das Versöhnungsfoto brachten, das Schalk zwischen seinen Primadonnen zeigte.

Die Position von Maria Jeritza in Wien war einzigartig. Sie war eine Primadonna, wie sie nur alle fünfzig Jahre vorkommt, vergleichbar mit Maria Callas oder gleich nach dem zweiten Weltkrieg Ljuba Welitsch und später Leonie Rysanek-Gausmann. Was macht eine solche Primadonna aus? Sicher nicht das Faxenmachen und die Skandale. Primadonnen sind Persönlichkeiten, die von dem Augenblick an, in dem sie das Haus – und nicht erst die Bühne – betreten, die Menschen in ihren Bann schlagen.

Eine solche Persönlichkeit war die Jeritza. Natürlich existierten für sie keine Regisseure, denn sie legte sich ihre Partien selbst zurecht und zwar äußerst wirkungsvoll. Sie trat auch ungern mit gleichbedeutenden Künstlern auf, was nicht heißt, daß sie Bühnenmöbel wünschte; ihre Partner sollten schon spielen können, aber eben für sie und in ihrem Sinne. Niemand durfte sie überragen, und aus dieser egozentrischen Einstellung heraus war es für sie fast unmöglich, bedeutende Dirigenten am Pult zu dulden. Nur Richard Strauss, der ja viele Partien im Hinblick auf Interpretationskunst und Persönlichkeit der Jeritza komponiert hatte, wurde auch von ihr als Genie anerkannt. Bei Clemens Krauss war das schon weniger der Fall; er verlangte ihre Mitarbeit und stellte sie in neuen Rollen heraus, die ihr, weil sie sich jetzt einem Regisseur, der meist Wallerstein war, beugen mußte, nicht so recht lagen. Ein Beispiel dafür ist die Brünnhilde. Sie war eine strahlende Wunschmaid, dennoch sang sie diese Partie nur in wenigen Aufführungen, weil sie sich als Salome, Tosca, Turandot oder Minnie im »Mädchen aus dem goldenen Westen« wirkungsvoller und mehr ihrem Charakter entsprechend präsentieren konnte. Sie war aber auch eine hinreißende Elisabeth in »Tannhäuser«, obwohl ich Angehöriger jener Partei war, die mehr die Elisabeth-Interpretation der Lotte Lehmann schätzte. Man bedenke: Welche Auswahl! Beide Sängerinnen wünschten sich, wenn sie nach ihren langen Met-Gastspielen nach Wien zurückkamen, als erste Partie die Elisabeth, um das Haus und ihr Publikum mit der Hallenarie begrüßen zu können. Nach dieser Arie konnten sie dann minutenlang nicht weitersingen, weil das Publikum seine heimgekehrten Lieblinge enthusiastisch feierte.

Die Begeisterung war, so will mir heute scheinen, damals echter als in unseren Tagen. Auch Mißfallensäußerungen artikulierten sich damals anders als heute. Das Buh-Rufen war noch nicht erfunden, es wurde erst lange nach dem Zweiten Weltkrieg, als wir vom Theater an der Wien in das Haus am Ring zurückkehrten, geboren. In meiner Jugend dagegen applaudierte man eben nicht, wenn einem eine Leistung nicht gefallen hatte. Natürlich gab es auch Mißfallensäußerungen, aber sie waren sehr differenziert. So wurde Erich Wolfgang Korngold einmal als Dirigent, und zwar von den Feinden seines Vaters, des gefürchteten und mächtigen Musikkritikers der »Neuen Freien Presse«, Julius Korngold, ausgepfiffen. Ich kann mich noch erinnern, was der alte Korngold nach einem Liederabend Fjedor Schaljapins im Konzerthaus schrieb, der mir sehr gefallen hatte. Er sei sich, meinte Julius Korngold, vorgekommen wie auf einer Schiffsfahrt durch die Wachau: »Eine schöne Ruine nach der anderen.« Ich war entrüstet, denn ich liebte und verehrte Schaljapin.

Im deutschen Repertoire war es Wilhelm Rode, der, wenn auch nicht auf einem so säkularen Niveau wie Schaljapin, das Publikum in seinen Bann zwang. Als Sachs, Wotan, Jochanaan, also im Fach des deutschen Heldenbaritons, gab es keinen Künstler, der sich mit ihm vergleichen hätte können. Wilhelm Rode verließ 1935 mit Clemens Krauss Wien, um so wie Franz Völker, Gertrud Rünger und Josef Manowarda an die Berliner Staatsoper zu gehen.

Solange Clemens Krauss noch in Wien war, sahen wir die beispielhafte Neuinszenierung der »Frau ohne Schatten« durch Lothar Wallerstein in Bühnenbildern Alfred Rollers und mit dem Hausherrn am Pult. Lotte Lehmann sang die Färberin, Viorica Ursuleac die Kaiserin, Josef Kalenberg und später Franz Völker den Kaiser und Gertrud Rünger die Amme. Ein besonderes Ereignis war die Uraufführung des »Idomeneo« von Mozart in einer Umarbeitung, man kann schon sagen Neukomposition, von Richard Strauss und in einer hervorragenden Besetzung mit Elisabeth Schumann, Maria Nemeth, Richard Mayr und Josef von Manowarda. Auch neue Opern konnten wir hören, wie den »Musikanten« von Bittner, der ohne größere Wirkung auf uns geblieben war. »Die Bacchantinnen« von Egon Wellesz, unter Wallerstein und Krauss, mit Rose Pauly, Emil Schipper und Josef Manowarda waren da schon interessanter. Wellesz hatte in der Nachfolge von Schönberg und Mahler ein Werk zustandegebracht, das viel diskutiert wurde. Robert Hegers »Bettler Namenlos« war weniger als Werk als durch den Umstand interessant, daß in dieser Oper Max Lorenz im Haus am Ring debütierte. Maria Jeritza, die ihn an der Met gehört hatte, hatte ihn Clemens Krauss empfohlen.

1932 hörte ich den in Wien sehr beliebten, aber nur selten zu bewundernden Tino Pattiera als Canio zum erstenmal. Er war ein besonders intensiver, glänzender Schauspieler. Leider hat er seine Kräfte sehr bald ausgeschöpft und wirkte dann nur mehr als Lehrer in Wien, wo er zusammen mit Richard Strauss und Hans Knappertsbusch häufiger, amüsant streitsüchtiger Skat-Gast im Hause Mautner Markhof war. Im Jahre 1933 erweiterte Krauss das Verdi-Repertoire durch die Werfel-Fassung von »Macbeth«. Gertrud Rünger sang die Lady, Alfred Jerger die Titelrolle. Außerdem gab es eine Neuinszenierung des »Othello« mit Franz Völker in der Titelrolle, Josef Manowarda als Jago und der Ursuleac als Desdemona. Clemens Holzmeister hatte für diese Produktion ein viel bestauntes, interessantes Bühnenbild entworfen. Am 14. November 1933 hörte ich zum ersten Mal Giacomo Lauri-Volpi, als Kalaf in »Turandot«. Er war wirklich ein erstaunlicher Sänger, der die Spitzentöne schier endlos aushalten konnte. Das durfte man damals!

Nachdem man Clemens Krauss mitten in der Spielzeit hatte gehen lassen, kam es zu einer zweiten Direktionszeit Felix von Weingartners, die von 1. Jänner 1935 bis 31. August 1936 dauerte. Für die Spielzeit 1936/37 übernahm bereits Dr. Erwin Kerber, der Direktionsrat der Staatsoper und Gremiumsmitglied der Salzburger Festspiele, die administrative Leitung des Hauses. Bruno Walter wurde zum künstlerischen Leiter ernannt. Dem Einmarsch der deutschen Wehrmacht am 13. März 1938 mußte er weichen. Daß es so kommen würde, hätte man schon seit jener »Tristan«-Vorstellung wissen müssen, in der Illegale eine Stinkbombe als Protest gegen einen jüdischen Wagner-Dirigenten warfen. Anny Konetzni hatte zunächst weiterzusingen versucht, doch die Vorstellung mußte unterbrochen werden.

In der Ära Kerber/Walter fand ein interessantes Dirigentendebüt statt. Am 1. Juni 1937 gastierte Herbert von Karajan, der Generalmusikdirektor des Stadttheaters Aachen, in Wien. Er dirigierte »Tristan und Isolde« mit Anny Konetzni als Isolde und Alexander Kipnis als Marke. Es blieb bei diesem einen Gastspiel, angeblich deshalb, weil Anny Konetzni während der Klavierprobe ihre Post geöffnet und gelesen hatte, was Karajan als Mißachtung seiner Person empfunden haben soll.

Im Zweiten Weltkrieg mußte ich wie so viele Angehörige meiner Generation einrücken, wurde aber nach einiger Zeit aus der Wehrmacht entlassen und konnte in Wien viele bedeutende Opernabende erleben.

So wurde am 5. Mai 1944 Pfitzners »Palestrina«, eine meiner Lieblingsopern, wieder in den Spielplan aufgenommen. Anlaß war der 75. Geburtstag des Komponisten. Auf dem Programmzettel stand unter dem Titel der Oper ein Zitat von Arthur Schopenhauer: »Jenem rein intellektuellen Leben des einzelnen entspricht ein ebensolches des Ganzen der Menschheit, deren reales Leben ja ebenfalls im Willen liegt. – Dieses rein intellektuelle Leben der Menschheit besteht in ihrer fortschreitenden Erkenntnis mittels der Wissenschaften und in der Vervollkommnung der Künste, welche beide, Menschenalter und Jahrhunderte hindurch sich langsam fortsetzen und denen, ihren Beitrag liefernd, die einzelnen Geschlechter vorübereilen. Dieses intellektuelle Leben schwebt, wie eine ätherische Zugabe, ein sich aus der Gärung entwickelnder wohlriechender Duft über dem weltlichen Treiben, dem eigentlich realen, vom Willen geführten Leben der Völker, und neben der Weltgeschichte geht schuldlos und nicht blutbefleckt die Geschichte der Philosophie, der Wissenschaft und der Künste.« Das waren für das Jahr 1944 bemerkenswerte Worte.

Die Aufführung wurde zum besonderen Fest durch die Anwesenheit Hans Pfitzners, der ganz allein in der Proszeniumsloge saß und die Aufmerksamkeit des Publikums erregte, weil er keinen Blick auf die Bühne richtete, sondern ununterbrochen seine Musik dirigierte. Am Pult stand Rudolf Moralt. Paul Schöffler sang den Morone, Alfred Jerger den Borromeo, Esther Rethy den Ighino, Martha Rohs den Silla, Josef Witt den Palestrina und Else Schürhoff die Erscheinung seiner Frau Lukretia.

Am 25. Mai 1944 wurde des 75jährigen Bestehens des Hauses am Ring mit einer Aufführung des »Fidelio« gedacht. Karl Böhm, seit 1943 Hausherr, dirigierte, Hilde Konetzni, Max Lorenz, Paul Schöffler und Irmgard Seefried sangen. Vor Beginn der Vorstellung sprach Raoul Aslan einen Prolog von Josef Weinheber, der mit den Worten endete:

»Höre die Welt! Und sie rede von Gott nicht, nein, sie besinne sich am Rande des Todes, daß wir Geschaffene sind. Aber Geschaffene haben, Geschöpflichem schön überlegen, Gott gepriesen. Und h i e r tönt es, das Abendland! Hier wie nirgends entschied der Mensch das Seinige, nirgends wurde die Weisheit s o Stimme der höchsten Gewalt! Laßt uns, laßt uns verstehn, erhöhen die Stimme des Menschen! Denn Gott kann ja nicht sein, wenn wir nicht helfen dazu . . .«

Das waren in einer Zeit der Durchhalteparolen geradezu wehrzersetzende Gedanken.

Karl Böhm konnte den 80. Geburtstag von Richard Strauss noch mit einer Serie von Festaufführungen begehen. Ich hörte am 4. Juni »Capriccio« und am 11. Juni »Ariadne auf Naxos« unter Böhm, am 9. Juni »Salome« mit Christl Goltz als Gast von der Staatsoper Dresden in der Titelrolle, Elisabeth Höngen als Herodias und Josef Herrmann als Jochanaan unter Rudolf Moralt, und am 12. Juni sah ich einen Ballettabend mit der »Couperin-Suite« in einer Choreographie Erika Hankas und »Josefslegende« in der Choreographie Heinrich Kröllers mit Hedy Pfundmayr als Potiphars Weib und Erwin Pokorny als Joseph; am Pult stand Rudolf Moralt.

Eigentlich hätte an diesem Tag »Die Frau ohne Schatten« gespielt werden sollen, aber aus »technischen Gründen« wurde die Vorstellung geändert. Technische Gründe mußten immer schon herhalten, wenn Organisationsfehler oder Sängerabsagen eine geplante Aufführung unmöglich machten. Mit diesem Strauss-Fest enden die Aufzeichnungen meiner Besuche in der Staatsoper vor der Zerstörung des Hauses.

Ich hatte einen langen Weg zurückgelegt seit meiner ersten »Walküre« im Jahre 1926. Vom Weggang Clemens Krauss' nach Berlin über die Stinkbombe gegen Bruno Walter, die Aufforderungen, bei der Volksabstimmung für Hitler zu stimmen, verwundete Frontsoldaten durch Erheben von seinem Sitz zu ehren und bei Luftangriffen Ruhe zu bewahren, hatte er geradewegs zum Brand des geliebten Hauses geführt.

Gleich nach der Liebe zur Staatsoper kam meine Liebe zum Burgtheater. Das erste Stück, das ich in diesem Hause sah, war »Flachsmann als Erzieher« von Otto Ernst am 18. Oktober 1925. Die Premiere dieser Inszenierung hatte 1901 stattgefunden, sie wurde also bereits 25 Jahre gespielt! Man stelle sich dergleichen heute vor. In meiner Vorstellung spielte Albert Heine die Titelrolle, neben ihm standen Reinhold Häußermann, der Vater meines Freundes und späteren Burgtheaterdirektors Ernst Haeusserman, und Ferdinand Maierhofer auf der Bühne. Ich ging einmal wöchentlich ins Burgtheater und sah dabei auch Stücke, die ich damals noch gar nicht erfassen konnte, wie »Der Diktator« von Jules Romains mit Raoul Aslan, Max Devrient, Paul Hartmann, Ferdinand Maierhofer, Else Wohlgemuth und Alfred Lohner, einem damals sehr beliebten Vertreter des Faches jugendlicher Held.

Großen Eindruck machte auf mich Rostands »Der junge Aar« mit Ida Roland in der Rolle des unglücklichen Napoleon-Sohnes, des Herzogs von Reichstadt, die Sarah Bernhardt kreiert hatte. Die unvergeßliche, großartige Rosa Albach-Retty spielte die Kaiserin Marie Luise und Max Devrient den Metternich. In meiner Erinnerung blieb mir auch eine herrliche Aufführung von Shakespeares »Julius Cäsar« mit Werner Krauß, der eben erst ans Burgtheater gekommen war, Raoul Aslan als Marc Anton und Paul Hartmann als Brutus. »Hamlet« sah ich mit Aslan in der Titelrolle, meinen ersten »Faust« in einer Inszenierung von Franz Herterich, mit dem eben engagierten Ewald Balser als Faust und mit Aslan als Mephisto.

Dann gab es etwas sehr Merkwürdiges: die Serie der Sassmann-Stücke. Jedes Jahr wurde nach dem ersten Riesenerfolg von »Metternich«, ein neues Stück von Hans Sassmann aufgeführt, so wie der Frühling auf den Winter folgt. »Metternich«, in dem Willy Thaller den Kaiser Franz spielte, war vor allem ein Erfolg Raoul Aslans in der Titelrolle gewesen.

Es folgte »Das Haus Rothschild«, wieder mit Thaller als Kaiser Franz und Aslan als Metternich, »1848«, abermals mit Aslan als Metternich und Thaller diesmal als Erzherzog Franz Karl, »Prinz Eugen von Savoyen«, diesmal mit Aslan als Karl VI. und Ewald Balser als Prinz Eugen und schließlich »Maria Theresia und Friedrich II.« mit der wunderschönen Nora Gregor als Kaiserin und Paul Hartmann als ihrem Gegenspieler. Zwischendurch wirkte Sassmann als Übersetzer des Dreiakters »Hundert Tage« von Benito Mussolini, mit Werner Krauß als Napoleon, Hedwig Bleibtreu als seine Mutter und Paul Hartmann als General Graf Labédoyère.

Heute ist Sassmann von Autoren wie Rolf Hochhuth völlig verdrängt worden. Ich kann das nicht ganz verstehen, denn ich bin sicher, daß seine gut gebauten und wirkungsvollen historischen Bilderbögen auch in unserer Zeit noch als Vehikel für bedeutende Darsteller ihren Dienst täten.

Am 13. Oktober 1929 nahmen wir im Burgtheater von Hugo von Hofmannsthal Abschied. Er war seinem Sohn, der Selbstmord begangen hatte, in den Tod nachgefolgt und buchstäblich aus Schmerz gestorben. Clemens Krauss dirigierte Richard Strauss' »Tod und Verklärung«, Stefan Zweig hielt die Gedenkrede, dann wurde »Der Tor und der Tod« mit Raoul Aslan gespielt.

Auch die Programmzettel des Burgtheaters nannten meist keinen Regisseur, wobei es sich um Inszenierungen handelte, die seit vielen, vielen Jahren im Repertoire standen. Ich glaube ja, daß ein profilierter Regisseur jenen Burgtheaterstil, den wir liebten, gestört hätte. Das Burgtheater war nun einmal ein Schauspielertheater, dessen Größen sich von einem Regisseur nichts hätten dreinreden lassen.

Viel später, nach dem Krieg, beklagte sich Raoul Aslan einmal bei mir über Josef Gielen, der ihn seinerzeit aufgefordert hatte, seinen Regieanordnungen zu folgen. Aslan war aber einfach nicht in der Lage, Regieanweisungen, die seinem Naturell nicht lagen, auszuführen; so trat er an die Rampe und rief: »Lassen Sie mich in Ruhe, sie preußisches Arschloch!« Als Gielen ihm später die Rolle des Rudolf in Grillparzers »Ein Bruderzwist in Habsburg« wegnahm, um sie dem »Urpreußen« Werner Krauß zu geben, klagte er mir: »Ich weiß, das kommt von damals. Dieser Mensch hat ja keinen Humor! Und er weiß nicht einmal, daß Arschloch bei mir ein Kosewort ist!«

Am 1. Jänner 1932 wurde Hermann Röbbeling Direktor des Burgtheaters. Unter ihm war Werner Krauß fast in jeder großen Neuinszenierung zu sehen; von Shaws »Kaiser von Amerika« bis zu Grillparzers »Ein Bruderzwist in Habsburg« und zu Shakespeares »Richard III.«. »Ein Pferd, ein Pferd, ein Königreich für ein Pferd!« – nie werde ich diesen Ruf Richards III. aus den Ohren bekommen. Von der Aufführung blieb mir nur Krauß in Erinnerung, er war in diese Rolle hineingekrochen wie in eine zweite Haut, er schuf, alles mordend, eine Leere um sich, die förmlich schmerzte. Werner Krauß war für mich der Gipfel der Schauspielkunst, auch als König Lear, den er am 20. März 1935 zum ersten Mal spielte.

Am 24. Oktober 1936 trat Paula Wessely zum ersten Mal am Burgtheater auf. Sie spielte die Titelrolle in Shaws »Die heilige Johanna«. Der Hausherr Röbbeling inszenierte selbst. Die Wessely war als Johanna so glaubwürdig, daß uns Jungen Hören und Sehen verging.

Im letzten Monat der Direktionszeit Röbbelings, im Februar 1938, kamen noch Molières »Der eingebildete Kranke« und »Der Geizige« an einem Abend heraus, inszeniert von Adolf Rott und mit Werner Krauß in den Titelrollen. Röbbelings letzte Regiearbeit, Hauptmanns »Michael Kramer«, setzte ebenfalls auf Werner Krauß in der Titelrolle.

Wenn man das Burgtheater noch so liebte – am Volkstheater konnte man in meiner Jugend nicht vorbeisehen, vor allem, wenn einem wie mir neben Werner Krauß der liebste Schauspieler Albert Bassermann war. Ich sah Bassermann im Volkstheater als Egmont, und diese Aufführung erschütterte mich so, daß ich am nächsten Tag krank war, wie seinerzeit im Jahre 1926 nach der »Walküre«; diese Neigung zum Kranksein nach aufregenden Vorstellungen ist mir gottlob im Laufe der Zeit vergangen.

Das Theater in der Josefstadt, das Max Reinhardt leitete, betrat ich zum ersten Mal am 1. Dezember 1934. Gespielt wurde Nestroys »Einen Jux will er sich machen« in einer Inszenierung Otto Premingers und mit einer damals für uns geradezu sensationellen Besetzung: Hans Moser, Oskar Karlweis, Karl Paryla, Louise Kartousch, Adrienne Gessner und Vilma Degischer. Einen großen Eindruck hinterließ bei mir Reinhardts Inszenierung von »Der lebende Leichnam« mit Gustav Waldau, Helene Thimig, Nora Gregor, Attila Hörbiger – und zum ersten und leider letzten Mal sah ich den großen Hugo Thimig, der den Richter spielte.

Staatsoper, Burgtheater, Volkstheater und Josefstadt – wann blieb eigentlich noch Zeit für Konzerte? Bis zum Jahr 1931 besuchte ich ja das Theresianum und hatte nur einmal in der Woche »Kulturausgang«. Zu meinen frühen Erinnerungen gehören jedenfalls die volkstümlichen Sonntagnachmittagskonzerte, die im Konzerthaus Rudolf Nilius und im Musikverein Anton Konrath dirigierte. Aber auch Alexander von Zemlinsky und Anton von Webern, der die Arbeiterkonzerte eingeführt hatte, in denen er sich sehr stark auf die moderne Musik konzentrierte, dirigierten dort. Diese Nachmittagskonzerte, die ein populäres Programm boten, hatten den großen Vorteil, daß sie sehr billig waren und mir außerdem ermöglichten, nachher noch ins Burgtheater oder in die Oper zu gehen. Sehr verwöhnt war ich damals noch nicht, zunächst kam es mir darauf an, einen Überblick über das Repertoire zu gewinnen. Erst nach und nach lernte ich zwischen Konzerten von hohem künstlerischem Niveau und Hausmannskost zu unterscheiden.

Rudolf Nilius war nach dem Zweiten Weltkrieg im Konzerthaus als Archivar tätig und half mir mit seinem großen musikali-

schen Wissen und seiner eminenten Erfahrung bei meinen ersten
Schritten als Generalsekretär. Wir waren nicht immer einer Meinung, aber das lag am Generationsunterschied.

In den Nachmittagskonzerten hörte ich meine erste »Matthäuspassion« und meine erste »Johannespassion«. Im Jänner 1931
hörte ich zum ersten Mal ein von Richard Strauss dirigiertes Konzert und am 13. März 1933 zum ersten Mal Wilhelm Backhaus. Er
spielte ein reines Brahms-Programm. Ich erinnere mich ferner an
ein Richard Strauss-Konzert, in dem Wilhelm Furtwängler »Ein
Heldenleben« dirigierte und an das großartige Brahms-Fest, das die
Gesellschaft der Musikfreunde vom 16. bis 21. Mai 1933 zum 100.
Geburtstag des Komponisten veranstaltete. Neben Furtwängler
wirkten die damals größten Instrumentalisten, Pablo Casals,
Bronislaw Hubermann, Paul Hindemith und Arthur Schnabel, mit.

Felix von Weingartner erlebte ich zum ersten Mal im Konzertsaal am 3. Dezember 1933. Er war zu meiner Zeit nicht mehr Leiter der Wiener Philharmoniker, die ja jahrelang ausschließlich von
ihm dirigiert worden waren. Im Wiener Musikleben spielte auch
die rege Tätigkeit des Rundfunk-Orchesters der Ravag unter der
Leitung von Oswald Kabasta eine Rolle. Zum zehnjährigen Bestand der Ravag, der Vorgängerin des heutigen ORF, bot Kabasta
die Uraufführung der 2. Symphonie von Bittner, die sich aber nicht
im Repertoire halten konnte.

Zwei Monsterkonzerte im Konzerthaus, bei denen Philharmoniker und Symphoniker jeweils gemeinsam spielten, sind mir wegen
ihrer Gigantomanie in Erinnerung geblieben. Am 4. Dezember
1933 dirigierte Arthur Lucon die C-Dur-Symphonie von Schubert
und »Don Juan« von Strauss, am 20. Mai 1937 leitete Richard
Strauss ein Konzert mit seiner »Alpensymphonie« und der Fünften
von Beethoven.

Eine andere Kuriosität jener Zeit war ein Konzert der berühmten Koloratursopranistin Erna Sack unter Kabasta. Sie sang alle
Spitzentöne um ein bis zwei Oktaven höher, was phänomenal war,
aber mit Musik nicht viel zu tun hatte.

47

Unvergeßlich ist mir eine Aufführung von Schönbergs »Gurre-liedern« unter Bruno Walter am 29. Mai 1935 mit Hilde Konetzni, Kerstin Thorborg und Endre Rösler. Hier war, im Gegensatz zu den beiden erwähnten Monsterkonzerten, das immense Aufgebot in der Musik begründet, gerechtfertigt und einfach notwendig.

Beim Liederabend meiner geliebten Lotte Lehmann am 16. Oktober 1934 gab es einen makaber-komischen Zwischenfall, für den das notorische Wiener Original, die sogenannte Reichsgräfin Triangi, sorgte. Nachdem das Publikum bereits Platz genommen hatte, im letzten Augenblick vor dem Auftreten der Lehmann, betrat sie den Saal, ging feierlich, das weiß geschminkte Gesicht von einem Stirnreif gekrönt, mit einer Rose in der Hand zum Podium, legte die Rose der Lehmann zu Füßen und nahm in der ersten Reihe Platz. Die Lehmann mußte so lachen, daß sich der Beginn des Konzertes verzögerte.

Mit den Philharmonischen Abonnement-Konzerten bin ich eigentlich erst während des Zweiten Weltkrieges in Berührung gekommen. Am 11. Juni 1944 erlebte ich das Festkonzert, das zum 80. Geburtstag von Richard Strauss veranstaltet wurde. Strauss dirigierte »Till Eulenspiegel« und die »Sinfonia domestica« und Karl Böhm außer Programm als Überraschung den Rosenkavalier-Walzer, den Strauss, weil ihm die Konzert-Fassung von Singer nie so recht gefallen hatte, nun selbst für Konzert gefaßt hatte. Im Rahmen dieses Konzertes übergab Karl Böhm Richard Strauss einen von den Philharmonikern gewidmeten Dirigentenstab aus Ebenholz, der aber so schwer war, daß Richard Strauss ihn nur für einige Takte benutzte.

Viele frühe Eindrücke aus Oper, Theater und Konzertsaal verdanke ich dem bereits erwähnten Donnerstag-Abonnement des Theresianums. Die Kollegen der älteren Jahrgänge subskribierten diese Abonnements meist nur, um ausgehen zu können und ließen ihre Plätze verfallen. Sie gingen lieber mit Damen aus, die nicht immer der besten Gesellschaft angehörten, gab es doch unweit des

Theresianums, auf der Wiedner Hauptstraße, gleich zwei Stunden-hotels. Vor diesen Etablissements spazierte jedesmal, wenn wir vor-beigingen, eine Dame von außerordentlichem Ausmaß auf und ab. Sie war etwa ein Meter neunzig groß, sicherlich über hundert Kilo schwer, trug stets ein kariertes Kleid und schwang eine schwarze Tasche, wegen der sie die schwarze Marie genannt wurde. Sie wurde von einer ganzen Reihe meiner Klassenkollegen regelmäßig be-sucht, bis das eines Tages aufflog und es einen Skandal gab. Skandale gab es auch dann, wenn ein Schüler von seinen Kame-raden allzu sehr gequält wurde. Da gab es z. B. den Fall des Prinzen W., den man hänselte, weil er in Rokokomanier immer nur sein Gesicht benetzte, weshalb eines Tages beschlossen wurde, ihn zu waschen. Im Waschsaal war ein großer Trog mit zehn Hähnen, der sich füllte, wenn man die Abflüsse verstopfte. Das tat man, und dann packten einige »Mutige« den Armen, legten ihn in das eis-kalte Wasser und wuschen ihn kräftig.

Ich habe solche Exzesse immer wenig erfreulich gefunden, weil ihre Opfer meist irgendwelche Außenseiter waren, zu denen ich mich, ohne daß man mir Schwierigkeiten bereitet hätte, wegen meines ausschließlichen Interesses für Musik und Theater auch zählte.

Die Krankenabteilung des Theresianums wurde von Vinzenti-nerinnen geleitet. In besonderer Erinnerung ist mir die aus dem Sudetenland stammende »Bresel-Schwester«, die so genannt wurde, weil sie in ihrem heimischen Tonfall immer rief: »Bresel aus die Betten, Bresel aus die Betten!« Sie sorgte für eiserne Disziplin in der Krankenabteilung, was auch notwendig war, weil viele Insassen gar nicht krank waren, sondern nur verschiedene Leiden vortäusch-ten, um Prüfungen und Schularbeiten zu entgehen. Ich wurde da-gegen vor der Matura von nachweislich echten Masern befallen. Meine Mathematikprüfung legte ich daher im Krankenbett ab, und erregte genug Mitleid, um durchzukommen, was mir unter norma-len Umständen höchstwahrscheinlich nicht gelungen wäre.

Nach bestandener Matura durfte ich mit den katholischen Mittelschülern unter der Patronanz des damaligen Ministers für soziale Verwaltung, des späteren Erzbischofs von Wien, Kardinal Innitzer, nach Rom fahren. Es wurde eine sehr lustige Fahrt. Wir teilten uns im Zug in zwei Parteien, die Christen und die Antichristen, die Papst und Gegenpapst wählten. Der Führer der Wiener Maturantengruppe war ein Pater Hofbauer, ein Nachfahre von Clemens Maria Hofbauer und vielleicht noch heiliger als sein Ahne. In Venedig, unserer ersten Zwischenstation, jagte er uns von einer Kirche in die andere. Der Aufenthalt wurde zur Qual, da uns Pater Hofbauer vor und nach jeder Brückenüberquerung aufforderte, ein Stoßgebet gen Himmel zu schicken. Bei den vielen Brücken in Venedig kamen wir aus den Stoßgebeten gar nicht mehr heraus.

In Rom unterstanden wir dagegen unserem Religionslehrer Pater Langhammer, einem sehr netten sudetendeutschen Prämonstratenser aus dem Kloster Tepl, den wir sehr mochten, über den wir uns aber auch lustig machten. So, wenn er uns neue erbauliche »Bicher« brachte und zum Erwerb anbot. Oder wenn er Versuche anstellte, uns sexuell aufzuklären und behauptete, man erkenne schon daran, daß man nachher »mide« sei, daß Gott die Onanie verdamme.

Pater Langhammer, der in Rom gute Beziehungen hatte, arrangierte für uns eine Privataudienz bei Papst Pius XI. Wir durften vor dem Papst singen, und irrtümlicherweise wurde ich dem Heiligen Vater als Chorleiter vorgestellt. Der tatsächliche Chorleiter, Reinhold Schmid, der später mein guter Freund wurde, hat mir Jahre danach gestanden, daß ihn die Verwechslung recht gewurmt hat.

Wir wurden auch zu einer Jause beim damaligen Jesuiten-General, dem Grafen Wladimir Ledóchowski, geladen. Seine Schwester Maria Theresia Ledóchowska ist 1975 selig gesprochen worden. Graf Ledóchowski war Theresianist, erinnerte sich noch gut an die Schule, und aus seinen Erzählungen konnten wir entnehmen, daß sich in den letzten fünfzig Jahren im Theresianum nicht viel geändert hatte.

III

Der Weg ins Berufsleben

Nach der Maturareise fing der Ernst des Lebens an. Ich hatte noch nicht entschieden, welchen Berufsweg ich einschlagen sollte. Einmal wollte ich Schauspieler werden, dann Dirigent, Komponist oder Pianist. Ich spielte ja täglich stundenlang Klavier. Meist improvisierte ich, weil mir die Noten der großen Komponisten zu schwierig waren, während das, was ich mir zusammenpfuschte, leichter spielbar war. Ich liebte Klavierauszüge von Wagner-Opern, die ja verhältnismäßig einfach zu spielen sind, weil es viele Tremolos gibt; wo etwa Beethoven genaue Tonfolgen für jede Hand vorschreibt, liegt bei Wagner die Melodie in der rechten Hand, die linke tremoliert im Baß. Ich pflegte die einzelnen Klavierauszüge so oft zu spielen, bis ich den Text auswendig konnte und kümmerte mich wenig darum, daß meine Stimme weder für den Tristan, noch den Marke und schon gar nicht für die Isolde gereicht hat. Ich sang trotzdem alle Partien und wollte Sänger werden, zog mir aber von der Familie, vorab von meinem Vater, Spott zu, der ein altes ungarisches Sprichwort zitierte:»Bögnek a szamarak essö lesz'', auf Deutsch: „Wenn die Esel schreien, wird es regnen.''

Eine Erkenntnis, die für meinen späteren Beruf bei der Beurteilung von Sängern sehr wichtig war, gewann ich damals jedenfalls: Man kann selbst kaum beurteilen, ob man eine gute Stimme hat oder nicht.

Mein Vater sagte mir schließlich: „Wenn du eine brotlose Kunst lernen willst, habe ich nichts dagegen, aber dann mußt du dir das selbst finanzieren. Wenn du alle Widrigkeiten ohne mich

51

durchhältst, wirst du etwas werden. Wenn du dich für ein zivilisiertes Studium entscheidest, kannst du mit mir rechnen." Heute weiß ich, daß er absolut recht hatte und daß seine Worte geradezu ein Rezept sind für Eltern, von deren Kindern nicht ganz klar und eindeutig feststeht, daß sie künstlerisch begabt sind.

Damals allerdings rang ich mich nur schwer zu der Überzeugung durch, daß es besser sei, sich sein Brot zu verdienen, als einer brotlosen Kunst nachzugehen. So entschied ich mich für das Studium der Jurisprudenz und immatrikulierte an der Wiener Universität. Die Vorlesungen habe ich allerdings kaum besucht, sondern ging vor den Prüfungen in Paukerkurse. Im übrigen reiste ich viel. Meine erste Reise, die zur Belohnung für die bestandene Matura mein Vater finanzierte, führte mich an ein schon lange ersehntes Ziel: nach Bayreuth. Dort wollte ich nicht nur Wagners Musik hören, sondern auch dem Haus Wahnfried einen Besuch abstatten, was aber nur ging, wenn man eine Empfehlung an ein Familienmitglied oder an einen bedeutenden Festspielkünstler hatte.

In meiner Not erzählte ich davon auch unserem Wiener Zahnarzt, Oskar Schwarz; nicht, weil ich annahm, daß er mir helfen werde können, sondern einfach, weil mir jeder Mitwisser in meiner Not lieb war. Umso größer war mein Erstaunen, als Herr Schwarz erklärte, helfen zu können. Er habe, sagte er, eine Patientin, die Mitarbeiterin von Rudolf von Laban sei, der wiederum im Vorjahr für »Tannhäuser«, die letzte Inszenierung Siegfried Wagners vor seinem Tode, die Venusberg-Szene choreographisch gestaltet hatte. Er werde mir einen Brief dieser Patientin an Laban mitgeben, den könne ich dann im Hause Wahnfried abgeben, und wenn ich einmal dort sei, werde es mir schon gelingen, weiter vorzudringen.

Gesagt, getan. In Bayreuth angekommen, ging ich mit dem Brief zum Hause Wahnfried, läutete an und fragte nach Frau Winifred. Sie erschien, nahm den Brief entgegen und versprach, ihn an Herrn von Laban weiterzugeben. Auf meine bittende Frage, ob ich mich im Hause umsehen dürfe, meinte sie, sie habe Gäste und daher keine Zeit für mich, ich könne aber den Garten besichtigen.

Der Weg ins Berufsleben

Dankend nahm ich freudig das Angebot an. Das war doch immerhin etwas. Ich wanderte durch den Garten Richard Wagners! Und plötzlich hörte ich vom Haus her eine krächzende Stimme, wendete mich um und sah Cosima Wagner, die kurz auf den Balkon im ersten Stock herausgetreten war. Einerseits konnte an der Erscheinung kein Zweifel sein, andererseits wußte ich natürlich, daß mir meine Phantasie einen Streich gespielt hatte, denn Cosima Wagner war im Jahr zuvor, kurz vor ihrem Sohn Siegfried, gestorben.

Viele Jahre später erzählte ich Winifred Wagner, die sich natürlich nicht mehr an meinen Besuch erinnern konnte, von diesem seltsamen Erlebnis. Sie meinte, es hätte sich schon so abspielen können, denn das sei tatsächlich Cosimas Balkon gewesen. Nur das Jahr stimmte eben nicht. Ein typischer Fall von Autosuggestion!

»Tannhäuser« unter Arturo Toscanini war dann ein großes Erlebnis. Auch die Inszenierung Siegfried Wagners, zu der er selbst die Bühnenbilder entworfen hatte, machte einen durchaus zeitgemäßen Eindruck auf mich. Die Titelrolle sang der wunderschöne Ungar Sigismund Pilinsky; leider war seine Stimme nicht so schön wie sein Aussehen, aber man wußte, daß er in der Gunst Siegfried Wagners gestanden war. Maria Müller war eine ergreifende Elisabeth und Herbert Janssen, ein Freund von Max Lorenz, wie ich später erfahren sollte, ein wunderbarer Wolfram.

Den »Ring des Nibelungen« dirigierte Karl Ellmendorf. Wotan war Friedrich Schorr, Fricka Karin Branzell, Brünnhilde Nanny Larsén-Todsen, Sieglinde Maria Müller, Siegmund Lauritz Melchior, Siegfried Gotthelf Pistor, die Stimme des Waldvogels war die von Erna Berger, Gunther war Rudolf Bockelmann – ein Ensemble, das keinen Wunsch offen ließ, denn Gotthelf Pistor war damals noch in guter Form.

Großen Eindruck machte auf mich auch das Gedächtniskonzert für Siegfried Wagner. Sein Neffe Gilbert Cravina dirigierte es im alten Theater, das die lebenslustige Schwester Friedrichs des Großen, Markgräfin Wilhelmine, von Giuseppe Galli-Bibiena hatte erbauen lassen. Der Raum ist von einer so wunderbaren Schönheit und so herrlichen Akustik, daß man gar nicht merkt, wie unbequem man sitzt.

Man hatte mir viel von der »Eule« erzählt, dem berühmten Bayreuther Künstlertreff. Erwartungsvoll ging ich hin und war zunächst enttäuscht, daß es nur lange Tische gab und man sich auf einen gerade freiwerdenden Platz setzen mußte; aber ich hatte das Glück, daß ich neben Josef von Manowarda zu sitzen kam. Der verehrte Sänger sprach mich leutselig an, und ich stellte mich als einen seiner Wiener Fans vor, was wiederum ihn sehr freute. Außer Winifred Wagner, die ich nach der Wiedereröffnung Bayreuths nach dem Krieg näher kennen und schätzen gelernt habe, und Karl Ellmendorf, den ich nach 1945 einlud, die italienische Erstaufführung von Pfitzners »Palestrina« in Perugia zu dirigieren, traf ich damals in Bayreuth noch einen dritten Menschen, dessen Lebensweg ich später wieder kreuzen sollte: Janos Ferencsik. Wie es dazu kam, daß ich ihn vor dem Festspielhaus ansprach, weiß ich nicht mehr; vielleicht hörte ich ihn Ungarisch sprechen. Ich weiß nur, daß er sich als Assistent von Arturo Toscanini entpuppte und wir angeregt miteinander plauderten. Im Jahre 1946, als wir uns wieder trafen, konnte er sich noch genau daran erinnern.

Die Salzburger Festspiele habe ich zum ersten Male im Jahre 1928 besucht und sah eine der berühmten Reinhardt-Inszenierungen: »Die Räuber« von Schiller im Festspielhaus, dessen Bühne Oskar Strnad für diese Aufführung umgestaltet hatte. Alexander Moissi spielte den Franz, Paul Hartmann war der Karl, und die wunderschöne Dagny Servaes, der Inbegriff der Buhlschaft im »Jedermann«, war die Amalia.

Ich fühlte mich in Salzburg wie im siebenten Himmel. Auf Schritt und Tritt sah man Persönlichkeiten, deren Photos man im Photohaus Ellinger in Postkartengröße erwerben konnte. Ich sah damals, in meinem ersten Festspielsommer, auch Richard Billingers »Perchtenspiel«, das von Eduard Köck inszeniert worden war, mit Ferdinand Exl als Peter, Anna Exl als Magd und mit Grete Wiesenthal als Perchtin – sie und Hugo von Hofmannsthal waren ja die Entdecker des jungen Dichters aus Oberösterreich gewesen.

Natürlich ging ich auch zum »Jedermann« vor dem Dom mit Alexander Moissi in der Titelrolle, Frieda Richard als Jedermanns Mutter und Helene Thimig als Glaube.

Im Jahre 1933 kam ich abermals nach Salzburg und sah zum ersten Mal Glucks »Orpheus und Eurydike« unter Bruno Walter. Inszeniert und choreographiert hatte Margarete Wallmann. Den Orpheus sang Rosette Anday, die Eurydike Maria Cebotari, die damit schlagartig berühmt wurde. Clemens Krauss leitete die Uraufführung der Wiener Fassung der »Ägyptischen Helena« von Richard Strauss in einer Inszenierung von Lothar Wallerstein, mit Viorica Ursuleac in der Titelrolle, Franz Völker, Helge Rosvaenge und Margit Angerer.

Das zentrale Ereignis dieses Festspielsommers war aber Max Reinhardts Inszenierung des »Faust, erster Teil« in der Felsenreitschule. Clemens Holzmeister hatte in die erzbischöfliche Sommerreitschule eine mittelalterliche Stadt gebaut, in der die Handlung ohne Unterbrechung ablaufen konnte; der echte Baum, der damals eingesetzt wurde, steht heute noch. Die schauspielerische Sensation dieser an sich schon ungewöhnlichen Aufführung war die junge Paula Wessely als Gretchen. Heute ist uns unverständlich, daß man von einer so epochalen Inszenierung keine Filmaufzeichnung hergestellt hat. Es gibt leider nur kurze Wochenschauberichte, in denen Paula Wessely zu sehen ist.

Auf dem Programmzettel zu »Faust« las man in diesem Jahr ganz unten: »Dirigenten: Karl Hudez und Heribert von Karajan«.

Daß es auch damals nur sehr wenige große Wagner-Sänger gab, machten die von Bruno Walter dirigierten Aufführungen von »Tristan und Isolde« klar, denn neben Gertrud Rünger als Brangäne, Josef von Manowarda als Kurwenal und Helge Rosvænge als junger Seemann waren 1933 Hans Grahl als Tristan und Dorothea Manski als Isolde zu hören – keine ersten Besetzungen. Bayreuth Konkurrenz zu machen, war nicht leicht.

Im Jahre 1935 kam Arturo Toscanini zum ersten Mal nach Salzburg. Er realisierte mit einem italienischen Ensemble »Falstaff«; Mariano Stabile sang die Titelrolle. Toscanini dirigierte auch »Fidelio« und Josef Krips den »Rosenkavalier«.

Bewußt in Konkurrenz zu Bayreuth traten die Salzburger Festspiele im Jahr 1936 mit »Die Meistersinger von Nürnberg« unter Arturo Toscanini. Lotte Lehmann sang das Evchen, Kerstin Thorborg die Magdalena, Hans Hermann Nissen den Sachs und Charles Kullmann den Stolzing.

1937 wurde der musikalische Höhepunkt der Festspiele erreicht. Bruno Walter brachte Webers »Euryanthe« heraus, dirigierte »Figaros Hochzeit« und »Don Giovanni« in italienischer Sprache und leitete abermals »Orpheus und Eurydike«, Hans Knappertsbusch dirigierte »Elektra« und den »Rosenkavalier«, und Arturo Toscanini stand bei »Fidelio«, »Falstaff«, »Zauberflöte« und den »Meistersingern von Nürnberg« am Pult.

In Salzburg stand die Wiege meines, wie ich gerne zugebe, recht ungewöhnlichen Steckenpferdes. Ich beschäftigte mich mit der Erforschung von Begräbnisstätten. Der Friedhof von St. Peter in Salzburg ist heute allen Touristen bekannt, und er war das wohl auch schon 1928. Weniger bekannt jedoch war und ist immer noch der Sebastian-Friedhof auf der anderen Seite der Stadt, jenseits der Salzach. Dort ist Theophrastus Bombastus von Hohenheim, der größte Arzt seiner Epoche, begraben, aber auch die Witwe Mozarts. Mich haben derartige Entdeckungen bereits als Gymnasiast fasziniert, und im Laufe der Zeit wurde mein Interesse für Gräber und Friedhöfe geradezu fanatisch.

Ich bedauerte es immer, daß man von so vielen Großen des Geistes und der Kunst nicht weiß, wo sie ihre letzte Ruhestätte gefunden haben. Meist wissen wir, wo sie geboren sind, wo aber ihre Gebeine liegen, das letzte, was von einem Menschen noch greifbar vorhanden ist, weiß man in den wenigsten Fällen.

Als ich eines Tages in keinem der mir zugänglichen Nachschlagewerke finden konnte, wo Johann Sebastian Bach begraben liegt,

nämlich in der Thomaskirche in Leipzig, entschloß ich mich, mit
der chronologischen Aufstellung der Gräber berühmter Persönlichkeiten zu beginnen.

Wir wissen heute höchstens von einem Drittel der historischen
Persönlichkeiten, wo ihre Gräber liegen, aber häufig sind sie leer.
Ich habe im Laufe der Zeit viele große Friedhöfe stundenlang
durchwandert; in Paris den Père-Lachaise, den Friedhof von Mont-
martre und den Friedhof Montparnasse oder den Friedhof am Boulevard Haussman, den Cimitero Monumentale in Mailand, den
Friedhof von Genua, Grabeskirchen wie die Westminster Abbey
oder Saint Denis. Ein detaillierter Bericht über diese Wanderungen
würde den Rahmen dieses Buches sprengen; vielleicht wird er einmal ein eigenes Buch.

Zu meiner juristischen Ausbildung gehörte nach Meinung meines Vaters auch die Perfektion in Fremdsprachen. Dank Peggy
sprach ich schlecht und recht ihr als besonders korrekt geltendes
irisches Englisch. Französisch hatte ich nur in der Schule gelernt
und sollte es nun in Frankreich an Ort und Stelle perfektionieren.
Mein Vater war mit dem damaligen französischen Handelsattaché
in Wien, Poujol, befreundet, und neben meinem Studium an Universität und Konsularakademie arbeitete ich am Nachmittag in dessen Büro als Volontär. Poujol arrangierte für mich auch einen Som-
meraufenthalt in der Familie von Gaston de Fommervault, auf deren Schloß in Rambouillet in der Nähe von Paris. Fommervault
war unmittelbar zuvor französischer Hochkommissar in Indochina
gewesen und mit der kaiserlichen Familie von Annam befreundet.
Ich blieb zwei Monate auf seinem Schloß. Seine Söhne sollten mit
mir französisch sprechen und von mir Deutsch lernen – das taten
sie kaum, denn wir versuchten, uns französisch zu unterhalten. Ich
freundete mich besonders mit dem alten Herrn von Fommervault
an, und er nahm mich oft auf seine Ausritte durch die herrlichen
Wälder von Rambouillet mit. Oft kam interessanter Besuch, wie
der nachmalige Kaiser von Annam, Bao Dai, der in meinem Alter

war. Er sollte sich in Frankreich vor den Intrigen seiner Mutter verbergen, die einen anderen ihrer Söhne auf den Thron bringen wollte, weshalb, wie man mir damals erzählte, selbst mit einem Giftanschlag auf Bao Dai gerechnet werden mußte.

Das Schloß, in den achtziger Jahren des vorigen Jahrhunderts im Stil der französischen Gotik erbaut, mit einem barocken und einem chinesischen Garten, mit chinesischen und japanischen Brücken und Pavillons, war von einem riesigen Park umgeben. Vor Einbruch der Dunkelheit kamen jeden Abend unzählige Kaninchen aus den Wäldern auf die Wiese vor dem Schloß. Sehr beeindruckte mich auch das Stubenmädchen Pti Ba, denn sie hatte ganz schwarze Zähne, was durch Injektionen ins Gebiß erreicht wurde und bei dem annamitischen Stamm, aus dem sie kam, als besonders schön galt.

Nach den zwei Monaten in Rambouillet übersiedelte ich nach Paris, wo ich zunächst in einem Hotel mit dem seltsamen Namen »Home des étudiants« wohnte. Es lag im ältesten und auch verkommensten Teil des Quartier Latin, hinter dem Pantheon, und war der einzige moderne Bau in einer uralten Straße, deren Häuser aus dem 13. und 14. Jahrhundert stammten. In dieser Straße war alles ziemlich schmuddelig, nur unser »Home des étudiants« war recht elegant. Weniger elegant waren die Insassen, die ihre Mädchen ständig wechselten; und wenn sich eine Tür öffnete, taten sich verwegene Einblicke in Nachbarzimmer auf. Das war alles sehr lustig – bis zu dem Tag, an dem wir im Entree die Mitteilung lasen, daß der Eigentümer des Etablissements Bankrott gemacht habe und wir das Haus verlassen müßten. Ich ging auf Wohnungssuche und fand ein billiges Quartier in einem miserablen Hotel namens »Excelsior« in der Nähe des Boulevard St. Michel. In künstlerischer Hinsicht war diese Pariser Zeit, in der ich als Gasthörer in der berühmten Ecole des Sciences Politiques eingetragen war, sehr ergiebig. Die Oper entsprach zwar, wie ich bald herausfand, nicht ganz meinen Wiener Qualitätsansprüchen, aber es gab einige berühmte Sänger, wie den hervorragenden Baß Marcel Journet, die Soprani-

stin Ninon Vallin und die Tenöre Georges Thill und José Rogat-
chewsky. Das größte Erlebnis in der Pariser Oper war »Tristan und
Isolde« unter Wilhelm Furtwängler mit Frida Leider als Isolde, Sa-
bine Kalter als Brangäne, Lauritz Melchior als Tristan, Friedrich
Schorr als Kurwenal und Alexander Kipnis als Marke.
Was ich aber besonders genoß und noch nie in solcher Vollendung gesehen hatte, war das Ballett, das von Serge Lifar beherrscht
wurde. Außerdem gab es die Konzerte von Pasdeloup, Colonne
und Lamoureux – Konzertgesellschaften, die ihre Veranstaltungen
entweder in der Salle Gaveau oder in der Salle Pleyel durchführten.
Das Niveau dieser Konzerte war nicht besonders hoch, aber für
mich waren diese Aufführungen von großem Interesse, weil ich
Musik hören konnte, die ich noch nicht kannte. So lernte ich Berlioz, Ravel und Debussy lieben. Auffallend war, daß viel Wagner
gespielt wurde: Auszüge aus seinen Opern, meist mit Jean Foure-
stier als Dirigent, der kein großer Künstler, aber eine bedeutende
Persönlichkeit im Pariser Musikleben war.
Ich fand auch in zunehmendem Maße Geschmack an den Wun-
derwerken des Louvre und habe eigentlich sehr früh darunter gelit-
ten, daß dieses Museum damals mehr ein Depot als eine künstlerische Institution war, wie ich sie mir vorgestellt hatte. Im Laufe der
Jahre hat sich das vollständig geändert, und heute ist der Louvre im
wesentlichen ein wunderbar eingerichtetes, höchst modernes Institut. Mit Entsetzen habe ich eine Aufführung der »Phädra« von
Racine an der Comédie Française erlebt, denn ich fühlte mich wie
ins 17. Jahrhundert zurückversetzt. Die Comédie beschränkte sich
damals noch völlig darauf, die traditionelle Art der Darstellung
und des Sprechens, das einem Sprechgesang glich, zu konservieren.
Die berühmteste Schauspielerin der damaligen Zeit, die Tragödin
der Comédie katexochen, Cécile Sorel, ratterte, schluchzte, pfiff
und jauchzte als Phädra ihre Arien herunter und war für mich eher
eine komische Erscheinung als die Vermittlerin eines erschüttern-
den Erlebnisses. Das Publikum tobte aber nach jedem Monolog vor
Begeisterung, während ich nur den Kopf schütteln konnte.

In Paris habe ich nicht zuletzt auch die Vorzüge der französischen Küche kennengelernt, die so ganz anders war als die tschechisch-ungarisch-kroatischen Speisen, die die Köchin Fanny für uns zu Hause zubereitet hatte. Die französische Küche ist nicht darauf abgestellt, den Bauch zu füllen. Darum hatte ich in Paris auch bald Schwierigkeiten mit meinem bescheidenen Taschengeld. Gegen Ende meines Aufenthalts erfuhr ich zum ersten Mal in meinem Leben, was es heißt, Hunger zu haben, und ich war letzten Endes froh, als ich wieder nach Hause fahren konnte. Paris ist eine wunderbare Stadt – für reiche Leute.

Nach Wien zurückgekehrt, nahm ich mit erhöhter Intensität den Besuch der Vorlesungen an der Konsularakademie wieder auf. In Paris, wo ich auch eine Volontärstätigkeit beim österreichischen Gesandten Dr. Grünberger absolviert hatte, war mir klar geworden, daß ich im auswärtigen Dienst am ehesten Zeit für die intensive Beschäftigung mit Musik und Theater finden würde und ich beschloß, Diplomat zu werden.

Nach Beendigung der Konsularakademie im Jahr 1933 wurde ich zum »Diplomierten Konsularakademiker« ernannt. Ich intensivierte nun mein Jusstudium, vor allem durch den regelmäßigen Besuch der »Schnellsiedekurse« von Dr. Roland, und am Beginn des Jahres 1937 wurde mir der Doktorhut aufgesetzt – leider nur bildlich, denn die schöne Sitte der angelsächsischen Universitäten wird bei uns ja nicht gepflegt. Von den vielen Vorlesungen an der Wiener Universität, die mich alle mehr oder weniger langweilten, besuchte ich intensiv lediglich die von Othmar Spann, seines Antipoden Hans Kelsen und des berühmten Völkerrechtlers Alfred Verdroß, mit dem ich bis zu seinem Tode im Jahre 1982 – er war über neunzig Jahre alt geworden – fast freundschaftlich verbunden war.

Unter Heranziehung der Mittel meines Vaters, der nach der Zwangspensionierung seinen Lebensstandard nicht wesentlich hatte einschränken müssen, bin ich viel gereist: Rom, Athen, Istanbul – und vor allem neuerlich Paris standen auf meinem Reiseplan.

Der Weg ins Berufsleben

In Paris konnte ich im Jahre 1935 beim österreichischen Generalkonsul Montmartin in seinem sehr hübschen Palais am Boulevard Malesherbes mit Ausblick auf den Parc Monceaux meine Volontärtätigkeit fortsetzen. Besonders anregend war, daß ich bei der Organisation einer Ausstellung erstklassiger österreichischer Gewerbeprodukte mithelfen durfte. Konsulatsdiener und Mädchen für alles war der Wiener »Böhm« Eugen Lukaschek. Ein Photo kündet heute noch davon, wie ich am Konsulatsgebäude am Staatsfeiertag die österreichische Fahne hißte und Lukaschek in strammer Haltung auf dem Gehsteig stehend der Hissung der Fahne salutierte. Der treue Lukaschek übersiedelte später nach Wien, und als ich 1976 Direktor der Wiener Staatsoper wurde, stellte er sich mir als Billeteur des Hauses vor.

Während dieses Aufenthaltes in Paris fuhr ich nach Brüssel, um mir die dortige Weltausstellung anzusehen, und suchte Erzherzog Otto, den Sohn des Kaisers Karl, in seinem Exil in Steenockerzeel auf.

Steenockerzeel war ein hübsches gotisches Schlößchen in der Nähe von Brüssel. Graf Degenfeld, der damalige Haushofmeister Ottos, ließ mich wissen, daß ich darauf warten solle, bis ich angesprochen würde und daß ich seiner Kaiserlichen Hoheit nicht den Rücken zuwenden dürfe. Nach diesen etwas anachronistisch anmutenden Belehrungen stellte sich dann heraus, daß sie gar nicht so wichtig waren. Erzherzog Otto war ein netter junger Mann, wir unterhielten uns über alles, nur nicht über Politik, und nach einer halben Stunde war die Audienz zu Ende.

Während dieses zweiten Parisaufenthaltes im Jahre 1935 wohnte ich in einer hübschen Pension in der Rue Gustave Courbet, in der ich mich sehr wohl fühlte und die ich auch meinem Theresianumskollegen und Konsularakademie-Mitstudenten Alexander Grachegg, dem Sohn des Leiters der Spanischen Reitschule, General Grachegg, empfohlen hatte. Alexander lernte in dieser Pension seine spätere Frau, Marietta, eine angehende Sängerin, kennen. Nach dem Krieg war Alexander Grachegg als Sektionschef im

Landwirtschaftsministerium tätig. Marietta und ich haben viele Jahre hindurch miteinander musiziert. Ich habe sie mit vielen Tremolos am Klavier begleitet, und sie wurde schließlich an die Volksoper engagiert. Marietta hatte eine wirklich schöne Stimme, aber ihr Lampenfieber war so groß und ihre Angst vor Auftritten so unerträglich, daß sie ihre Ambitionen für die Oper gänzlich aufgab. Unsere Beziehungen brachen ab; teils, weil ich Wien für lange Zeit verlassen mußte, hauptsächlich aber deshalb, weil sie mir fast bei jedem Besuch vorhielt, ich sei faul. Das ist aber die einzige Eigenschaft, die ich zwar gerne gehabt hätte, doch leider nie hatte.

Obwohl ich alles andere als ein Nationalsozialist war, fuhr ich im Jänner 1937 nach München, um mir die Feierlichkeiten aus Anlaß der Eröffnung des »Hauses der deutschen Kunst« anzusehen. Sie begannen mit einem Festzug unter dem Motto »Zweitausend Jahre deutsche Kultur«. Zunächst kam eine Spitzengruppe: 1. »Die Fahnen der Bewegung und der Kunst, getragen von Reitern in goldenen Kostümen«, 2. »Die Siegeszeichen: die Plaketten der vier Reichsparteitage, das Wappen der Kunst, überragt vom Hoheitszeichen, getragen von Rittern in goldener Rüstung«, 3. »Das Sinnbild der künstlerischen Phantasie: wehende, farbige Fahnen, getragen von Reitern in weißen Kostümen«, 4. »Das Wappen der Reichskunstkammer, getragen von drei Reiterinnen in Weiß und Gold unter rot-goldenem Baldachin«, »Fanfarenbläser und Paukenschläger zu Pferd in Rot und Weiß«. Und dann ging's erst so recht los mit der »Germanischen Zeit«: 1. »Das germanische Schiff«, 2. »Das Sinnbild der Sonne«, 3. »Der Tag«, 4. »Der Nibelungenhort«, 5. »Die Nacht«, 6. »Die Weltesche Yggdrasil«, 7. »Der Meergott Ägir«, 8. »Walhall« – lebende Bilder, in denen es von Hakenkreuzen und Nornen, Göttern und Kränzen aus Eichenlaub nur so wimmelte.

In der Abteilung »Die romanische Zeit« wurde »Die romanische Baukunst« durch »zwei mächtige romanische Kapitäle auf Tragbahren, mit Teppichen behangen« repräsentiert, Kaiser Karl der Große ritt vorbei, der Sachsenherzog Widukind folgte, dann

kamen »Deutsche Krieger aus der Zeit der Hunnen- und Avaren-
kämpfe zu Fuß und zu Pferd«, an Heinrich den Städtegründer erin-
nerten Modelle der Städte Quedlinburg, Magdeburg, Meißen und
Merseburg auf Tragbahren, die Kreuzritter mit ihren Trophäen,
Kaiser Friedrich Barbarossa, Heinrich der Löwe, die romanische
Plastik, das deutsche Heldenlied – es konnte einem schwummrig
vor den Augen werden. Doch jetzt sah man noch »Die Zeit der
Gotik«, »Die Zeit der Renaissance«, »Die Zeit des Barock« – in
deren Unterabteilung »Die Dichtkunst und das Schauspiel«, hinter
einem silbernen Pegasus Faust, Iphigenie, Sappho und Wilhelm
Tell marschierten –, »Die Zeit der Klassik und der Romantik« – die
hauptsächlich aus der »Welt Richard Wagners« bestand – und,
schlußendlich, »Die neue Zeit«, am Anfang und am Ende von
»Schwarzen Reitern« begleitet, mit den Gruppen »Opfer, Glaube
und Treue«, »Die Mutter Erde«, »Zum Gedächtnis der Wiederein-
gliederung der rheinischen Lande: Der Vater Rhein«, »Zum Gedächtnis der Heimkehr des Saargebietes«, »Der Hoheitsadler« und
»Die Monumentalbauten des Führers«. Die Schlußgruppe aber bildete »Ein verstärktes Bataillon der Wehrmacht«, ein »Marschblock
der SA«, ein »Standartenblock SA, NSKK, SS«, ein »Marschblock
des NSKK«, ein »Marschblock der politischen Leiter«, ein
»Marschblock des Reichsarbeitsdienstes«, ein »Marschblock der allgemeinen SS« und ein »Bataillon der SS-Verfügungstruppe«.

So widerwärtig mir dieser ganze Bombast war, so faszinierend
war er auch. Wer hätte in Österreich die Kosten für derlei aufbringen können?

Der Festzug hatte mich auf das »Haus der deutschen Kunst«,
das Hitler am 18. Juli eröffnete, vorbereitet: Ein Depot von schwa-
chen, aber realistischen Bildern mit politischen oder idyllischen
Themen. Im Katalog las sich das so: »Der Nationalsozialismus
will, daß die Kunst wieder Ausdruck der edlen Kräfte unseres Volkes wird; darum betont er die erhebende, läuternde Wirkung der
Kunst in Inhalt und Form. Bei aller Anerkennung des Inhaltes,
gerade für die volkstümliche Wirkung des Kunstwerkes, ist doch

festzuhalten, daß in den großen Zeiten der deutschen Vergangenheit alle jene Werke, die durch ihren Inhalt volkstümlich waren, doch zugleich in ihrer Form ganz groß gewesen sind und durch ihre Form, ihre stille und starke Gegenwart unbewußt auf die Seele des Volkes gewirkt haben.«

Neben Landschaften und Szenen aus dem bäuerlichen Leben waren »Führer«-Büsten und -Porträts am häufigsten vertreten – doch wer kennt heute noch Heinrich Knirr, Hubert Lanzinger oder Karl Rickelt, die im Herstellen solcher »Kunstwerke« am emsigsten waren? Es gab auch musikalische Darbeitungen: Clemens Krauss dirigierte im Nationaltheater »Tristan und Isolde« mit Julius Pölzer und Gertrud Rünger, eine »Aida« mit Hildegard Ranczak und Torsten Ralf und einen »Rosenkavalier« mit Viorica Ursuleac, Ludwig Weber, Hildegard Ranczak und Adele Kern. Meinhard von Zallinger dirigierte im Residenztheater »Don Giovanni« mit Julius Patzak als Don Ottavio. Eugen Jochum und Hermann Abendroth dirigierten ebenso Festkonzerte wie die Parteimitglieder Franz Adam und Peter Raabe, der Präsident der Reichsmusikkammer.

Ich hatte mir geschworen, während meines Aufenthalts in Deutschland die Hand kein einziges Mal zum Deutschen Gruß zu erheben. Hitler aber wollte ich sehen. So postierte ich mich in den frühen Morgenstunden des 18. Juli – es war ein Sonntag – an der engsten Stelle der Prinzregentenstraße, dort, wo sie in die Von der Tann-Straße mündet. Dort mußte er mit seinem Gefolge vorbeikommen. So gegen dreiviertel elf – für elf Uhr war die Eröffnung des Hauses der Kunst vorgesehen – näherten sich Heil-Rufe. Schon konnte ich Hitlers Mercedes sehen. Hitler stand im offenen Wagen – er sagte ja immer »ein deutscher Arbeiter schießt nicht auf mich« und sollte damit recht behalten – und war in Uniform. Mechanisch bewegte er die Rechte zum Deutschen Gruß, den die Menschen am Straßenrand, »Heil Hitler!« rufend, erwiderten. Und automatisch, ganz ohne Überlegung, wie mitgerissen von den anderen, hob sich auch mein Arm. Zum ersten und zum letzten Mal in meinem Leben.

7   Familienausflug. Mit Vater, Mutter – hinter ihr Peggy Hannon – und den drei
Schwestern unterwegs am Mooserboden

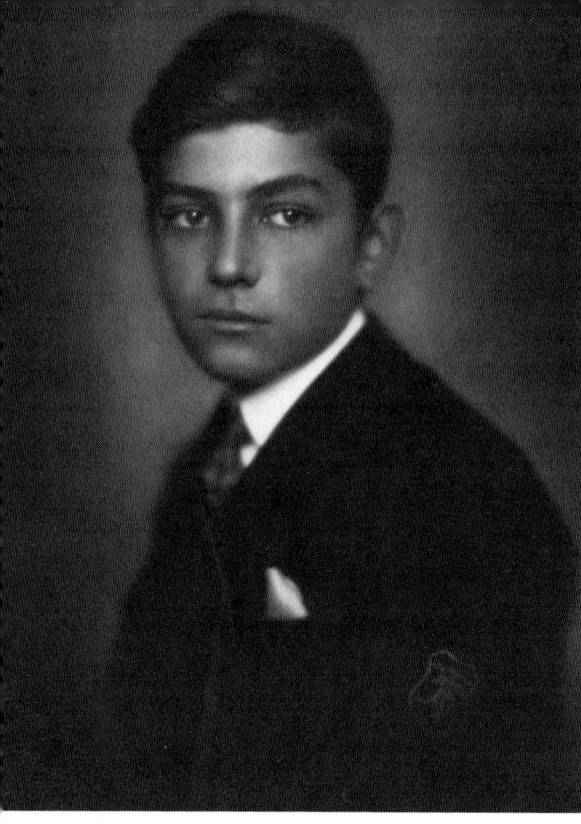

8   Der Theresianist

10   Schlafsaal im Theresianum der dreißiger Jahre. Seefehlner rechts hinten vor der Waschanlage

11   Die Maturaklasse vor der Grotte in der Kaiser Karl VI. die Pragmati. Sanktion unterschrieb. Egon Seefehlner de erste von links in der vorderen Reihe

9   Die Quadrille beim Maria-Theresien-Fest 1930

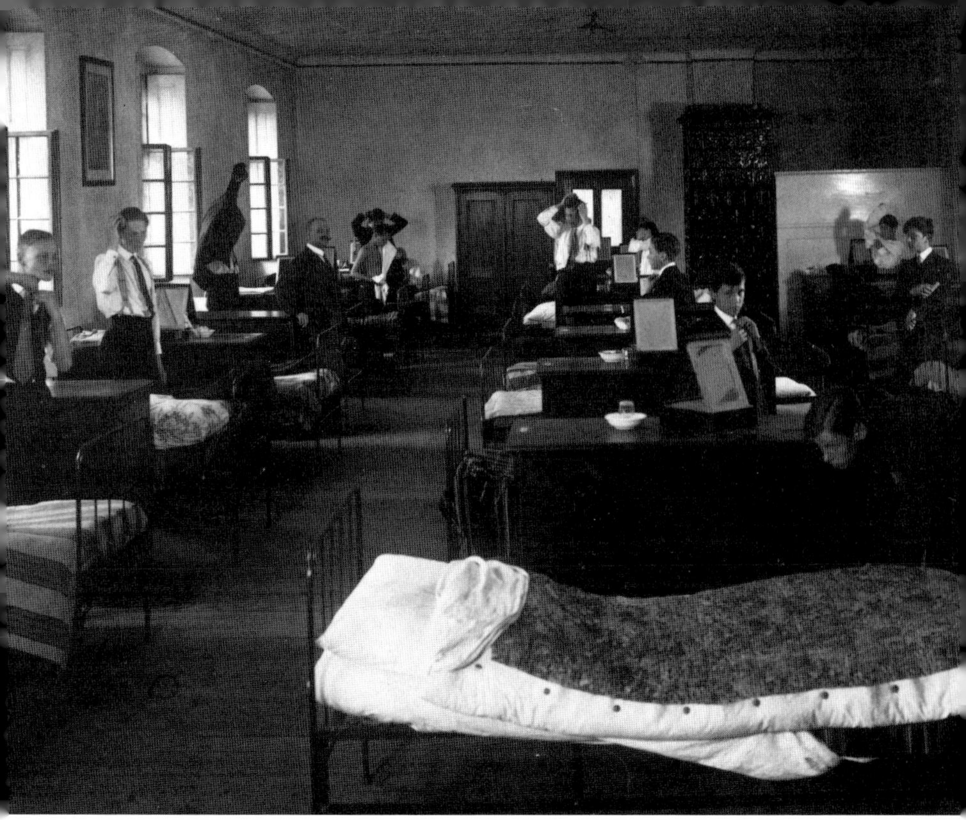

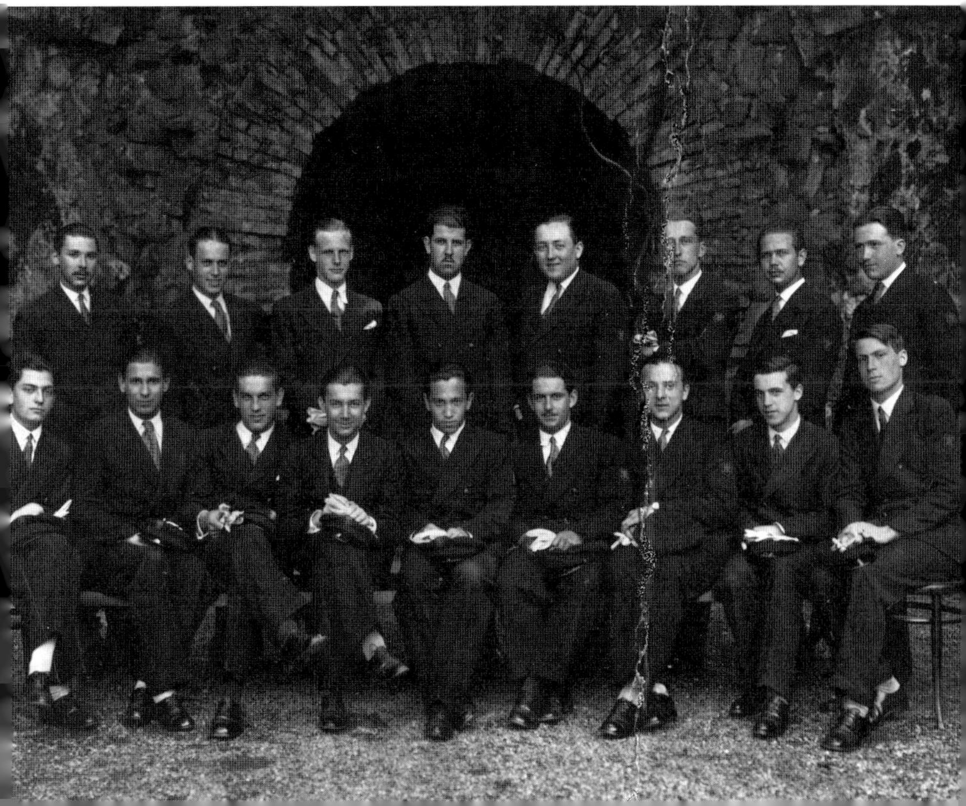

12/13 *Infanterist Seefehlner im Jahre 1940 an der Westfront*

Der Weg ins Berufsleben

Nachdem ich das »Haus der Deutschen Kunst« besichtigt hatte, sah ich mir auch gleich auf der anderen Seite der Prinzregentenstraße, am Odeonsplatz, die Ausstellung »Entartete Kunst« an. Hitler wollte ja »seinem Volk« nicht nur zeigen, was es zu lieben, sondern auch, was es zu hassen hatte. Die Ausstellung sollte die ganze »Schrecklichkeit des Kulturbolschewismus« und der »Verjudung der Kunst« zeigen.

In dieser Hetz-Schau waren Hunderte von Meisterwerken der modernen Kunst zu sehen: Kokoschka, Klee, Nolde, Kirchner, Jawlenski, Gies und viele andere Vertreter einer Kunstrichtung, die bezeichnenderweise auch im stalinistischen Rußland verfemt war und in der UdSSR bis heute suspekt ist.

Dieser »Tag der Deutschen Kunst« in München im Jahre 1937 war für mich ein entscheidendes Ereignis: Von da an war ich für die Moderne eingenommen. Ich lernte zu sehen, was wirklich Kunst und was Scharlatanerie ist.

Nach meiner Rückkehr nach Wien mehrten sich die Anzeichen, daß Österreich immer stärker in den Sog des Nationalsozialismus geriet. Ich setzte in dieser Zeit meine Gerichtspraxis fort und war im Handelsgericht dem Richter Rat Guido Sommer zugeteilt, einem besonders liebenswürdigen, außerordentlich gescheiten, integren Mann, der für den Nationalsozialismus gar nichts übrig hatte und mit der gleichen Besorgnis wie ich die politische Entwicklung verfolgte.

Die Zeit bei Gericht hat eine nicht unwesentliche Rolle in meinem Leben gespielt. Ich habe damals gelernt, mich mit Realitäten zu befassen und nicht nur zu träumen. Sowohl im Handelsgericht, wo es um trockene zivilrechtliche Dinge ging, als auch im Bezirksgericht Döbling, wo ich vor allem mit Scheidungen zu tun hatte, erkannte ich, wie eng die menschliche Existenz in Paragraphen verstrickt ist. Am abwechslungsreichsten war die Zeit meiner Gerichtspraxis im Bezirksgericht Leopoldstadt in der Schiffamtsgasse, wo ich mit vielen kleinen Delikten zu tun hatte. Vor allem bei Verstößen gegen die Lebensmittelverordnungen mußten wir einschreiten, wenn etwa eine Greißlerin ihren Bestand an Heringen in einer Badewanne aufbewahrte, die auch sie ab und zu benützte. Erschütternd allerdings waren oft die Entmündigungsfälle, die wir überprüfen mußten.

Im Februar des Jahres 1938 schreckte uns die Nachricht auf, daß Schuschnigg zu Hitler auf den Obersalzberg berufen worden war. Unser Freund Johannes Messner, der spätere Universitätsprofessor für Ethik und christliche Sozialwissenschaften, der den Bundeskanzler als Ratgeber auf den Obersalzberg begleitete, berichtete uns nachher, wie entwürdigend Hitler seinen Gast behandelt hatte. Und dann kam das Ende: Die von Schuschnigg angekündigte Volksabstimmung wurde abgesagt, Hitler marschierte ein, Österreich verschwand für sieben Jahre von der Landkarte.

IV

Krieg und Stunde Null

Für mich begann der Zweite Weltkrieg an jenem Märztag 1938, an dem Bundeskanzler Schuschnigg im Radio erklärte, daß er der Gewalt weiche und zurücktrete. Ich hörte diese Nachricht auf dem Michaelerplatz; es war ein düsterer, kalter und windiger Tag. Ich wartete auf den Autobus, um nach Hause zu fahren. Lautsprecherwagen verkündeten das Ende. Überall lagen auf den Gehsteigen noch die Flugblätter, die für die inzwischen abgesagte Volksabstimmung Schuschniggs geworben hatten.

Der Ausgang dieser Volksabstimmung über die Unabhängigkeit Österreichs wäre ohne Zweifel ein Votum für die Freiheit geworden – Hitler wußte das und deshalb marschierte er ein. Dieser 11. März 1938 war für mich deshalb identisch mit dem Ausbruch des Krieges, weil von diesem Augenblick an nichts mehr so war wie bisher und wie es in einem friedlichen Lande eigentlich sein sollte.

Hitlers Einzug in Wien erlebte ich auf dem Heldenplatz mit dem angesehenen christlichen Sozialwissenschaftler Universitätsprofessor Johannes Messner, dem Bruder des Salzburger Domkapellmeisters. Messner war einer der engsten Vertrauten Schuschniggs und ein Bekannter meines Vaters. Wir hatten einander durch die gemeinsame Liebe zur Musik gefunden. Tausende von Menschen drängten sich auf dem Heldenplatz und jubelten Hitler zu, der auf dem Balkon der Neuen Hofburg stand. Ich sagte zu Messner, daß ich nicht verstünde, wie diese Menschen, die gestern noch für ein freies Österreich gewesen waren, heute diesen Mann feierten. Messner erwiderte: »Wissen Sie, da dürfen Sie sich gar nicht wundern. Das ist in Wien immer so. Auch Napoleon ist jubelnd begrüßt worden, und genauso gejubelt haben sie dann bei seinem Auszug aus Wien. Bei Hitler wird es nicht anders sein.« Diese Worte sind mir immer in Erinnerung geblieben, und ich bin froh, daß dieser weise Mann recht behalten hat.

Spätestens an diesem 13. März 1938 wurde mir klar, daß aus meiner Absicht, in den diplomatischen Dienst zu treten, nichts mehr werden würde. Ich fragte meinen Vater, ob es nicht am besten für mich wäre, nach Berlin zu gehen, wo er – der ehemalige Generaldirektor der AEG in Österreich – viele Freunde in der Zentrale der Firma hatte. Mein Vater teilte meine Ansicht, und ich fuhr im August nach Berlin. Dort begann in der wirtschaftspolitischen Abteilung der AEG mein »großdeutsches« Dasein.

In Berlin war es nicht mehr so leicht für mich, zu Karten für die Oper oder die großen Theater zu kommen. Hier gab es keine andere Möglichkeit, als sich stundenlang anzustellen, um einen Platz zu ergattern. Als kleiner Angestellter der AEG konnte ich mir teure Plätze nicht leisten, und die billigen Sitze waren in einer Zeit, in der es mehr und mehr Beschränkungen gab, schnell ausverkauft. Das Theater wurde immer mehr zum Trost für die Menschen, die Berliner flüchteten sich in die Künste – und das Angebot war groß.

Natürlich spielte die Politik auch im Theater und in der Oper eine gewisse Rolle. In den Preußischen Staatstheatern aber, die Göring, dem Preußischen Ministerpräsidenten, unterstanden, gab es kaum politische Einwirkungen, und Gustaf Gründgens im Schauspielhaus und Heinz Tietjen in der Staatsoper konnten sich auf Qualität konzentrieren. Die anderen Theater mußten stets vor Goebbels, dem Propagandaminister, auf der Hut sein, so das Schillertheater unter Heinrich George und die Volksbühne unter Eugen Klöpfer. Am wenigsten vom Geist des Nationalsozialismus infiltriert war vielleicht das Deutsche Theater unter Heinz Hilpert. An diesem Haus zeigte sich ein Phänomen, das ich auch in der AEG beobachtete. Das Deutsche Theater hatte Max Reinhardt, die AEG den Rathenaus gehört, beide waren vom sogenannten »zerstörerischen jüdischen Geist« getragen. In diesen Instituten hielt sich in

Wahrheit ein Geist der Toleranz, wie ihn sich Außenstehende kaum vorstellen können. Man sollte meinen, daß die Nazis gerade auf solche Institutionen ein Auge gehabt hätten. Dem war aber nicht so. Wie ja auch in Ministerien nicht alle Beamten ausgewechselt werden konnten. So konnte der alte Geist sich noch ziemlich lange gegen eine neue Führung behaupten.

Auch Gründgens war überhaupt kein Nationalsozialist. Als großer Künstler wurde er gedeckt – allerdings nicht von allen Kreisen. Seine Gegner erreichten es letzten Endes, daß er sich nach der Theatersperre freiwillig an die Front meldete und auf diese Weise ausgeschaltet wurde. Aber bis dahin war seine Macht genau so groß wie die von Furtwängler, der sich ja immer geweigert hatte, Befehle entgegenzunehmen und nicht emigrierte, weil er, wie er mir einmal sagte, ohne seine deutschen Wurzeln einfach nicht leben wollte.

In der Staatsoper unter den Linden, die von Tietjen geleitet wurden, war das ähnlich. Nur kam hier hinzu, daß der Stil Tietjens ohnehin genau der war, den sich Hitler, der Tietjens Bayreuther Inszenierungen kennengelernt hatte, wünschte. Tietjen brauchte also nicht zu befürchten, daß man ihm etwas vorschreiben würde. Er konnte es sich leisten, Max Lorenz zu halten, obwohl dessen Frau Jüdin war. Kurz gesagt, Tietjen war Hitler konservativ genug. Die anderen Berliner Regisseure hatten, angefangen von Jürgen Fehling, der alles andere als Nationalsozialist war, eine sehr nach vorne gerichtete Linie. Nur sehr selten während meines Berliner Aufenthaltes wurden nationalsozialistische Schinken gespielt, um dem Hitler-Staat entgegenzukommen.

Man muß sich eines klar machen: In Berlin, der deutschen Theatermetropole seit der Jahrhundertwende, war mit der Machtergreifung Hitlers nicht alles zu Ende. Hitler konnte die ungeheuren Potenzen, die im Berliner Theaterleben vorhanden waren, nicht umbringen, auch die nicht, die ihm politisch nicht genehm waren. Im Schutz des Theaters gelang sogar Juden das Überleben.

In meine Berliner Jahre fällt auch der Aufstieg Herbert von Karajans, der von Tietjen aus Aachen an die Staatsoper geholt worden war und gleich großen Erfolg hatte. Sehr schnell nach seinem Einzug als einer der Hauptkapellmeister in die Staatsoper begründete er mit den Konzerten des Staatsopernorchesters, der Preußischen Staatskapelle, ein Konkurrenzunternehmen zu den Berliner Philharmonikern.

Furtwängler mußte die Konzerte der Staatskapelle unter Karajan als Provokation empfinden, und wahrscheinlich stammte aus jener Zeit der Antagonismus zwischen diesen beiden großen Orchesterleitern. Ich muß allerdings betonen, daß ich von Herbert von Karajan im Laufe all der Jahre nie ein schlimmes Wort gegen Furtwängler hörte, er betonte immer, daß er Furtwängler verehrt und bewundert habe. Umgekehrt allerdings war es nicht so, Furtwängler sah Karajan geradezu als Satan und nahm jede Gelegenheit wahr, sich gegen ihn zu äußern. Er meinte, daß Karajan nicht den großen Atem habe, daß er die Musik nur stückweise dirigiere und nie in einem Bogen durchinterpretiere. Für Furtwängler waren eben Details nicht so wichtig wie für Karajan.

Auf die Dauer war eine Zusammenarbeit zwischen Karajan und Tietjen nicht möglich. Tietjen war der absolute Herrscher über die Staatsoper, er schwebte über seinen Mitarbeitern, was zum typisch berlinerischen Ausspruch führte: »Hat Tietjen je gelebt?« Es gab Spannungen, und Tietjen erklärte Karajan für abkömmlich, der daraufhin die Staatsoper verließ. Viel später, als ich stellvertretender Direktor der Wiener Staatsoper geworden war und wir kurz vor der Eröffnung des Hauses am Ring standen, rief mich Karajan eines Tages an und äußerte den Wunsch, den Bau zu besichtigen. Ich führte Karajan herum, und auf einem Gang begegnete uns Tietjen, der die Eröffnungsvorstellung, Beethovens »Fidelio«, inszenierte. Ich grüßte, Karajan ging, ohne Tietjen auch nur eines Blickes zu würdigen, an ihm vorbei. Ich dachte, Karajan, der ja oft in Gedanken versunken jemanden übersieht, habe ihn nicht erkannt und sagte: »Herr von Karajan, das war Tietjen.« Und Karajan replizierte: »Ich denke nicht daran, diesen Herrn zu grüßen.«

Krieg und Stunde Null

Die erste große Vorstellung von den vielen, die ich in meinen Berliner Jahren von 1938 bis 1943 erlebte, war »Tristan« unter Karajan mit Max Lorenz, Martha Fuchs, Josef von Manowarda, Margarethe Klose und Jaro Prohaska am 9. November 1938. Am 28. Januar 1939 sah ich die Uraufführung von Rudolf Wagner-Regénys »Die Bürger von Calais« unter Herbert von Karajan, mit Ludwig Hoffmann, Martha Fuchs und Marcel Wittrisch, einem Tenor mit wunderbar weicher Stimme, der mir allerdings auf der Bühne zu passiv war und immer ein wenig neben seinen Rollen stand. Maria Cebotari und Peter Anders sangen »Butterfly«, de Sabata dirigierte eine Neuinszenierung von »Aida«, mit Maria Müller in der Titelrolle und Helge Rosvænge als Radames, in einer Inszenierung Wolf Völkers. Dann gab es eine Neuinszenierung der »Sizilianischen Vesper«, auch von Wolf Völker, der unter Tietjen geduldet wurde; er war ein sehr praxisbezogener Regisseur, der später das Studio der Deutschen Oper Berlin leitete. Es dirigierte Johannes Schüler, der einzige Dirigent außer Karajan und de Sabata an der Staatsoper, den ich interessant fand.

Zum 125. Geburtstag von Richard Wagner wurde in Anwesenheit Hitlers am 17. April 1938 »Lohengrin« gespielt, mit Heinz Tietjen am Pult. Torsten Ralf, Josef von Manowarda, Maria Müller, Margarethe Klose und Jaro Prohaska sangen. Sehr berühmt wurde zu Recht die wunderbare Inszenierung der »Zauberflöte« durch Gustaf Gründgens in den Bühnenbildern Traugott Müllers, mit Karajan am Pult. Tiana Lemnitz sang die Pamina, Manowarda den Sarastro und Helge Rosvænge den Tamino.

Am 24. November 1938 hörte ich die Uraufführung von Werner Egks »Peer Gynt«. Inszeniert hatte Wolf Völker, Matthieu Ahlersmeyer sang die Titelrolle, der Komponist dirigierte selbst.

Sehr interessant war die Berliner Erstaufführung von Richard Strauss' »Daphne«, die man mit »Der Friedenstag« gekoppelt hatte, einer Oper, die ich seither nicht mehr gehört habe. Clemens Krauss dirigierte, in »Daphne« sangen Trude Eipperle, Franz Völker, Manowarda und Anders, im »Friedenstag« Jaro Prohaska, Viorica Ursuleac und Gino Sinimberghi (von dem ich noch erzählen werde).

Zum 70. Geburtstag Pfitzners wurde am 5. Mai 1939 in Anwesenheit des Komponisten »Palestrina« gespielt. Am 17. Mai gab es eine herrliche Neuinszenierung der »Frau ohne Schatten« unter der musikalischen Leitung von Karl Ellmendorf, der in Berlin oft zu hören war, mit Franz Völker, inszeniert von Wolf Völker, in der Ausstattung von Emil Pretorius. Margarethe Klose war eine hinreißende Amme und Gertrud Rünger eine herrliche Färberin, Hilde Scheppan als Kaiserin beeindruckte mich wenig.

Am 18. Februar 1940 gab es eine wunderbare neue Inszenierung der »Elektra« durch Barbara Kemp-von Schillings, am Pult stand Karajan. Barbara Kemp, die Witwe des Komponisten und Berliner Staatsopern-Intendanten Max von Schillings, war eine großartige Hochdramatische gewesen, bevor sie Regieaufgaben übernahm. Im letzten Jahr vor meinem Abgang aus Berlin erlebte ich noch eine sehr eindrucksvolle Aufführung der »Salome« mit Clemens Krauss am Pult, die Cebotari sang zum ersten Mal die Salome und Jaro Prohaska war Jochanaan.

Gründgens brachte in der Spielzeit 41/42 eine herrliche Eigeninszenierung beider Teile von Goethes »Faust« in den Bühnenbildern Rochus Glieses heraus. Gründgens spielte den Mephisto, Paul Hartmann den Faust, Maria Koppenhöfer die Marthe Schwerdtlein, Kurt Meisel den Schüler und die herrliche Käthe Gold das Gretchen. Schon 1939 hatte ich Gründgens als Hamlet und kurz danach als Richard II. gesehen. Gründgens' Hamlet-Interpretation war vielleicht der Gipfel seiner Schauspielkunst. In einer merkwürdig manieristischen Art konnte er einem diese großartige Gestalt näherbringen. Nichts war naturalistisch oder realistisch, alles überhöht, auch die Führung der anderen Darsteller. Ich halte diesen Hamlet von Gründgens für einen der Höhepunkte der Schauspielkunst in der ersten Hälfte des 20. Jahrhunderts.

Gründgens ist einer der wenigen großen Schauspieler gewesen, die gleichzeitig auch hervorragende Theaterleiter waren. Er hat die

Krieg und Stunde Null

an Zerstörung grenzende Krise seiner Existenz an der Wende zum
Kriegsende überwunden und seine Tätigkeit zuerst in Düsseldorf,
dann in Hamburg glanzvoll weitergeführt. Diese Krise war pro-
grammiert. Für eine so individualistische Persönlichkeit wie
Gründgens war es unmöglich, in dem kollektivistischen System bestehen zu können, es war auch nicht möglich für ihn, sich auf die
Dauer in ein System einzuleben, dessen Moralbegriffe gegen seine
eigene Person gerichtet waren.

Ich lernte Gustaf Gründgens erst 1951 in Salzburg kennen, als
er im Landestheater Shakespeares »Wie es euch gefällt« für die Festspiele inszenierte.

Raoul Aslan spielte Jacques, den philosophierenden Höfling des
guten Herzogs. Als ich ihn eines Tages traf und ihn nach Gründgens fragte, meinte Aslan zu meiner Überraschung, er könne keine
rechte Beziehung zu ihm finden. Meine Überraschung entsprang
der Meinung, daß zwei so ähnliche Schauspieler, die mit manieristischen Mitteln überzeugend zu wirken vermochten, einander verstehen würden. Aber Aslan, dem ja jeder Regisseur verdächtig war,
fühlte sich vom regieführenden Kollegen, den er als Konkurrenten
empfunden haben mochte, allein gelassen. »Ich kann mit diesem
Menschen nichts anfangen, zwischen mir und ihm steht immer
eine Mauer, er wirkt auf mich kalt und ungreifbar.« Als ich Gründgens dann in einem Büro des Festspielhauses kennenlernte, erinnerte ich mich der Worte Aslans. Bei aller Höflichkeit schien auch
mir die reservierte Art von Gründgens einen Wall um ihn herum
aufzurichten. Im Juni 1962 oder 1963, also kurz vor seinem Tod,
traf ich Gründgens wieder. Er inszenierte in Florenz für den »Maggio musicale« Verdis »Sizilianische Vesper«; ich war nach Florenz
gekommen, um mit dem Intendanten des Festivals, Francesco Siciliani, über ein Gastspiel der Wiener Konzerthausgesellschaft zu
verhandeln. Gründgens stürzte in Sicilianis Zimmer, war sehr erregt und wirkte krank. Er drohte mit Abreise, doch Siciliani konnte
ihn beruhigen. Dann erzählte mir der Intendant, wie schwer es mit
Gründgens sei. Täglich gebe es Probleme, Gründgens bringe mit

73

seiner Disziplinlosigkeit alles durcheinander. Er sei von ihm, den er als Perfektionisten geschätzt habe, sehr enttäuscht.

Vielleicht die größte Regisseur-Persönlichkeit im Berlin jener Jahre war Jürgen Fehling. Seine Inszenierung von Hebbels »Maria Magdalene« mit Käthe Gold, Friedrich Kayßler und Bernhard Minetti war atemberaubend. Freilich gab es im Schauspielhaus damals auch Stücke, von deren Existenz heute kaum mehr jemand etwas weiß, wie »Der goldene Dolch« von Paul Apel, ein Stück, das für und von Walter Franck und Maria Koppenhöfer gespielt wurde, es gab »Tageszeiten der Liebe« mit Maria Bard und Viktor de Kowa, es gab »Das hohe Haus« von Juliane Kay mit Werner Krauß, Käthe Gold und Lothar Müthel, es gab von und mit Theo Lingen »Was wird hier gespielt« und »Karl III. und Anna von Österreich« von einem gewissen Manfred Rössner, hinter dem sich der Wiener Hans Effenberger verbarg, ferner »Begegnung mit Ulrike« von Graf und Sardous »Madame Sans-Gêne« mit Käthe Dorsch, die eine geradezu ideale Interpretin jener Wäscherin war, die die Urmutter des schwedischen Königshauses wurde.

Die Fülle der Eindrücke im Schauspielhaus wurde ergänzt durch die Aufführungen im Schillertheater, das Heinrich George leitete. Hier sah ich Halbes »Strom«, inszeniert von Fehling, mit Horst Caspar, einem glühenden Jüngling, wie ich vor ihm und nach ihm keinen auf der Bühne erlebt habe. Man hat damals schon gefühlt, daß dieser große Schauspieler nicht lange leben werde, denn er war wie eine Kerze, die an beiden Enden brennt. Mit Paul Wegener und George spielte er »Der Prinz von Homburg«, ein vielleicht noch größerer Eindruck. Caspar war ein ganz moderner Schauspieler, der durch Überhöhung das Pathos glaubhaft machte und in dieser Hinsicht Gründgens ähnelte.

Ob Heinrich George ein sehr guter Direktor gewesen ist, kann ich nicht sagen; man munkelte damals in Berlin, daß ohne seine Mitarbeiter, vor allem ohne Dr. Kurt Raeck, Spielplan und Administration zusammenbrechen würden. Ich kann nur sagen, daß an seinem Theater sehr gut gespielt wurde.

Krieg und Stunde Null

Zum Unterschied von Hilpert und Gründgens waren George und sein ebenfalls schwergewichtiger Kollege Eugen Klöpfer an der Volksbühne mit dem Nationalsozialismus sehr verbunden. Das Publikum ihrer Theater allerdings merkte wenig davon, denn die meisten Stücke, die gespielt wurden, waren Klassiker oder zeitgenössische Unterhaltung. Eine Ausnahme im Schillertheater war Erwin Guido Kolbenheyers »Gregor und Heinrich«. Allerdings wurde auch dort nicht so heiß gegessen wie gekocht – oder umgekehrt –, denn das Stück inszenierte niemand anderer als Hans Legal, der als Kommunist galt. Allerdings müßten hier die Bezüge zwischen Nationalsozialismus und Kommunismus oder zumindest linker Weltanschauung untersucht werden, was nicht meine Aufgabe sein kann, denn vor Hitler war Heinrich George Kommunist, Gustaf Gründgens Salonkommunist und Heinz Hilpert, wie auch nachher, linksstehend.

»Gregor und Heinrich« war sehenswert, da Paul Wegener den Gregor spielte und Horst Caspar Heinrich IV. Im Ensemble befand sich auch der sehr junge Ernst Schröder, mit dem ich viel später befreundet sein sollte.

An eine Aufführung in der Volksbühne Klöpfers erinnere ich mich besonders: Kleists »Amphytrion« in einer Inszenierung von Richard Weichert, mit Werner Hinz und Joachim Gottschalk, dessen tragisches Schicksal zeigt, was sich unter der glanzvollen Oberfläche des Theaters jener Zeit, unbemerkt von der Öffentlichkeit, abspielen konnte. Gottschalk und seine Frau begingen Selbstmord. Langsam sickerte in Berlin durch, wie es dazu gekommen war: Gottschalk hatte seine jüdische Frau zu einem Bonzenempfang mitgenommen, auf dem Goebbels ihr die Hand küßte. Als der Minister darauf aufmerksam gemacht wurde, soll er Gottschalk vor die Wahl gestellt haben, das Land zu verlassen oder sich von seiner Frau zu trennen.

Die Berliner kulturelle Szene jener Zeit wäre ganz unvollständig, wenn hier nicht auch vom Konzertleben die Rede wäre, von den großartigen Konzerten der Philharmoniker unter Wilhelm

Furtwängler und den äußerst interessanten der Preußischen Staatskapelle unter Herbert von Karajan. Das erste Konzert der Preußischen Staatskapelle brachte César Francks »Variationen« und die Siebente Bruckners; ein weiterer Höhepunkt war damals schon Karajans Interpretation des Verdi-Requiems.

Anders als die Wiener Philharmoniker waren – und sind – die Berliner Philharmoniker ein reines Konzertorchester. Wöchentlich gaben sie in der Philharmonie zwei Konzerte, die in Abonnementreihen gegliedert waren. Die erste Reihe wurde von Furtwängler geleitet, die zweite von Böhm, die dritte von Jochum, die vierte von Knappertsbusch und die fünfte von Schuricht. Außer diesen Konzerten gab es noch die des Städtischen Orchesters unter Fritz Zaun, das stark unter nationalsozialistischem Einfluß stand, aber sehr interessante Programme mit viel zeitgenössischer Musik bot. Fritz Zaun ging später nach Jugoslawien und hat dort mit größtem Erfolg die Kroatische Philharmonie aufgebaut und geleitet. Am 5. März 1939 hörte ich die Philharmoniker unter de Sabata die Vierte Brahms, »Tod und Verklärung« und den Rakoczy-Marsch von Berlioz spielen. Furtwängler leitete die Uraufführung der »Kleinen Symphonie« von Hans Pfitzner – er setzte sich sehr für Pfitzners Werk ein, obwohl er ihn privat nie sehr mochte. Die Musik Pfitzners war mir seit den ersten Takten, die ich gehört hatte, ans Herz gewachsen. Das Schwermütige, aber auch das Schwerblütige in seinem Werk faszinierte mich und ließ mich kaum eine Aufführung eines Pfitzner-Opus versäumen.

Im Gegensatz zu Wien habe ich in Berlin viele Hitlergegner getroffen. Zunächst mußte man auch gar nicht vorsichtig sein, man konnte seine Meinung sagen – allerdings nicht mehr lange, denn nach der sogenannten »Reichskristallnacht« vom 9. November 1938 begann auch in Berlin ein anderer Wind zu wehen.

Ich ging am Tag nach den nächtlichen Ausschreitungen, bei denen mehrere Synagogen in Flammen aufgingen und viele jüdische Geschäfte zerstört wurden, ohne Näheres gehört zu haben, ins Büro. Und da sah ich: Lastwagen fuhren von Haus zu Haus, und

Krieg und Stunde Null

SS-Leute trieben die jüdischen Bewohner, darunter auch Kleinkinder und Greise, zusammen und verluden sie. Durch die Straßen tönte das Wehklagen der Mißhandelten.

Nach diesem schrecklichen Ereignis schlossen sich die Hitlergegner umso enger zusammen; das galt auch für meine Abteilung in der AEG. Ich arbeitete dort gemeinsam mit Dr. Lugger, dem nachmaligen Bürgermeister von Innsbruck, und mit Dr. Beuerle, dem späteren Generaldirektor der AEG. Unser Chef war Dr. Krebs, ein äußerst korrekter Ostpreuße, der uns deckte. Er hatte das Pech, daß sein Gesuch um Aufnahme in die NSDAP aus dem Jahre 1934 einige Wochen vor Kriegsende plötzlich positiv erledigt wurde. Für die Nazis hatte er stets als unzuverlässig gegolten, doch durch diese späte Umarmung geriet er wie so viele andere nach 1945 in große Schwierigkeiten.

Die antinazistische Grundhaltung war bei der AEG gleichsam traditionsbedingt. Die Firma war ursprünglich ein Unternehmen der jüdischen Familie Rathenau gewesen; auch nach deren Ausscheiden blieb der alte Stab in Amt und Würden. So stellte die AEG eine Insel dar; nicht zuletzt dank ihres Generaldirektors, Geheimrat Bücher, der in den Putsch vom 20. Juli 1944 verwickelt war, und seines Stellvertreters, Dr. Boden, eines Freundes meines Vaters.

Zu dieser Zeit entstand eine Art Geheimklub aller Regimegegner. Man fand sehr schnell heraus, wer dazugehörte, und ich muß sagen, daß ich kaum je mit wirklichen Nazis zu tun hatte. Während des Krieges habe ich in Berlin *einen* SS-Mann kennengelernt, der mir von den Wundern des Regimes vorschwärmte. Dieser Mann war auch der einzige, der kein Verständnis dafür hatte, wenn man am 1. Mai wenig Lust verspürte, die Rede des Chefs der Deutschen Arbeitsfront, Ley, anzuhören. Es wäre aber zuviel gesagt, wollte ich behaupten, daß man damals allgemein die drohende Kriegsgefahr erkannte. Immerhin war es Hitler gelungen, zuerst Österreich, dann das Sudetenland und schließlich die Tschechoslowakei zu besetzen, und im August 1939 arrangierte er sich sogar mit den Sowjets, was man nicht für möglich gehalten hatte, denn bisher hatte es im NS-Jargon nur »Moskauer Verbrecher« gegeben. Aber nun schloß er mit diesen »Verbrechern« einen Nichtangriffspakt und verteilte die Welt. Die Ahnungslosen glaubten, all das geschehe, damit Hitler ohne bewaffnete Auseinandersetzung einen Triumph erringe. Umso betroffener waren sie dann, als am 1. September 1939 der Krieg ausbrach.

Ich habe diesen Krieg schnell am eigenen Leib erfahren. Im Jänner 1940 rückte ich zu einer Infanterieeinheit in Schwerin an der Warthe ein, und im Mai wurden wir an die Westfront verlegt. Seit dem Polenfeldzug waren einige Monate vergangen, während denen man hoffte, es werde doch noch zu einem Friedensschluß mit den Westmächten kommen. Hitler hatte ja immer gesagt, er wolle keinen Zweifrontenkrieg führen.

An der Westfront lag meine Truppe der Maginot-Linie gegenüber, im Warndtwald westlich von Saarbrücken, in einem Quartier, das vorher von den Franzosen belegt, aber bei Kriegsbeginn von ihnen aufgegeben worden war. Sie hatten sich aus dem Vorfeld in die Befestigungsanlagen zurückgezogen. Dort, in der Bereitstellung, in Notunterkünften, abgeschnitten von allen Bequemlichkeiten des zivilen Lebens, erlebte ich besonders eindringlich, wie überheblich und unangenehm Vorgesetzte sein können. Wir hatten einen Hauptmann, der im Zivilleben Straßenbahnkontrollor gewesen war und der nun als Kompaniechef seltsame feudale Allüren entwickelte. Als recht unangenehm war auch ein Major Reuter, der Sohn jenes Admirals, der zu Ende des Ersten Weltkriegs die deutsche Flotte bei Scapa Flow versenkt hatte, verschrien. Bei Beginn der Kampfhandlungen wurde ich einem Stoßtrupp zugeteilt, der den Auftrag zur Wegnahme eines Bunkers hatte. Wir robbten, zunächst durch hohes Gras, gegen Sicht gedeckt, auf den Bunker zu. Gleich, nachdem der Stoßtruppführer »Sprung auf, marsch, marsch!« befohlen hatte, fiel er durch Kopfschuß, und so mußte ich als Oberschütze die Führung des Stoßtrupps übernehmen, obwohl die Dinge so rasch abliefen, daß ich nicht viel Gelegenheit zum Führen hatte. Wir erreichten den toten Winkel, krochen den Hang zum Bunker hinauf und warfen Handgranaten durch die Schießscharten.

Für den Rücktransport der Gefangenen aus unserem Abschnitt wurden Freiwillige gesucht, und ich meldete mich, ohne zu ahnen, daß ich damit aus dem Regen in die Traufe kommen sollte. Unser Weg führte durch einen Obstgarten, der zwischen dem Bunker, den wir eben gestürmt hatten, und einem Dorf lag, über dem eine wunderschöne gotische Burg stand. Es stellte sich heraus, daß der Garten noch von Franzosen besetzt war. Wir erhielten Feuer von Heckenschützen, und es kam der Befehl, den Garten »zu säubern«. Hier in diesem Obstgarten erlebte ich viel mehr als beim Sturm auf den Bunker die Schrecken des Krieges. Ich mußte zum ersten Mal in meinem Leben über Tote steigen. Am Rand eines Brunnens, dem ich mich mit schußbereitem Gewehr näherte, lag ein französischer Soldat, dem, wie ich erst knapp vor ihm erkannte, der ganze Hinterkopf weggeschossen worden war. Als ich hinter einem Baum in Deckung verhielt, hörte ich plötzlich von oben »Ne tirez pas, ne tirez pas!« Verborgen von der Baumkrone saß ober mir ein französischer Baumschütze, der am Fuß von einer Kugel getroffen worden war. Ich beruhigte ihn in seiner Muttersprache und mit dem Hinweis, daß für ihn nun der Krieg zu Ende sei. Dieser französische Infanterist war mein erster und auch mein letzter persönlicher Gefangener.

Für unsere Einheit begann dann ein tagelanger Marsch. Als Richtschütze hatte ich neben meinem persönlichen Gepäck noch die schwere Granatwerferplatte zu tragen. Für die Strecke nach Epinal benötigten wir, immer den größeren Siedlungen ausweichend, zehn Tage. Von dort ging es in Richtung Saarburg weiter. Auf diesem Marsch brach ich mit einem Herzanfall zusammen und wurde ins Lazarett von Saarburg eingeliefert. Auf dem Umweg über die Genesungskompanie in Landsberg an der Warthe, wo ich in der Schreibstube arbeitete, wurde ich schließlich zum Wehrmeldeamt Wilmersdorf nach Berlin versetzt. Das Wehrmeldeamt Wilmersdorf war für die vornehmen Berliner Wohnbezirke zuständig, und ich hatte dort unter anderem auch viel mit der Beurlaubung von Schauspielern, Sängern und sonstiger Prominenz zu tun.

Im April 1941 wurde ich dank einer Intervention der AEG unabkömmlich gestellt, arbeitete zunächst wieder in der Berliner Firma und wurde schließlich 1943 über meinen Wunsch von Berlin nach Wien versetzt. Diesem Umstand verdanke ich wahrscheinlich mein Leben, denn das Haus Paulsbornerstraße 2, in dem ich in Berlin gewohnt hatte, erhielt einige Tage nach meiner Abreise einen Bombentreffer und wurde bis auf die Grundmauern zerstört; alle Menschen, die im Luftschutzkeller Schutz gesucht hatten, fanden den Tod.

In Wien suchte ich Anschluß an Widerstandskreise und lernte unter anderem den Heizungschef der Hofburg kennen. Mit ihm schmiedete ich im Frühjahr 1945 abenteuerliche Pläne, die alle um die Frage kreisten, wie man eine kampflose Übergabe Wiens erreichen könnte. Wir überlegten unter anderem, wie wir uns die besonderen Kenntnisse um das Heiz- und Lüftungssystem der Hofburg zunutze machen könnten, um Baldur von Schirach, in dem wir den strikten Vertreter einer Verteidigung Wiens gegen die Russen sahen – was er vielleicht gar nicht war –, außer Aktion setzen zu können. Es waren das, wie gesagt, abenteuerliche Pläne mit vagen Vorstellungen von der Anwendung eines Gases, für die uns sowohl das Gas wie auch die nötigen chemischen Kenntnisse, um es sinnvoll anwenden zu können, fehlten und die aber schließlich alle nur der Ausdruck unseres ohnmächtigen Willens, die Zerstörung Wiens zu verhindern, waren. Baldur von Schirach verließ übrigens dann Wien noch vor Beginn der Kampfhandlungen.

Rund um die Stadt war bereits Gefechtslärm vernehmbar, doch wir Zivilisten gingen noch immer zur Arbeit und wußten nicht, wann und wie der Krieg zu Ende gehen würde. Mein Büro war die Generaldirektion der AEG in der Ungargasse im dritten Wiener Gemeindebezirk. Das Gebäude war bei einem Luftangriff gerade bis zu meinem Zimmer zerstört worden – sogar die Glasplatte auf meinem Schreibtisch war unversehrt geblieben. Man ging eigentlich vor allem deshalb weiter ins Büro, um menschliche Kontakte zu halten; bei uns drehten sich alle Gespräche nur darum, was nach dem Zusammenbruch des Dritten Reiches geschehen würde. Eines Tages, die Straßenbahn aus Pötzleinsdorf, wo ich im Hause meiner Eltern lebte, verkehrte noch, fuhr ich in die Innere Stadt, und der Kanonendonner klang so nahe wie noch nie. Am Ring rissen Granaten Löcher in die Hausmauern, und ich brachte mich in die Halle des Grand Hotel in Sicherheit. Dort faßte ich den Entschluß, nicht mehr nach Hause zu fahren, und blieb bei Bekannten, die am Opernring wohnten. Die Nacht verbrachten wir im Luftschutzkeller. Am nächsten Morgen wagte ich einen Blick aus dem Fenster und sah, wie ein deutscher Soldat auf dem Gehsteig vor dem Haus Operngasse – Ring zu schanzen begann. Es war typisch für die allgemeine Auflösung in jenen Tagen, daß es uns sehr schnell gelang, ihn von seinem Vorhaben abzubringen.

Im ganzen Haus wurde nun die Parole ausgegeben, weiße Tücher aus den Fenstern zu hängen. Von einem Balkon aus sah ich einen einsamen russischen Soldaten, der über die Opernkreuzung schlich. Auf ein Zeichen von ihm tauchten zunächst aus der Wiedner Hauptstraße und später von allen Seiten weitere russische Soldaten auf.

Von meinem Beobachtungsposten auf dem Balkon sah ich auch, wie russische Soldaten in die nahe Meinl-Filiale einbrachen und zu plündern begannen. Wie ein Ameisenstrom kamen daraufhin die Wiener herbei, um Eßbares zu ergattern. Auch ich konnte der Versuchung nicht widerstehen. Das Geschäft war fast völlig dunkel, nur durch den aufgebrochenen Rolladen drang etwas Licht herein. Es war ein gespenstischer Anblick, wie die Plünderer gleich Würmern im Geschäft herumkrochen und zusammenkratzten, was sie fanden. Jemand warf einen Mehlsack aus einem Regal, der mir auf den Kopf fiel. Ich ergatterte meinerseits einige Kilo Zucker und versuchte, mich durch die Stadt nach Pötzleinsdorf durchzuschlagen. Vor der halb eingestürzten Albrechtsrampe lag ein toter alter

Mann. Beim Rathaus stieß ich auf einen Trupp sowjetischer Soldaten, die mich zur Ausweisleistung aufforderten. Nun hatte ich
schon Tage zuvor eine Einladung aus der Vorkriegszeit zu einem
Essen ins englische Parlament – mit den königlichen Insignien in
Golddruck – eingesteckt. Diese halb unbewußte Maßnahme, nach
dem Motto »Man weiß nie, wozu das gut sein kann«, erwies sich
nun als segensreich. Das geradezu präpotente Vorweisen der Karte
und meine Beteuerung, »english« zu sein, führten nach einigem
Palaver dazu, daß mich die Soldaten passieren ließen.

Die große Frage dieser Tage lautete, wie es weitergehen sollte.
Ich begab mich abermals in die Generaldirektion der AEG, wo man
mich, als einen der wenigen Angestellten, die nicht Parteimitglied
gewesen waren, umgehend zum Vorstandsmitglied ernannte.
Einige Tage darauf meldete ich mich bei der neuen österreichischen
Zivilverwaltung im Palais Auersperg.

Die Zeit in Wien unmittelbar nach Kriegsende war durch ein
totales Vakuum gekennzeichnet. Es gab keine Regierung, keine
Ministerien, keine reguläre Polizei; alles war provisorisch und über-
schattet vom Einfluß der sowjetischen Besatzungsmacht. Im Palais
Auersperg hatten einige Persönlichkeiten der Widerstandsbewe-
gung 05 eine Art von provisorischer Regierung gebildet; ihr gehör-
ten unter der Leitung von Raoul Bumballa für die Sozialisten
Gustav Fraser und Karl Seitz, für die Christlichsozialen Viktor
Müllner und Franz Sobek und für die Kommunisten Mathilde
Hrdlicka an. Auch Monsignore Fried, ein rotarischer Freund meines Vaters, war ein Angehöriger der 05. Als ich hörte, daß er im
Auersperg saß, ging ich zu ihm und erklärte, daß ich gerne am
Wiederaufbau mitarbeiten wolle und mich eine Tätigkeit im Auswärtigen Dienst oder auf kulturellem Gebiet besonders interessieren würde. Fried meinte: »Das ist sehr gut, daß Sie gerade heute
kommen, denn eben ist die Österreichische Volkspartei gegründet
worden.« Dr. Pernter sei als Präsident und Dr. Hurdes als Generalsekretär vorgesehen. Dr. Hurdes sei dabei, die Partei aufzubauen,
und ich solle mich bei ihm melden.

Krieg und Stunde Null

Hurdes, der im damaligen Parteilokal in der Bankgasse saß, empfing mich mit den Worten: »Ah, das ist gut, daß d' kommst, wir brauchen sowieso Leut' zum Aufnehmen von Mitgliedern.« Ich erwiderte, daß ich mir eigentlich eine gehobenere Tätigkeit erhofft hatte. »Was hast dir denn vorg'stellt?« – »Außenpolitik oder Kultur.« – »Das ist gut, wir haben eh' vorläufig dafür niemanden, mach's. Geh in den Schottenhof, dort haben wir ein Büro, das muß man zuerst einmal zusammenräumen, das war eine Dienststelle der Luftwaffe.« Ich wanderte also in den Schottenhof und traf dort unter anderem Johannes Eidlitz, Herbert Braunsteiner, Georg Zimmer-Lehmann und Wilfried Gredler. Zunächst mußten wir die Zimmer putzen, dann stellten wir einen Tisch auf, und die Aufnahme der Mitglieder konnte beginnen.

Mir war sehr bald klar, daß es für eine außenpolitische Betätigung zunächst keine Möglichkeiten gab. In kultureller Hinsicht sah es besser aus. Ich beratschlagte mit Pernter, was zu machen sei – und so kam es im Juli 1945 zur Gründung der Österreichischen Kulturvereinigung. Pernter wurde Präsident und ich Generalsekretär.

Leider starb Pernter sehr bald, und ich mußte dann die Kulturvereinigung ohne seine Unterstützung aufbauen. Wir waren ungemein aktiv, veranstalteten Konzerte, Lesungen, Vorträge und Ausstellungen und gründeten im August 1945 auch eine Zeitschrift, deren Chefredakteur ich war: »Der Turm«. Sie machte sich zur Aufgabe, das kulturelle Geschehen unter dem Aspekt der Verbindung von Tradition und Neuem sowie aus christlicher und europäischer Sicht zu präsentieren.

Ich wußte nicht, wie man eine Zeitschrift macht, und ich wußte zunächst auch gar nicht, wie man die nötigen Leute zusammenbringt, aber ich ließ meine Phantasie spielen. Am Abend vor dem Einschlafen malte ich mir aus, was ich eigentlich machen wollte, träumte vor mich hin und habe dann das Geträumte auch verwirklicht – ein Prinzip, dem ich bis auf den heutigen Tag treugeblieben bin.

DER TURM

**MONATSSCHRIFT FÜR ÖSTERREICHISCHE
KULTUR – HERAUSGEGEBEN VON DER
ÖSTERREICHISCHEN KULTURVEREINIGUNG**

9/10 2. JAHRGANG

VERLAG ADOLF HOLZHAUSENS NFG. ∕ WIEN

Doppelheft S 4.–

»Der Turm« hieß die Kulturzeitschrift, die Egon Seefehlner im August 1945 als Generalsekretär der Österreichischen Kulturvereinigung ins Leben rief

Krieg und Stunde Null

Zu den ersten Mitarbeitern des »Turm« gehörten außer Pernter noch Rudolf Henz, Otto Mauer, Erhard Buschbeck und Raoul Aslan. Die Zeitschrift veröffentlichte zum ersten Mal nach dem Krieg wieder Hofmannsthal, brachte »Jakobs Abschied von Joseph« aus dem Roman von Thomas Mann und initiierte eine Aktion »Rettet das Antlitz Wiens«, für die Oskar Laske Postkarten entwarf. Maßgebend war, ohne daß er nach außen hin in dieser Funktion aufscheinen durfte, weil er »minderbelastet« war, Siegfried Melchinger. In einer der ersten Nummern des »Turm« haben wir Gedichte von Josef Weinheber veröffentlicht und damit eine literarisch-politische Diskussion ausgelöst, an der sich unter anderen Michael Pfliegler, Alexander Lernet-Holenia, Ernst Lothar, Edwin Rollett, Felix Braun, Theodor Kramer, Heinz Politzer, Edwin Hartl und Franz Theodor Csokor beteiligten.

So wie mit dem »Turm« wollten wir auch mit unseren ersten großen Ausstellungen Tradition und Moderne vereinigen. Wir zeigten also schon 1945 in der Neuen Galerie des nach Amerika emigrierten Kunsthändlers Otto Kallir eine Ausstellung »Schiele, Klimt und Kokoschka«. Es folgte eine Doppelausstellung: »Große Kunst aus österreichischen Klöstern«. Den ersten Teil, der dem Mittelalter gewidmet war, zeigten wir 1947 im Museum für angewandte Kunst; der zweite Teil, der im Zeichen des Barock stand, folgte 1948 im Unteren Belvedere.

Typisch für die damalige Zeit waren die Schwierigkeiten bei einer der ersten Veranstaltungen der Kulturvereinigung im Redoutensaal. Wir benötigten für sie die Erlaubnis des damaligen Polizeikulturchefs Margulies. Er war Kommunist, ein unbeugsamer Genosse. Den Redoutensaal stellte er uns unter der Bedingung zur Verfügung, daß wir der Polizei ein Kartenkontingent überließen. Das geschah.

Wir hatten vorgesehen, daß Anton Dermota Lieder singen und der Burgschauspieler Ferdinand Maierhofer Gedichte lesen werde. Am Tag der Veranstaltung rief mich Margulies an und teilte mit, daß die Kulturvereinigung den Saal leider nicht haben könne, da die Polizei ihn selbst dringend für eine Veranstaltung brauche. Ich erklärte ihm, daß das für uns eine Katastrophe sei; damals gab es ja keine Möglichkeit, kurzfristige Absagen in den Medien bekanntzugeben. Es gelang mir, ihm klarzumachen, daß es auch für ihn nicht angenehm sei, wenn unser Publikum seinem Unmut Luft machen würde. Nach langem Hin und Her einigten wir uns darauf, daß wir den Saal nach einer Stunde für die Kulturorganisation der Polizei freimachen würden. Wir mußten um neun Uhr fertig sein, was nicht leicht zu bewerkstelligen war, denn Dermota konnte ja nicht schneller singen und Maierhofer nicht schneller lesen. Wir kürzten also notgedrungen das Programm, soweit es zumutbar war. Am Abend standen dann nach Ablauf einer Stunde die Polizisten lärmend vor der Tür und Herr Margulies erschien wiederholt im Saal und drohte, seine Mannen würden die Lokalität »stürmen«. Wir beendeten den Abend schließlich mit fünfzehn Minuten Verspätung; Ferdinand Maierhofer hatte tatsächlich schneller gelesen.

Auch die Gestaltung der Ausstellungen war mit großen Schwierigkeiten verbunden; man mußte die Objekte buchstäblich mit eigenen Händen zusammentragen. Das war noch leicht bei Schiele, Klimt, Kokoschka, denn die Blätter lagen in der Albertina, waren während der Hitler-Zeit nicht gezeigt worden, und die Leitung der Albertina, deren Haus bombengeschädigt war, hatte nichts dagegen, daß die Kulturvereinigung als Aussteller in die Bresche sprang. Nicht besonders schwierig war es auch, im April 1946 eine Boeckl-Ausstellung in der Akademie der bildenden Künste zu zeigen, denn der Künstler lebte in Wien. Schwieriger aber wurde es bei den Ausstellungen alter Kunst, deren Objekte aus ganz Österreich kommen sollten. Leichtsinnig, wie wir in dieser Zeit alle waren – und ohne Leichtsinn wäre gar nichts zu erreichen gewesen, er war sozusagen der Pate der kulturellen Aktivitäten –, arbeiteten wir ohne die heute unumgänglichen Versicherungen. Anders wäre es gar nicht gegangen, denn erstens war kein Geld da und zweitens legten die Leihgeber erstaunlicherweise auch gar keinen Wert darauf. Die Äbte, aus deren Stiften die Objekte kamen, waren froh, daß ihre Kunstschätze Krieg, Enteignung und Plünderung überstanden hatten und daß nun jemand aus Wien sich um diese Schätze kümmerte und sie ausstellen wollte.

So fuhren wir mit dem Auto meiner Freundin Annemarie Schlee von Kloster zu Kloster und brachten die Kunstwerke für unsere zwei großen, wirklich schönen und eindrucksvollen Ausstellungen nach Wien. Diese Millionenschätze, die man eigentlich in keine Wertkategorie einordnen kann, haben wir, in Decken gehüllt, in Wäschekörben transportiert. Immer wieder mußten wir die Zonengrenze passieren, denn viele dieser Schätze kamen aus dem amerikanisch besetzten Oberösterreich, aus Kremsmünster, aus St. Florian oder aus Wilhering. Unsere »Sammelfahrten« richteten sich nach dem Manuskript des Ausstellungskatalogs, den hervorragende Museumsleute und Kunsthistoriker zusammengestellt hatten. Aus St. Paul im Lavanttal – in der britischen Zone – erhielten wir zum Beispiel das berühmte romanische Vortragskreuz. Damals traf ich auf einen einzigen Vorsichtigen, den ich natürlich für übervorsichtig hielt; es war Pater Wilhelm Schier, der Kustos der Sammlungen des Stiftes Melk, der mir sagte:»Seid ihr wahnsinnig geworden, ich werd' euch doch nicht das berühmteste Stück unserer Sammlung, das Melker Kreuz, so mir nichts dir nichts übergeben!« Wir haben es dann auch nicht bekommen.

In guter Erinnerung habe ich auch verschiedene Vorträge, die wir veranstaltet haben; vor allem die Abende mit Otto Hahn und Werner Heisenberg. Ich habe auch Sven Hedin eingeladen; er antwortete mir aber auf einer Postkarte, daß er schon zu alt sei für so weite Reisen.

Die Kulturvereinigung hat im Jahre 1946 auch das erste große Konzert mit moderner Musik im Musikverein durchgeführt. Es brachte die österreichische Erstaufführung von Frank Martins »Cornet« mit Elisabeth Höngen und die »Metamorphosen« von Richard Strauss. Das Konzert wurde von Paul Sacher dirigiert, dem beide Werke gewidmet waren. Damals war es noch überaus schwierig, von der Schweiz nach Österreich zu reisen, denn es gab keine

Visa. Sacher schaffte es aber dann doch, durch Intervention der Universal Edition.

Die vielfältigen Aktivitäten von Kulturvereinigung und »Turm« wären ohne die Hilfe hingebungsvoller Mitarbeiter nicht möglich gewesen. In erster Linie ist dabei die Journalistin Bobby Löcker zu nennen, die bereits bei der Gründung der Kulturvereinigung zu uns stieß und später die Administration des »Turm« übernahm, die sie bis zur Einstellung des Blattes im Jahre 1947 leitete. Sie heiratete später Zeno von Liebl, der während des Krieges einer der profilierten Musikkritiker des »Wiener Tagblattes« und ein Hort des Widerstandes in der Redaktion gewesen war. Zu meinen engen Mitarbeitern gehörte ferner außer dem bereits erwähnten Siegfried Melchinger, der später Ordinarius für Theaterwissenschaft in Stuttgart wurde, Didier Aslan, der Bruder des unvergeßlichen Burgschauspielers Raoul Aslan.

Durch meine Tätigkeit in der Kulturvereinigung lernte ich viele Persönlichkeiten des kulturellen und des politischen Lebens kennen. So machte mir der damalige Staatssekretär für Unterricht, der Kommunist Ernst Fischer, den Antrag, ins Unterrichtsministerium einzutreten. Ich wurde am 18. Juli 1945 unter Beibehaltung meiner Tätigkeit bei der Kulturvereinigung eingestellt und mit der Bearbeitung von Entnazifizierungsakten betraut. Dabei habe ich in eineinhalb Jahren reichliche Erfahrungen über den menschlichen Charakter gesammelt. Es gab Personen, die unumwunden zugaben, daß sie sich mit dem Nationalsozialismus arrangiert oder sogar mit ihm identifiziert hatten, und es gab andere, von denen alle Welt wußte, daß sie kollaboriert hatten, die das nun aber nicht wahrhaben wollten. Nie habe ich den Standpunkt eingenommen, man dürfe nicht verzeihen, denn ich hatte gesehen, wie verlockend die Vorteile einer Zugehörigkeit zur NSDAP waren und wie viele Menschen eine angestrebte Position nicht erreichten, einzig deshalb, weil sie nicht Parteimitglied waren.

So bemühte ich mich, mit größtem Verständnis zu handeln, das aber dort seine Grenzen hatte, wo ich mit Verstößen gegen die primitivsten Regeln des Anstandes konfrontiert war. Schriftsteller wie etwa Hans Heinz Stuckenschmidt oder Siegfried Melchinger waren für mich nämlich der Beweis, daß man auch im Dritten Reich sehr wohl seinem Beruf ohne derartige Verstöße nachgehen konnte. Ich arbeitete im Ministerium zunächst als nichtpragmatisierter Angestellter, doch nach der Bestellung von Dr. Felix Hurdes zum Unterrichtsminister – auf Grund der Wahlen vom November 1945 – wurde ich pragmatisiert. Am Tag meiner Ernennung saß ich abends im Musikverein neben dem Präsidenten des Konzerthauses, Manfred Mautner Markhof, der mich in seiner liebenswürdigen Art lächelnd fragte, ob ich nicht Lust hätte, die Direktion des Konzerthauses zu übernehmen.

»Ja, Lust hätte ich schon, aber gerade heute bin ich Beamter geworden!« – »Ach«, meinte Mautner Markhof, »das wird der Hurdes schon machen, gehen Sie hin und sagen Sie's ihm.« Das tat ich und Hurdes sagte: »Wenn du lieber ins Konzerthaus willst, geh dorthin!« Und so bin ich also im Juli 1946 Generalsekretär der Wiener Konzerthausgesellschaft geworden.

V

Beginn im Konzerthaus

Die vordringlichste Aufgabe im Konzerthaus war die Erstellung eines Konzepts, denn ich wollte ja nicht ein Institut leiten, in dem alles geschah, aber nichts richtig geschah. Dieses Konzept mußte sich vom Programm des Musikvereins unterscheiden. Die Gesellschaft der Musikfreunde in Wien hatte es immer leicht gehabt; sie hielt sich an das ungeschriebene Motto: berühmte Interpreten spielen berühmte Werke, vor allem der Klassik. Im übrigen war es auch im Musikverein nach dem Krieg zu einer personellen Neuordnung gekommen: Präsident Alexander Hryntschak hatte Rudolf Gamsjäger zum Generalsekretär bestellt.

Für mich stand von vornherein fest, daß das Programm des Konzerthauses eine Ergänzung zu den Veranstaltungen des Musikvereins darstellen mußte. Da im Musikverein zeitgenössische Werke, also Musik des 20. Jahrhunderts, mit Ausnahme von Richard Strauss, so gut wie nie gespielt wurden, war es für mich klar, daß im Konzerthaus die Pflege der Moderne zu den wichtigsten Aufgaben zählen müßte. Ich war glücklich, daß Präsident Mautner Markhof sich meinen Gedankengängen voll und ganz anschloß.

Um der modernen Musik alljährlich möglichst nachdrücklich zu dienen, kam ich auf die Idee, die Internationalen Musikfeste der Konzerthausgesellschaft zu organisieren. Bereits in meinem zweiten Konzerthaus-Jahr, im Juni 1947, wurde das erste dieser Musikfeste durchgeführt und hat gleich sehr großen Erfolg gehabt. Wir holten Klemperer nach Wien zurück, konnten Paul Hindemith zum ersten Mal mit eigenen Kompositionen begrüßen, präsentierten Honegger und boten vierzehn Tage lang ein konzentriertes, für

die damalige Zeit außerordentlich avantgardistisches Programm.
Natürlich war es mir klar, daß die finanziellen Ergebnisse mit
den moralischen und musikalischen Erfolgen nicht Schritt halten
würden, und so habe ich mir den Kopf zerbrochen, wie man die
Musikfeste finanzieren könnte. Es war damals üblich, daß an Sams-
tagen und Sonntagen sogenannte Prominentensoireen mit Künstlern der leichteren Muse veranstaltet wurden. Diese Soireen wurden
von privaten Agenten durchgeführt und brachten viel Geld. So
kam ich auf die Idee, etwas Ähnliches in Eigenregie des Konzerthauses zu veranstalten und eine große Revue zu produzieren.
Mit viel Phantasie und Leichtsinn stürzte ich mich in das Unter-
fangen. Siegfried Melchinger schrieb das Buch, Peter Kreuder
machte die Musik, der Kabarettist Rolf Olsen wurde für die Inszenierung gewonnen und Ferry Windberger für die Ausstattung.
Wir wollten möglichst viele prominente Emigranten, Remigran-
ten und Dagebliebene, wie Fritz Steiner, Greta Keller, Siegfried
Breuer und Annie Rosar, auftreten lassen. Der Dilettantismus, mit
dem wir ans Werk gingen, war groß, und das Ergebnis war eine
Generalprobe, die fast acht Stunden dauerte. Mir als dem Ober-
dilettanten fiel die Aufgabe zu, Striche anzuordnen, aber natürlich
wollte kein Künstler auf eine Nummer verzichten.
Es gab aber ein noch größeres Mißgeschick. Auf der Suche nach
einem zugkräftigen Star für unsere »Rhapsodie um Topsy« bot uns
der damals maßgebende Filmagent Wiens, Fischer, eine Negerin
an, die als Tänzerin und Sängerin in Amsterdam wirkte. Wir erin-
nerten uns an die großen Erfolge einer Josephine Baker in den dreißiger Jahren und engagierten sie voll Begeisterung. Zu unserem
Entsetzen traf wenige Tage vor der Premiere eine kleine, etwas
fette, nicht mehr ganz junge, watschelnde Dame in Wien ein. Sie
muß sofort gemerkt haben, daß wir entsetzt waren, denn mit Tränen in den Augen erklärte sie uns, daß sie in einer Amsterdamer
Cabaret-Bar als Donald Duck-Parodistin zu Lokalruhm gekommen
sei; jeder Holländer kenne sie und vor allem die Kinder jubelten ihr
zu. Uns blieb nichts anderes übrig, als die ganze Revue umzuschrei-

ERSTES INTERNATIONALES MUSIKFEST WIEN

VERANSTALTET VON DER
WIENER KONZERTHAUS-GESELLSCHAFT
IM RAHMEN DER
WIENER THEATER- UND MUSIKWOCHEN
1947

16. BIS 30. JUNI 1947

PROGRAMM DES MUSIKFESTES

E = Erstaufführung   U = Uraufführung

Montag, 16. Juni · 19 Uhr · Großer Saal
Feierliche Eröffnung des Musikfestes

Chor - Orchesterkonzert mit Werken von Arthur H o n e g g e r
Wiener Symphoniker, ein gemischter Chor (Lehrer-a-cappella-Chor, Wiener Singakademie, Kammerchor der Staatsakademie für Musik; Einstudierung: Dr. Reinhold Schmid), Wiener Sängerknaben, Dirigenten: Arthur Honegger und Paul Sacher (Schweiz)
Sinfonie liturgique, E. — Dirigent: Der Komponist
Dramatisches Oratorium: Johanna auf dem Scheiterhaufen (Jeanne d'Arc au Bûcher) E
Dialogregie: Christian Moeller

Jeanne . . . . Judith Holzmeister
Frère Dominique . . . .
1. Sprecher . . . . Albin Skoda
2. Sprecher . . . . Heinz Moog
La Vierge . . . . Ljuba Welitsch
Marguerite . . . . Elisabeth Schwarzkopf
Catherine . . . . Elena Nicolaidi
Tenor-Soli . . . . { Karl Friedrich
                                        { Erich Majkut
Baß-Soli . . . . Adolf Voge.

Dienstag, 17. Juni · 19·30 Uhr · Großer Saal
„Fest des Tanzes"
Lia dell'Ara (Italien), Rosalia Chladek, Tanzgruppe Wiesenthal, Manuela del Rio (Spanien), Harald Kreutzberg

19·30 Uhr · Mozart-Saal
Das Konzerthaus-Quartett, Werke von Franz Schubert
Streichquartett d-moll, op. posth. („Der Tod und das Mädchen"), Streichquintett C-Dur, op. 163

Mittwoch, 18. Juni · 19·30 Uhr · Mozart-Saal
Wolfgang S c h n e i d e r h a n, Violine, und Adrian A e s c h b a c h e r (Schweiz), Klavier
Sonaten für Violine und Klavier von Ludwig van B e e t h o v e n
Op. 24, F-Dur; op. 30 Nr. 3, G-Dur; op 30 Nr. 2, c-moll

Donnerstag, 19. Juni · 19·30 Uhr · Großer Saal
Orchesterkonzert, Wiener Symphoniker, Lehrer-a-cappella-Chor, Wiener Singakademie
Dirigenten: William Walton (England), Goffredo Petrassi, und G. F. Ghedini (Italien) und Hans Swarowsky (Österreich)
G. F. G h e d i n i
a) „Musica notturna" für kleines Orchester, E
b) „Architetture" für Orchester, E
Dirigent: Der Komponist

— 3 —

Titelblatt und erste Seite des Programmheftes des Ersten internationalen Musikfestes im Wiener Konzerthaus 1947. Im Programm finden sich William Walton und Paul Hindemith als Dirigenten eigener Werke, es dirigierten ferner Karl Böhm, Otto Klemperer, Hans Swarowsky, Ladislaus Somogyi und Ferenc Fricsay

ben. Statt einer wunderschönen Sängerin jagte der Jazzbandleader
Siegfried Breuer nun einem Phantom nach, das sich am Ende nicht
als zweite Josephine Baker, sondern als Donald Duck entpuppte.
Die Hoffnung, das erste Musikfest mit Hindemith und Klemperer mit den Erträgnissen der »Rhapsodie um Topsy« finanzieren zu
können, scheiterte kläglich; das Musikfest hatte viel höhere Einnahmen gebracht als die verunglückte »Topsy«. Ich zog aus dieser
Katastrophe die Lehre, in Zukunft nichts anzufassen, wovon ich
nichts verstand, auch wenn ich als Mitarbeiter Fachleute hatte,
denn die Entscheidungen mußte ich ja doch allein treffen. Präsident Mautner Markhof, den auch dieses Fiasko nicht um seinen
Humor und seine joviale Laune brachte, mußte nun mit mir Canos-
sagänge zu verschiedenen Banken antreten, damit das Defizit, das
aus der seltsamen Paarung Musikfest – Topsy entstanden war, gedeckt werden konnte. Auch Schweizer Freunde halfen uns. Die damaligen Devisenbestimmungen zwangen mich allerdings, die
Banknoten auf abenteuerliche Weise, unter nicht wiederzugeben-
den Umständen, über Grenzen und Demarkationslinien zu
schmuggeln. Von dem Schuldenberg, der damals entstanden ist,
kam das Konzerthaus unter meiner Leitung nicht mehr herunter.
Meinen Nachfolgern ist dann unter gewandelten Bedingungen erfreulicherweise die Sanierung gelungen.

Trotzdem hielten wir an den Internationalen Musikfesten fest
und veranstalteten sie anfänglich alljährlich, dann jedes zweite Jahr.
Sie wurden zu Vorgängern der Wiener Festwochen, genauer gesagt, der wiedergegründeten Festwochen, denn eine solche Veranstaltung hatte es ja bereits vor dem Krieg gegeben.

Natürlich waren die Musikfeste nicht einzig der modernen Musik gewidmet. Sie dauerten ja in der Regel vier Wochen und sollten
eine Synthese bieten, die bei Monteverdi begann und bei der neuesten Musik endete.

Einer der ersten Künstler von Rang, den wir nach dem Krieg –
und zwar im Juni 1947 – nach Wien zurückholten, war Otto
Klemperer, bekanntlich ein sehr eigenwilliger und schwieriger

Herr. Seit seinem Übertritt zum Katholizismus war er sehr fromm, und so lautete seine erste Frage an mich: »Sind Sie katholisch?« Mit der bejahenden Antwort schien er zufrieden. Leider wollte er gleich nach seiner Ankunft das Programm, dem er zugestimmt hatte, über den Haufen werfen. Wir hatten die Symphonie in C-Dur von Igor Strawinski und das Violinkonzert von Erich Wolfgang Korngold angesetzt. Beide Werke waren für Wien neu. Als Solisten hatten wir den Geiger Bronislav Gimpel eingeladen, der seit seiner Emigration nicht mehr in seiner Heimatstadt gespielt hatte. Kaum hatten die Proben begonnen, als Klemperer über das Werk zu klagen begann. In einer Pause kam er zu mir und sagte: »Setzen wir dieses Stück ab, das ist ein Schmarrn«. Ich sagte ihm, daß das wohl nicht möglich sei: Zum ersten Mal nach dem Krieg spiele man Erich Wolfgang Korngold, und Gimpel sei für einen Pappenstiel aus Kalifornien gekommen, um das Violinkonzert aus der Taufe zu heben.

Klemperer ließ sich überzeugen, aber kaum hatten die Proben zum Strawinski begonnen, gab es neue Schwierigkeiten. Ich merkte, daß Klemperer von dem Stück eigentlich keine Ahnung hatte. Er unterbrach die Proben und kam abermals in mein Büro, um mir mitzuteilen, daß er die Symphonie nicht kenne, er habe eine andere gemeint. Ich zeigte ihm den Vertragsbrief, aber er ließ sich nicht umstimmen, und so wurde bei einem der Eröffnungskonzerte des ersten Internationalen Musikfestes für moderne Musik die 5. Symphonie von Tschaikowski gespielt.

Es gab zuvor aber noch andere Schwierigkeiten, denn Klemperer hatte die Musiker beschimpft und behauptet, das Orchester sei eine Saubande. Darauf stand der Orchesterinspektor auf und sagte: »Unter diesen Umständen spielen wir nicht weiter«. Klemperer kam also wieder in mein Büro – den Weg mußte er nun schon im Schlaf gekannt haben – und fragte mich, wann die Probe weitergehe. Ich sagte ihm, sie gehe gar nicht weiter, denn das Orchester weigere sich zu spielen, es sei denn, Klemperer entschuldige sich in aller Form. Darauf Klemperer: »Wieso, wen habe ich beleidigt?« –

»Sie haben doch gesagt, das Orchester sei eine Saubande!« –
»Wieso, ich habe nichts dergleichen gesagt. Ich habe gesagt, diese
Säue, die Amerikaner, die mich im Hotel ›Regina‹ untergebracht
haben anstatt in einem Luxushotel! Das werde ich den Leuten
gleich erklären!« Jetzt war wieder ich besorgt, denn solche Äußerungen über eine Besatzungsmacht waren im Jahr 1947 keineswegs ungefährlich. Es kam schließlich zu folgender Entschuldi-
gung: »Ich habe zwar gesagt Sie spielen, aber nicht wie Säue!«

Bei einem anderen Wiener Aufenthalt des großen Dirigenten
kam es zu einer dramatischen Szene in meinem Büro. Der damalige
Bundestheaterchef Egon Hilbert hatte Klemperer angeboten, an
der Staatsoper im Theater an der Wien zu dirigieren. Klemperers
Tochter, die seine Agentin, Sekretärin und Betreuerin zugleich
war, wies aber darauf hin, daß ihn für den vorgesehenen Termin
schon Verträge nach Italien bänden. Darauf erhob sich der bereits
leicht einseitig gelähmte Klemperer und wankte mit drohend erho-
benen Händen auf seine erschrockene Tochter zu. Sie flüchtete aus
meinem Zimmer.

Bei anderer Gelegenheit dirigierte Klemperer bei uns das Klavierkonzert eines französischen Komponisten. In der Pause, in der
viele Menschen in seiner Garderobe versammelt waren, wollte sich
der französische Botschafter dafür bedanken und fragte Klemperer,
wie er die Komposition denn finde. Darauf rief der Dirigent mit
seiner Stentorstimme quer durch den Raum seiner Tochter zu:
»Lotte, was heißt Scheiße auf Französisch?«

Schon zum zweiten Internationalen Musikfest im Jahre 1948
kam Erich Kleiber zu uns und dirigierte die »Eroica« mit den Wiener Philharmonikern. Seine Auftritte standen immer unter einer
gewissen Dramatik, denn sehr viele Wiener hätten Kleiber gerne
an der Staatsoper gesehen, und je öfter er dirigierte, desto mehr war
das Publikum von seiner Künstlerschaft überzeugt.

Während einer Pressekonferenz, die wir anläßlich des ersten
Kleiber-Konzertes gaben, wurde er gefragt, ob er nicht gerne die
Leitung der Staatsoper übernehmen würde. Obwohl der damalige

Leiter des Hauses, Franz Salmhofer, im Raume war, antwortete Kleiber: »Ich war gestern in ›La Traviata‹, eine solche Vorstellung dürfte bei mir nicht vorkommen.« Damit war das Urteil gesprochen und Kleibers Einzug in die Staatsoper als Direktor auf den St. Nimmerleinstag verschoben. Er hat aber den »Rosenkavalier« zweimal mit ungeheurem Erfolg dirigiert. Für mich nimmt Kleiber unter den vielen Interpreten dieser Oper, die ich gehört habe, einen besonderen Platz ein. So durchsichtig und wortdeutlich und zugleich mit ungemeinem Elan habe ich diese Oper bis zu Carlos Kleiber, fünfundzwanzig Jahre später, nicht gehört.

Leider sind wir dann mit Erich Kleiber in Konflikt geraten. Ich hatte mit ihm vereinbart, daß er in einer Saison die »Gurrelieder« Schönbergs und die Achte Mahler dirigieren sollte, mußte aber aus Geldmangel diese Konzerte stornieren. Kleiber hatte für diese Absage – ich schlug ihm weniger aufwendige Programme vor – kein Verständnis, und er hat mir die Angelegenheit eigentlich bis zu seinem Tod nicht verziehen. Einmal bin ich nach Zürich gefahren, um ihn zu versöhnen, aber er hat mich mehr oder weniger hinausgeworfen.

Mit Hans Knappertsbusch hat das Konzerthaus frühzeitig enge Kontakte geknüpft; er hat bei uns oft und gerne dirigiert. Mein erstes Zusammentreffen mit ihm erfolgte, als ich noch nicht ahnen konnte, einmal am Musikleben Österreichs maßgebend beteiligt zu sein, nämlich einige Tage nach dem Einmarsch Hitlers in Österreich. Es war ein Konzert mit der Siebenten Bruckner angesetzt, für das ich schon vor diesem Unglück zwei Karten gekauft hatte. Ich ging mit Johannes Messner hin. Es herrschte große Spannung, denn es war das erste Konzert nach dem »Anschluß«, und wir warteten alle darauf, ob »Kna«, wie er allgemein genannt wurde, das Publikum mit dem deutschen Gruß begrüßen würde. Er unterließ es, und wir waren sehr stolz auf ihn. Nach dem Konzert wagte ich, ihn persönlich zu begrüßen; so lernte ich den elegantesten Dirigenten kennen, den es je gegeben hat.

Ich war dann einer von jenen, die am längsten mit Knapperts-

14 *Generalsekretär des Wiener Konzerthauses*

15/16   *Große Künstler und gute Freunde: Mitropoulos und Hindemith*

Meinem guten und geliebten Freund
Egon Seefehlner
Dimitri Mitropoulos
Wien 8-10-1958

18   *Probengespräch mit Wilhelm Furtwängler*

busch zusammenarbeiteten, denn er dirigierte die letzten Opernvorstellungen seines Lebens an der Deutschen Oper Berlin, »Fidelio« mit Hilde Zadek. Als Knappertsbusch für diese Serie nach Berlin kam, holte ich ihn vom Flugplatz ab. Er war sehr gerührt, Berlin
nach langer Zeit wiederzusehen, und gespannt auf das neue Opernhaus. Als wir uns im Wagen – »Kna« saß neben dem Fahrer, ich im
Fond – der Deutschen Oper näherten, sagte ich ihm, das da vorne
rechts sei das neue Haus. Er wandte sich zu mir um und meinte nur
mit einem traurigen, fragenden, entsetzten Blick: »Seefehlner!«
Das war seine resignierende Reaktion auf die fensterlose Schaufront
aus großen Kieselsteinen in Beton, die der Architekt Fritz Bornemann errichtet hatte.

Knappertsbusch war ein ungemein humorvoller Mensch von
schnellem Witz. Er konnte aber auch unbeugsam, fast stur sein,
wenn ihm etwas nicht paßte. Das hatte manchmal peinliche Folgen. Einmal hatten wir für das Konzerthaus einen Abend mit der
Achten Bruckner und Dvořáks Cellokonzert mit Enrico Mainardi
als Solisten vereinbart. Nachdem Knappertsbusch zu den Proben
nach Wien gekommen war, rief er mich an und sagte: »Ich sehe da,
es soll auch Mainardi spielen! Das haben wir doch nicht ausgemacht!« Ich erwiderte, daß er sich irre, aber Knappertsbusch fuhr
fort: »Nein, das möchte ich nicht, das Programm ist viel zu lang.
Aber ich will Ihnen keine Schwierigkeiten machen, nehm' Sie ru-
hig einen anderen Dirigenten.« Das mußte ich natürlich ablehnen,
und so blieb mir nichts anderes übrig, als Mainardis Namen auf den
Plakaten überkleben zu lassen.

Zunächst! Denn Mainardi, mit dem ich freundschaftlich verbunden war, reiste am folgenden Tag an, sah die Bescherung, kam
zu mir und sagte: »Wie kannst Du das machen, mich vom Programm zu nehmen?« Ich schilderte ihm die Situation, worauf er
sagte, er werde mit Knappertsbusch sprechen. Der Dirigent ließ
sich aber von seiner Frau am Telephon verleugnen; sie sagte, ihr
Mann habe mit der Sache nichts zu tun, Mainardi solle sich an mich
wenden. Darauf unternahm ich noch einen Versuch und schlug

Knappertsbusch, der ja behauptet hatte, das Konzert sei zu lang, vor, statt der Achten Bruckner die Vierte zu dirigieren. Aber da biß ich auf Granit. »Ach wissen Sie, ich habe jetzt schon die Achte memoriert, und dabei muß es bleiben. Und obendrein kann ich diesen Kerl mit seinen schwarzen Sammetlatschen nicht ertragen . . .«

Eine der ersten großen Attraktionen des Konzerthauses waren die Konzerte mit Paul Hindemith, mit dem ich bis zu seinem Tod eng verbunden blieb. Er war sozusagen der Star des ersten Musikfestes. Er war zwar ein berühmter Komponist, aber in Wien im großen und ganzen unbekannt. Paul Hindemith dirigierte zwei Konzerte mit eigenen Werken und hat dann viele, viele Abende mit seinen neuesten Stücken geleitet; er spielte auch Viola und sein herrliches Bratschenkonzert und hat bei uns seine damals vielbewunderte Wiederherstellung des »Orfeo« von Monteverdi, von Leopold Lindtberg inszeniert, herausgebracht. Gino Sinimberghi sang mit großer Sicherheit – wie zur Entstehungszeit – in freier Improvisation.

Wir haben dann Monteverdi auch mit anderen Dirigenten herausgebracht, zum Beispiel mit Eugen Jochum die »Marienvesper«.

Die Begegnung mit Hindemith war für mich ein Erlebnis, und ich war stolz darauf, ihn und seine Frau als Freunde bezeichnen zu dürfen. Jedes Mal, wenn Hindemith nach Wien kam, versetzte mich die Genialität dieses Menschen von neuem in Erstaunen. Er war, was die wenigsten wissen, ein großartiger Zeichner; wenn man mit ihm aß, nahm er seinen Block aus der Tasche und begann zu zeichnen, um die Eindrücke festzuhalten, die ihm das Gespräch vermittelte. Bei einem Besuch in seinem Schweizer Haus zeigte er mir Hunderte solcher Zeichnungen, alle künstlerisch sehr hochstehend, immer mit karikaturistischem Zug, aber eben doch mehr als nur Karikaturen. Hindemith war ein sehr ironischer Geist und machte gerne Witze über Zeitgenossen. Im übrigen liebte er einen reschen Wein, weshalb ihm der »Brünnerstraßler« sehr mundete. Weil er viel Interesse für die bildende Kunst hatte, fuhren wir durch ganz Österreich, um interessante Gebäude zu besichtigen. Besonders glücklich war er, als wir einmal zur romanischen Kirche in Schöngrabern fuhren, die er noch nicht kannte. Auch den Heldenberg in Klein-Wetzdorf haben wir besichtigt. Kein probenfreier Tag verging ohne Ausflüge in die nähere und weitere Umgebung, und immer kehrten wir am Ende des Ausflugs auf ein »Fläschle«, wie er es auf schön Hessisch zu sagen pflegte, ein. Einmal mußten wir unsere Streiffahrten bis nach Linz und Wels ausdehnen, weil er diese Orte für die Vorarbeiten zur »Harmonie der Welt«, die sich ja mit dem Leben Keplers befaßt, kennenlernen wollte. Er suchte mit einer Akribie sondergleichen alle Stätten und Plätze auf, an denen Kepler oder dessen Mutter gewesen sein könnte.

Hindemith hatte aber auch viel Verständnis für Geschichte und Philosophie, und seine späteren Opern waren ohne diese Interessen nicht denkbar. Vielleicht ist es aber eine Schwäche dieser Werke, daß sie mit philosphischen und historischen Details allzusehr befrachtet sind. So war auch »Mathis der Maler« eigentlich ein historisches Drama; nur war der Stoff an sich dramatischer und damit für eine Oper geeigneter als die spätere »Harmonie der Welt«. Hindemith wußte aber auch über Matthias Grünewald ebenso genau Bescheid wie ein Kunsthistoriker; er war eben ein Humanist katexochen.

Die Konzentrationsfähigkeit Hindemiths war phänomenal. Wir sind einmal an einem Nachmittag über den Beethovengang zum Kahlenberg gegangen, bis er schließlich sagte: »So, jetzt muß ich wieder ins Hotel gehen und meine Partitur« – es war die der »Harmonie der Welt« – »ins Reine schreiben.« Beim Hotel wollte ich mich von ihm verabschieden, doch er meinte: »Kommen S' doch mit und trinken S' noch a Fläschle.« – »Sie wollen doch arbeiten!« – »Da stören Sie mich gar nicht, wir können uns dabei unterhalten.«

Als wir im Zimmer angekommen waren, nahm er aus dem Schrank eines der vielen »Fläschle«, die er dort immer stehen hatte – er war, das muß ich sagen, nie betrunken, sondern er trank nur gern anstelle von Wasser Wein –, stellte es auf den Schreibtisch, holte aus einer anderen Ecke eine vollgefüllte, dicke Aktentasche, warf sie auf den Schreibtisch, zog einen Wust von beschriebenen Notenblättern heraus, holte aus einem Koffer schönes Notenpapier, legte es fein säuberlich auf dem Tisch zurecht, ergriff Schreibmaterial und begann wie gestochen die Partitur zu schreiben. Dabei unterhielt er sich die ganze Zeit mit mir, während er mit nachtwandlerischer Sicherheit aus dem Berg von herumliegenden Notenblättern eines nach dem anderen fischte. Es machte einen ungeheuren Eindruck auf mich, daß ein Mensch so konzentriert arbeiten und sich dabei gleichzeitig über Philosophie, Politik und Zeitgeschehen unterhalten konnte.

Hindemith war für mich damals kompositorisch der liebe Gott, aber ich wäre ihm wohl nicht so nahegekommen, wenn nicht Frau Hindemith gewesen wäre, die einen ganz großen Einfluß auf ihn hatte und mich in ihr Herz schloß. Sie war eine sehr katholische Frau, und sicher war sie es, durch die aus Hindemith, dem Stürmer und Dränger der zwanziger Jahre, der große, geläuterte Komponist in der Nachfolge Bruckners geworden ist. Ihr waren die kabarettistischen Züge der frühen Werke Hindemiths wie »Hin und zurück« und »Neues vom Tage« nicht recht geheuer; unter ihrem Einfluß hat er diese Werke mehr und mehr zurückgezogen und auch eine Neufassung des »Cardillac« angefertigt, was für das Opus vielleicht nicht unbedingt von Vorteil war. Hindemith hat diese Wandlung aus ehrlicher Überzeugung vollzogen und ist so der barocken Musik, der barocken Malerei und der religiösen Kunst vergangener Zeiten begegnet.

Nicht zuletzt angeregt durch den Erfolg der Aufführungen von Hindemiths Werken im Konzerthaus brachte die Volksoper im Jahre 1955 seine aus dem Jahre 1929 stammende Oper »Neues vom Tage« heraus. Schon bei den Proben – er dirigierte selbst – sagte mir Hindemith, er fürchte, daß alles schrecklich werde; er könne sich mit dem Regisseur nicht abfinden, die Inszenierung sei gegen seine Intentionen, »richtiger Dreck«, wie er sich ausdrückte.

Zwei Tage vor der Generalprobe kam er aufgeregt zu mir und schrie mich geradezu an: »Sie sind ja vollkommen von der Oberfläche verschwunden. Sie wissen wahrscheinlich, daß da etwas Schreckliches geschehen wird! Ich reise ab, das wollte ich Ihnen schon die ganze Zeit sagen. Ich habe Salmhofer einen Brief geschrieben, hier ist die Durchschrift.«

Salmhofer hatte, nachdem sich Hindemith über Fehler des Orchesters beschwert hatte, dem Komponisten jovial auf die Schulter geklopft und gesagt: »Aber lieber Meister, das ist doch schon so lang her, daß Sie das geschrieben haben, wer weiß, ob Sie überhaupt noch wissen, wie das g'hört.«

Das war Hindemith zuviel: »Von dem muß ich mir sagen lassen, wie meine Werke gehen! Ich kann in so einem Haus nicht arbeiten!« Und weg war er. Ich rief Frau Hindemith an und stellte ihr eindringlich vor, welchen Skandal Hindemiths Abreise verursachen würde. Am Abend vor der Generalprobe sagte er mir bei einem gemeinsamen Essen: »Wir bleiben hier, aber Sie sind schuld, wenn das jetzt ein Schmarrn wird.« Ich erwiderte: »Schuld trage ich nur daran, daß Sie hierbleiben.« Die Aufführung war dann tatsächlich nicht besonders gut, aber auch nicht so schlecht, wie er befürchtet hatte.

Hindemiths Verhalten war typisch für seine damalige Einstellung zu den frühen Werken, hinter denen er wohl nicht mehr voll und ganz stand. Marcellus Schiffer, der berühmte Berliner Kabarettist, hatte seinerzeit das Buch für die Oper »Neues vom Tage« geschrieben; es war sehr zeitgebunden und nach dem Zweiten Weltkrieg nicht mehr recht aktuell.

Die enge Freundschaft mit Hindemith hat mich ermutigt, ihn mit Jean Cocteau zusammenzubringen. Ich lud das Ehepaar Hindemith und Cocteau zu mir nach Hause ein, und zunächst waren die beiden Künstler voneinander sehr angetan. Es wurde vereinbart, daß Hindemith Cocteau in St. Tropez in dessen Villa Santa Sospir, die Cocteau später ausmalte und die seiner Freundin Francine Weisweiler gehörte, besuchen sollte. Cocteau war glücklich über die

Idee einer Zusammenarbeit und meinte, Hindemith müsse ein großes Werk wie die »Apokalypse« komponieren. Hindemith sagte dagegen, das Talent Cocteaus gehe in Richtung »Till Eulenspiegel« und nicht in sakrale Gebiete: »Das kann doch dieser leichtlebige Sünder nicht schreiben.« In Santa Sospir stellte sich das sehr bald heraus, so ging man auseinander und sah sich nie wieder. Was blieb, ist eine Ansichtskarte, auf der mir Hindemith und Cocteau schrieben: »Da sehen Sie, was Sie angerichtet haben!«

Die Bekanntschaft mit Cocteau war eines der großen Ereignisse in meinem Leben. Er kam im Jahre 1952 auf meine Einladung nach Wien, um den Erzähler in »Oedipus Rex« zu verkörpern. Ich kannte dieses Stück seit seiner österreichischen Erstaufführung unter Franz Schalk und hatte vor vielen Jahren einen großen Eindruck zurückbehalten. Nun, da ich die Möglichkeit hatte, Werke, an die ich glaubte, anzusetzen, versuchte ich natürlich, eine exemplarische, gültige Interpretation zustande zu bringen. Dazu gehörte eine erstklassige Besetzung des Sprechers, und so dachte ich eben an Cocteau. Ihn zu gewinnen, war gar nicht so einfach, weil er ein außerordentlich schwer zu erreichender Mann war, umgeben von einem Clan von Filmleuten, Stars und Sekretären, die sich vor ihn stellten. Mit viel Geduld gelang es mir, ihn in München zu treffen, und nach drei oder vier vorerst vergeblichen Versuchen konnte ich ihn nach Wien locken. Er stellte nur eine Bedingung: kein Honorar, dafür Hotelspesen für ihn und seine Begleitung. Diese Spesen waren schließlich viel höher als jedes denkbare Honorar.

Aber Cocteau war eine große Attraktion. Er benützte seinen Auftritt in »Oedipus Rex« dazu, eine Rede an die Wiener zu halten. Da er damals ganz besonders von Kaiserin Elisabeth beeindruckt war, apostrophierte er Wien recht pathetisch als die Stadt dieser Kaiserin und die Stadt der Musik und erklärte: »Paris ist die Stadt der Augen, Wien ist die Stadt der Ohren.« Zu diesem Aphorismus hatten ihn seine vielen Wiener Spaziergänge inspiriert.

Er wollte vieles in Wien sehen, und ich führte ihn herum. Ihn faszinierte eigentlich nur das Atmosphärische. Vor allem interessierte ihn alles, was mit Kaiserin Elisabeth und Kronprinz Rudolf zusammenhing. Er hatte ja nicht lange vorher »L'Aigle à deux têtes« geschrieben.

Für seine Begleitung war Cocteau eine große Belastung, auch wenn man seinen Esprit bewundern mußte; jedes Wort, das er sprach, glich einem soeben geborenen Aphorismus. Seine Popularität verdankte er vor allem seinen großartigen Filmen wie »La Belle et la Bête« oder »Orphée«. Er war auch der Arbiter elegantiarum seiner Zeit und hatte großen Einfluß auf die Männermode. Man stülpte wie er die Jackettärmel um und schob die Smokingmasche unter den Hemdkragen. Außerdem war er ein Freund der guten Küche.

Er liebte aber, das muß ich sagen, in erster Linie sich selbst. Bei den Spaziergängen, die ich mit ihm machen durfte, fiel mir auf, daß er alle paar Minuten ein Notizbuch zückte, oder wenn er es vergessen hatte – einfach auf seinen Manschetten seine Aussprüche festhielt: er brauchte sie für seine Bücher.

In Paris wohnte Cocteau im Palais Royal, wo ich ihn einige Male aufsuchte. Es war eine kleine Wohnung im 1. Stock. Seine vielen, allerdings sehr edlen Katzen konnten, wenn die Fenster offen wa-

Rudolf Gamsjäger, damals Generalsekretär der Gesellschaft der Musikfreunde, karikiert von Paul Hindemith

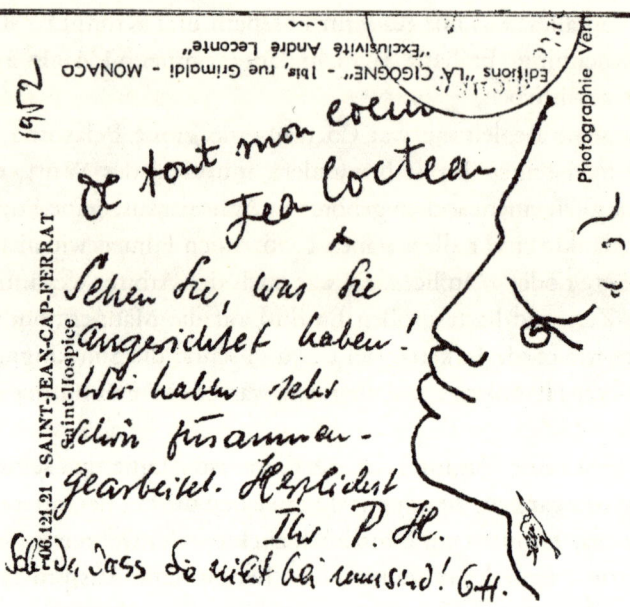

Die Ansichtskarte, die Cocteau und Hindemith gemeinsam Egon Seefehlner schrieben

ren, ungehindert ein und aus gehen. Seine Nachbarin war seine Freundin Colette. Auf die schwarzgestrichenen Wände des Wohnzimmers schrieb Cocteau mit weißer Kreide unter das Telephon die Fernsprechnummern, die er am häufigsten benützte. Auf dem riesigen Bett lag eine graue Samtdecke; an den Wänden hingen Zeichnungen Cocteaus.

Die letzten Jahre vor seinem Tode verbrachte Cocteau vor allem in Milly bei Paris. In einer mittelalterlichen Kapelle ließ er dort sein Grabmal errichten. Vor der Kapelle wurden Beete mit den von ihm besonders geliebten Gewürzkräutern angelegt. In der Kapelle war der Grabstein in den Fußboden eingelassen; darüber wurde eine Cocteau-Büste von Arno Breker angebracht.

Cocteau ist für mich mit der Vergänglichkeit des Ruhmes verbunden. Niemand, der es nicht erlebt hat, kann sich heute vorstel-

len, wie berühmt – vielleicht auch berüchtigt – er war. Die Skandal-
meldungen, die ihn zeit seines Lebens begleiteten, auch seine Verbindung mit den Deutschen während der Okkupation Frankreichs,
die zeigten, wie unorthodox er in seinen politischen Anschauungen
war, trugen zu seinem schillernden Ruf bei. Er war ja nie Nationalsozialist oder Kollaborateur, aber er scherte sich nicht darum, ob
jemand, mit dem er verkehren wollte, Nazi war oder nicht. Bestes
Beispiel dafür: seine Freundschaft mit Arno Breker, dessen Ästhe-
tik eben Cocteaus künstlerischer Auffassung von der Schönheit des
Körpers entsprach.

Zu den Dirigenten, die wegen ihrer Tätigkeit im Dritten Reich
zunächst Schwierigkeiten hatten, gehörte Clemens Krauss. Da ich
ihn aber als bedeutenden Musiker und erfolgreichen Direktor der
Wiener Staatsoper schätzen gelernt hatte, lud ich ihn zu einer möglichst intensiven Tätigkeit ins Konzerthaus ein. Er dirigierte von
1947 an oft und hatte besondere Erfolge mit der österreichischen
Erstaufführung der »Frühlingssymphonie« von Benjamin Britten
und mit der konzertanten Aufführung von Claude Debussys ein-
aktiger Jugendoper »Der verlorene Sohn«. Er leitete auch herrliche
Gastkonzerte mit der Singakademie der Konzerthausgesellschaft in
Italien, vorwiegend in Perugia. Krauss war sehr leicht für interessante Programme zu haben, nur für Hindemith und die damals ra-
dikalen Modernen wie Schönberg hatte er nicht viel übrig. Dagegen hatte er großes Verständnis für die Werke von Alban Berg, den
er für einen echten österreichischen Musiker hielt.

Einmal mußte Krauss in Perugia eine Hindemith-Uraufführung
leiten. Sie wurde ein großer Erfolg, und nachher sagte mir Krauss:
»Diese Musik ist eigentlich gar nicht so schlecht, wie ich geglaubt
hab'. Natürlich – mit Richard Strauss kann man das nicht vergleichen!«

Wie das bei Reisen so ist, war mein Kontakt mit Krauss ziem-
lich eng, und so kamen wir auch auf seine Tätigkeit während des
Hitler-Regimes zu sprechen. Von allen Dirigenten, die zu jener
Zeit in Deutschland wirkten, galt Krauss als der Belastetste, ob-

wohl er niemals Parteigenosse, sondern seiner ganzen Haltung nach eher ein Gegner des Nationalsozialismus gewesen war. So war er der einzige führende Operndirektor gewesen, der es gewagt hat, jüdische oder »jüdisch versippte« Mitarbeiter unterzubringen und sich bei jeder Gelegenheit für sie voll und ganz einzusetzen.

Ich fragte ihn einmal, wie er denn in diesen Ruf, belastet zu sein, gekommen war. Er antwortete: »Schauen Sie, in früherer Zeit hat ein Künstler, wenn er vom Kaiser engagiert wurde, keine Sekunde nachgedacht, ob der Krieg, den Franz Joseph zur Eingliederung von Bosnien in die Monarchie führte, rechtens war oder nicht. Wir haben die Aufträge angenommen, weil wir gut musizieren wollten und konnten. Und so war es auch in meinem Fall. Hitler hat mich auf Vorschlag von Richard Strauss – ich bin ihm persönlich nur zweimal im Leben begegnet – aufgefordert, das Opernhaus in München zur führenden Oper Deutschlands und der Welt zu machen. Die finanziellen und die juristischen Grundlagen für diesen Aufbau waren mir garantiert, und das interessierte mich so, daß ich keine Sekunde überlegte, ob ich diesen Auftrag annehmen dürfe oder nicht. Dadurch kam ich in die Situation, in der ich heute bin, in der man mich, ganz gleichgültig, was ich in München zu dieser Zeit geleistet habe oder nicht, als Mitläufer ansieht.«

Clemens Krauss hat erst nach dem Krieg und nach seiner Entnazifizierung eine internationale Karriere gemacht, denn er war auf Grund seiner Ansicht, daß ein Operndirektor in sein Haus gehöre, in seiner Berliner, Wiener und Münchener Zeit kaum je ins Ausland gereist. Um so tragischer, daß er nicht in der Nähe eines seiner mitteleuropäischen Institute, sondern in einem so opernfernen Land wie Mexiko sterben mußte.

Zu den bedeutenden Dirigenten, die nach dem Krieg ins Konzerthaus kamen, gehörten auch Leopold Stokowski, Ernest Ansermet, Bernardino Molinari, Pierre Monteux, Charles Munch und Carl Schuricht.

Besonders Schuricht, der jahrelang in Wiesbaden gewirkt und sich dort einen außerordentlichen Ruf erworben hatte, aber außer-

halb Deutschlands kaum dirigiert hatte, errang bei uns nun einen
großen Erfolg. Er wurde einer der meistengagierten Dirigenten der
ersten Nachkriegsjahre.

Stokowski kam nur zu einem Konzert nach Wien. Ich hatte ge-
hofft, ihn für weitere Abende engagieren zu können, aber er war
bereits ein sehr alter Mann und hatte auch keinen wirklich durch-
schlagenden Erfolg in Wien gehabt. Seine Bearbeitung von klassi-
schen Werken, seine Entstellungen von Bach-Fugen und seine Um-
arbeitungen von Tschaikowski-Symphonien machten ihn bei musikalischen Puristen zu einem Schreckgespenst. Mir bleibt er in Erinnerung als ein außerordentlich ästhetischer Mensch. Wir gaben
ihm ein Mittagessen im Sacher, und er legte seine weißen Handschuhe erst im allerletzten Moment vor dem Essen ab, da er seine
Hände schonen zu müssen glaubte.

Mit Hermann Scherchen verband mich eine langjährige Freundschaft, obwohl er ein außerordentlich schwieriger, zu vielen Mit-
menschen unfreundlicher Mann war. Er reiste immer mit Kind und
Kegel und brachte die Kinder und seine – ich weiß nicht wievielte
– Frau mit in den Konzertsaal. Seine Stärke waren anspruchsvolle,
interessante, moderne Werke. Mit klassischer Musik hatte er gerin-
geren Erfolg, weil er immer gegen einen anderen namhaften Dirigenten, in erster Linie gegen Furtwängler, dirigieren mußte.

Wilhelm Furtwängler, seit langem mit dem Musikverein verbunden, geriet nach dem Krieg in Wien in Gegnerschaft zu Herbert von Karajan, weil diese beiden Persönlichkeiten aus völlig verschiedenen Welten kamen. Karajan war der neue, der moderne Dirigent, der jede Partitur durchleuchtete und alle ihre Linien herauszuarbeiten trachtete; Furtwängler stammte dagegen aus der großen
Zeit der Romantik, aus der Zeit von Bruckner und Brahms. Wenn
man das so vereinfachend sagen darf, war Furtwängler der romanti-
sche Rausch und gleichzeitig die Vergeistigung des ausgehenden
19. Jahrhunderts. Freilich kam er nur der Tradition nach aus dieser
Welt, altersmäßig war er ein Kind des 20. Jahrhunderts. Bei Karajan war dagegen alles Clarté, mußte jedes Werk »stimmen«, und

erst in den späten Jahren näherte er sich unbeabsichtigt der Interpretationsweise Furtwänglers.

Karajan ist ein Techniker von größter Perfektion, Furtwängler war im üblichen Sinn kein Dirigent; oft habe ich von Orchestermusikern gehört, daß sie ihm nur mit Mühe folgen konnten. Doch war die Einheit zwischen den Wiener Philharmonikern und Furtwängler so stark und seine Autorität so außerordentlich, daß jeder Mann im Orchester genau wußte, was er bei der Wellenlinie, die Furtwängler beim Abschlagen eines Taktes oder bei einem Einsatz in den Raum zeichnete, zu tun hatte.

Aus der Konfrontation der beiden Dirigenten erwuchs ein schwerer Konflikt Furtwänglers mit dem Musikverein und in weiterer Folge seine Zuwendung zum Konzerthaus.

Dank der Hilfe meiner Freundin Dagmar Schmedes, der Tochter des Heldentenors Erik Schmedes, hatte ich gute Beziehungen zu Furtwängler angeknüpft und bei einer Zusammenkunft, die sie arrangierte, fragte ich ihn, ob er nicht im Konzerthaus die »Matthäuspassion« dirigieren wolle. Er sagte zu, und so kam es, daß Furtwängler im Jahre 1954 einen der Höhepunkte meiner Tätigkeit im Konzerthaus gestaltete. Wir waren nach der Aufführung bis zu Tränen gerührt, obwohl man objektiverweise sagen muß, daß die Interpretation Furtwänglers natürlich ganz »unmodern« im damaligen Sinne war. Er führte das Werk aus der evangelischen Kirchentradition heraus, ließ jeden Choral anders, differenziert singen, machte aus ihnen eigene kleine Kunstwerke, was natürlich nicht möglich ist, wenn die Choräle von den Teilnehmern am Gottesdienst gesungen werden. Ich habe damals, da ich auch für die Furtwängler entgegengesetzte Tradition großes Interesse hatte, Paul Sacher gebeten, die »Johannespassion« so aufzuführen, wie sie unseres Wissens zu Bachs Zeiten aufgeführt wurde.

So kam es, daß wir im Großen Saal die »Matthäuspassion« in der Interpretation Furtwänglers und im Mozart-Saal die »Johannespassion« im puritanisch-pietistischen Zeitgeist Bachs aufführten. Diese Konfrontation war außerordentlich interessant; beide Konzerte waren in ihrer Art vollkommen überzeugend. Die Aufführungsmethode Furtwänglers scheint mir der Beweis zu sein, daß man in der Bewertung einer Interpretation immer nur davon ausgehen kann, ob sie durch den persönlichen Einsatz eines Künstlers getragen wird oder nicht.

Furtwängler war ein sehr bescheidener und eigentlich sehr scheuer Mensch. Er hat für sich selbst nur selten Wünsche geäußert, und die betrafen dann eigentlich wiederum nur seine zahlreichen Kinder, die er angeblich in vielen Städten der Welt hatte und um die er sich zeitlebens kümmerte. In Wien gab es jedenfalls einige, darunter eine sehr beachtliche Pianistin, für die er immer wieder, ohne zuzugeben, daß sie seine Tochter war, bei mir ein gutes Wort einlegte.

Eine andere Schwäche Furtwänglers war das Eintreten für seine Kompositionen. Er sah sich ja eigentlich als Komponist und erst an zweiter Stelle als Dirigent. Es war ihm aber außerordentlich peinlich, seine Kompositionen anzubieten, und so war es immer rührend, wie er erst nach längerem Herumreden bat, eines seiner Werke auf den Spielplan zu setzen. Schon mit Rücksicht auf die Persönlichkeit Furtwänglers hätte ich nicht nein gesagt, aber ich war ohnehin so pluralistisch eingestellt, daß ich es für selbstverständlich hielt, alles, was aus irgendeinem Grund aufführenswert war, aufzuführen. Dagmar Bella spielte im Konzerthaus sein Klavierkonzert mit beachtlichem Erfolg. Furtwängler komponierte in der Art von Brahms und Bruckner, brachte es aber zu einer sehr persönlichen Sprache, die freilich jene des ausgehenden 19. Jahrhunderts war.

Meine letzte Begegnung mit Furtwängler war erschütternd. Während einer Probe zu einem seiner letzten philharmonischen Konzerte in Wien ging ich in der Pause mit ihm im Logengang des Musikvereins auf und ab und merkte, daß er sehr schlecht hörte. Plötzlich, wie aus heiterem Himmel, sagte er zu mir: »Es ist schrecklich, wenn man nicht schlafen kann. Das ist das Schlimmste, was einem passieren kann. Ich kann keine Nacht mehr schlafen, kein Mittel nützt. Und fast so schlimm ist, daß ich bestimmte Instrumente nicht mehr höre.« Furtwängler hatte die Fähigkeit verloren, die hohen Frequenzen aufzunehmen – für einen reproduzierenden Künstler eine Katastrophe.

Daß alle diese bedeutenden, bekannten und beliebten Dirigenten im Konzerthaus dirigierten, war sehr wichtig. Genau so wichtig aber schien es mir auch, den Nachwuchs zu beobachten und ihm eine Chance zu geben, also die Zukunft zu sichern.

Einer der interessantesten Männer, ohne den die neue Linie der Konzerthausgesellschaft kaum hätte realisiert werden können, war Paul Sacher. Er hatte in der Schweiz in der Kriegszeit das Baseler Kammerorchester geleitet und durch seine vielen Kompositionsaufträge an Bartók, Honegger, Martin und Richard Strauss Musikgeschichte gemacht. Paul Sacher wurde ab Herbst 1946 ständiger Gast und schließlich Ehrenmitglied der Wiener Konzerthausgesellschaft. Mehr als fünfundzwanzig Konzerte hat er in Wien dirigiert. Die Programme waren von höchstem Interesse, und alle Konzerte hat er mit berückender Klarheit und hervorragender Sachkenntnis geleitet. Paul Sacher wehrte sich immer dagegen, als Pultvirtuose bezeichnet zu werden. Sein Ziel war es, Werke, die nicht auf dem Repertoire der großen Konzertgesellschaften standen, herauszubringen; gleichgültig, ob sie modern, klassisch oder vorklassisch waren. Die Konzerthausgesellschaft verdankt Paul Sacher unter anderem die Wiener Erstaufführung der »Jeanne d'Arc«, des »König David«, des »Weihnachtsoratoriums« und vieler Kammersymphonien Honeggers, die österreichische Erstaufführung der »Metamorphosen« von Richard Strauss, Bartóks »Musik für Saiteninstrumente und Celesta«, eine Reihe von Werken Martins und vieles, vieles andere.

Besonders stolz war ich darauf, daß ich einen ganz ausgezeichneten jungen Mann nach Wien bringen konnte, nämlich Guido Cantelli, der sofort Sensation machte. Leider konnte ich ihn nur ein einziges Mal in Wien begrüßen, kurz danach wurde er Opfer eines Flugzeugunglücks.

Beginn im Konzerthaus

Eine besondere Verbindung hatten das Konzerthaus und ich selbst mit Ferenc Fricsay. Zum ersten Musikfest 1947 hatte ich das Hauptstädtische Orchester Budapest für zwei Konzerte eingeladen. Die Gäste kamen mit den zwei damals hoffnungsvollsten jungen Dirigenten Ungarns, Ferenc Fricsay und Ladislaus Somogyi. Es war interessant, festzustellen, wie wichtig die Werkwahl für den Erfolg eines Dirigenten ist. Somogyi wählte für sein Programm die Siebente Beethoven, von der er sich einen großen Erfolg erwartete, und wurde diesbezüglich enttäuscht. Wahrscheinlich hätte auch ein anderer Dirigent an der Spitze eines ausländischen Orchesters in Wien mit einer der populärsten Symphonien Beethovens keinen Erfolg gehabt. Fricsay hingegen wählte für sein Wien-Debüt Dvořáks »Aus der Neuen Welt«, ein Werk, das ihm besonders lag, und siegte mit seiner Interpretation, gegen die Wiens Beethoven-Wächter nichts einwenden konnten.

Kurze Zeit nach diesen Konzerten mußte die Leitung der Salzburger Festspiele entscheiden, wer die Premiere der Oper des jungen, in Deutschland bereits sehr beachteten Gottfried von Einem, »Dantons Tod« am 6. August 1947 dirigieren sollte. Ursprünglich war Klemperer gebeten worden, diese Uraufführung zu leiten, doch stellte sich bei den Proben heraus, daß er in seiner damaligen Verfassung dazu nicht in der Lage war. So wurde zuerst Somogyi gefragt, ob er einspringen wolle. Er lehnte jedoch ab, weil ihm die Probenzeit zu kurz erschien. Dann fragte man Fricsay. Er sagte zu und begründete mit dem sensationellen Erfolg der Oper und der Aufführung seinen Weltruhm. Von Salzburg wurde er zunächst an die Wiener Volksoper und dann sehr bald von Heinz Tietjen nach Berlin als Generalmusikdirektor an die Städtische Oper engagiert. Ich holte ihn abermals ins Konzerthaus, leider war dieses zweite Auftreten weniger glücklich, und ich mußte fürs erste auf ein weiteres Engagement verzichten.

Nach Jahren – Fricsay hatte inzwischen seinen Erfolg sehr ausbauen können und war als Generalmusikdirektor nach München gegangen – bekam ich einen Brief von ihm, in dem er mich bat, ihn doch wieder zu engagieren. Er sei sich bewußt gewesen, daß sein letztes Wiener Konzert schlecht gewesen war; ich könne versichert sein, daß er dieses Mal besser sein werde. Mich hat dieser Brief natürlich sehr gerührt, denn ich hatte bis dahin nur sehr selten erlebt, daß ein großer Künstler zugab, sich geirrt zu haben. Ich habe Ferenc Fricsay daraufhin wiederholt engagiert, und alle seine Konzerte, insbesondere die Interpretationen von Bartók und Kodály aber auch von Mozart waren hervorragend.

Neben Fricsay konnte ich noch eine Reihe anderer, damals junger Dirigenten nach Wien bringen, wie Georg Solti, Rafael Kubelik, den höchst bedeutenden Sohn des Geigers Jan Kubelik, Mario Rossi, Igor Markewitsch, Leonard Bernstein, Thomas Schippers und Lorin Maazel.

Ein sehr bekannter Pariser Agent hatte mir erzählt, daß es in Amerika einen Dirigenten namens Bernstein gebe, der zu den ganz großen Hoffnungen zähle. Ich lud Bernstein 1952 ein, er spielte Ravels Klavierkonzert in G-Dur und dirigierte Schumanns Dritte. Sein Erfolg bei Publikum und Presse war enorm, nur der Doyen der Wiener Kritiker, Heinrich von Kralik, konnte mit seiner Interpretation nichts anfangen, er meinte: »Da gibt es einen jungen Mann, der glaubt, man kann aus einer Symphonie von Schumann heute noch Funken schlagen.« Genau das hatte Bernstein getan.

Einige Jahre später empfahl mir – im Zusammenhang mit unserem Gastspiel in Perugia – Francesco Siciliani, der Direktor der »Sagra musicale Umbra«, einen jungen Mann aus dem Kreis von Luigi Dallapiccola in Rom; sein Name war Lorin Maazel. Ich lernte Maazel dann in Rom während einer Konzertpause kennen. Meine Freundin, die italienische Agentin Klara Camus, stellte mir ihn vor und sagte, er sei damit einverstanden, in Wien zu dirigieren. Ich konnte nicht umhin, Klara Camus zu sagen, daß ich, der den jungen Mann ja nie gehört hatte, den Eindruck habe, Maazel lege ein etwas arrogantes Benehmen an den Tag und daß ich ihm nicht sehr sympathisch zu sein scheine. Es hat sich aber herausgestellt, daß die nach außenhin ablehnende Haltung Maazels wahrscheinlich aus einer Hemmung herkam, die ihn, der ja noch sehr jung war, fremden Leuten gegenüber belastete. Maazel hat dann in Wien ab dem Jahre 1956 wiederholt dirigiert; seine Interpretation der Zweiten Mahler und des »Sacre du Printemps« von Strawinski machten unglaubliche Furore. Zu einem dieser Konzerte kam mein Freund Karl Amadeus Hartmann, Begründer und Leiter der Musica viva-Konzerte in München, eine außerordentliche Komponistenpersönlichkeit, ein sehr guter Organisator, ein Mann, dem die moderne Musik unerhört viel zu verdanken hat. Er war hingerissen und tat alles, um Maazels erstes Auftreten in Deutschland zu ermöglichen. Maazel hat dann eine weltweite Karriere gemacht, und ich bin eigentlich stolz darauf, daß ich bei allen seinen Berufungen, bevor er nach Cleveland ging, in irgendeiner Form die Finger im Spiel hatte.

Eine besondere Freude machte mir die Bekanntschaft mit einer der größten Dirigentenpersönlichkeiten der Nachkriegszeit, Dimitri Mitropoulos, der seinen Weltruhm in Amerika zuerst als Leiter des Orchesters von Minneapolis und dann als Chef der New Yorker Philharmoniker begründet hatte. Ich lernte ihn im Jahre 1953 in New York kennen, in seinem schäbigen Domizil im Great Northern Hotel. Er hatte unter dem Dach ein kleines Appartement, in dem an manchen Stellen die Tapeten von der Decke hingen. In der Mitte des Zimmers stand ein großer Lehnsessel, davor ein Lesepult, auf dem Partituren lagen. Mitropoulos lebte wie ein Mönch; während er mit mir sprach, spielte er mit einer griechischen Gebetskette. Er kannte keine Feindschaften, und das Schlimmste, was er über einen Kollegen zu sagen vermochte, war: »Ach, der Arme!« Niemals kritisierte er in der üblichen Art das angebliche oder tatsächliche Unvermögen eines anderen Dirigenten. Größten Eindruck machten seine Interpretationen der Werke von Srauss und der Opern von Puccini und Verdi und vor allem die außerordentliche Kraft, mit der er moderne Werke zum Leben brachte.

Er war ein Genie des Gedächtnisses, kannte innerhalb kürzester

Zeit eine Partitur bis ins letzte Detail auswendig; er kannte aber auch jeden Spieler in seinen Orchestern mit Namen und wußte über die Familienangelegenheiten seiner Künstler, die er immer als seine besten Kameraden bezeichnete, Bescheid. Er war mit der Musik verheiratet und führte auch Werke auf, die weniger das Herz und das Hirn, sondern mehr den Sexus ansprachen. Als ich ihn fragte, warum er auch Musik dirigiere, die eher die Sinne als Herz und Geist ansprechen, meinte er, er lebe ja wie ein Mönch und müsse daher seine sexuellen Erlebnisse mit »geeigneten« Musikstücken haben.

Mitropoulos hat nach den Aufführungen, die er im Konzerthaus leitete, viel in der Staatsoper dirigiert, und es war ein Vergnügen, wie gut sich Direktor Karajan mit dem Repertoiredirigenten Mitropoulos verstand. Mitropoulos hat die Staatsopern-Premieren »Butterfly« und »Macht des Schicksals« einstudiert, aber das Repertoire überwog, und es war faszinierend zu sehen, mit welcher Probenökonomie er dann gültige Vorstellungen von »Manon Lescaut«, »Cavalleria rusticana«, »Bajazzo«, »Tosca« und »Elektra« geradezu herbeizauberte. Alle seine Abende waren von einer bestrickenden Intensität getragen, wie ich sie in den letzten Jahren nur noch zweimal erlebt habe: bei den jungen Dirigenten Carlos Kleiber und Giuseppe Sinopoli.

Mitropoulos hatte kaum je Geld, weil er alles, was er verdiente, verschenkte. Er war immer auf der Seite des »underdog«. Wenn jemand sehr häßlich war, konnte man sicher sein, daß Mitropoulos besonders nett zu ihm sein würde, und wenn jemand sehr dumm war, dann versuchte er zwar, sich möglichst rasch von ihm zu befreien, war aber von bestrickender Liebenswürdigkeit, genau so, wie er zu der Unzahl von griechischen Bittstellern, angeblichen Freunden von Freunden, großzügig war. Wer immer ihm sagte, er komme aus Griechenland und sei arm, konnte mit Unterstützung rechnen. Gerade aber, weil er stets auf der Seite der »underdogs« stand, konnte er leicht jemanden kränken. So lud er mich einmal in Venedig nach einem Konzert, das auf der Insel San Giorgio in der

Stiftung Chigi unter freiem Himmel stattgefunden hatte, zum Abendessen ins Hotel Danieli ein. Es war schon sehr spät, und wir waren die einzigen Gäste im Speisesaal, umgeben von einer Phalanx von Kellnern. Bei Mitropoulos erregte die späte Anwesenheit des Personals, das seiner Meinung nach gewiß schon müde war und nur darauf wartete, daß wir unsere Mahlzeit beendeten, solches Mitleid, daß er mich ununterbrochen aufforderte, mich beim Essen zu beeilen. Nach dieser Mahlzeit im Expreßtempo gab er jedem der zehn Kellner tausend Lire Schmerzensgeld.

Seine letzten Takte Musik hörte Mitropoulos, der an einem Herzleiden laborierte, bei einer Probe in der Mailänder Scala, an der er nach längerer schwerer Krankheit wieder dirigieren wollte. Er hielt eine kurze Ansprache an das Orchester und sagte, wie sehr er sich freue, daß er nach seiner Erkrankung nun wieder dirigieren könne. »Also fangen wir an!« Nach einigen Takten unterbrach er; alles sei sehr schön, nur die Hörner müßten noch etwas engagierter spielen. Er ließ die Stelle wiederholen, jubelte: »So war es schön!« und brach tot zusammen. Das Herz war ihm buchstäblich im Leib zerbrochen.

Mitropoulos hatte wiederholt gesagt, er wolle kein feierliches Begräbnis. Vor allem aber hätte er sicherlich das nicht gewollt, was sich nach seinem Tode abspielte. Er hatte gewünscht, verbrannt zu werden, und seine Asche sollte in Griechenland in alle Winde verstreut werden. Es war aber damals noch nicht möglich, in Italien kremiert zu werden. So mußte man seinen Leichnam nach Lugano bringen und dort dem Feuer übergeben. Nur wenige Menschen wollte er bei seinem letzten Gang um sich wissen, darunter seine langjährige, aufopfernde Sekretärin und Managerin Trudy Goth, den großen Geiger Zino Francescatti, Helmut Wobisch, damals Geschäftsführer der Wiener Philharmoniker, und mich. Wir standen in einem zugigen Gang des anatomischen Instituts von Mailand, wo seine Leiche obduziert worden war und nun in einem für die Kremierung in Lugano geeigneten Bleisarg lag. Er hatte auch gesagt, er wünsche keine Blumen bei seinem Begräbnis, aber jemand hatte eine Nelke auf den Sarg gelegt – gleichsam symbolisch für die traurige Situation, in der wir uns befanden, war sie verwelkt. Die Asche wurde dann nach Griechenland gebracht, aber auf ausdrücklichen Wunsch des Königs nicht verstreut, sondern durch ein Staatsbegräbnis geehrt. Gerüchte, die ich nie verifizieren konnte, wollten wissen, daß Freunde von Mitropoulos die Urne ausgegraben haben, aber nicht um die Asche ins Meer zu streuen, sondern um sie im Amphitheater von Epidauros, das Mitropoulos sehr geliebt hatte, einzumauern.

Einer der großen Eindrücke, die ich aus meiner Konzerthauszeit mitgenommen habe, ist die erste Aufführung von Strawinskis »Sacre du printemps« in der Interpretation von Igor Markewitsch im Februar 1950. Wenn man bedenkt, daß dieses Stück vor dem Krieg bei der Uraufführung einen ungeheuren Skandal heraufbeschworen hatte, so beweist das nur, daß man genug Geduld haben muß, um ein Meisterwerk auf lange Sicht zum Triumph zu führen. Der Wiener Erfolg war ungeheuer, und dieses Werk ist auch im konservativen Österreich zu einem Standardwerk der Konzertliteratur geworden.

Zu den Dirigenten, die in der Nachkriegszeit das Konzerthaus attraktiv gemacht haben, gehörten auch der Belgier André Cluytens mit seinen epochalen Auslegungen französischer Musik, Massimo Freccia mit einigen sehr interessanten Konzerten italienischer Komponisten, und Ataulfo Argenta als der damals bedeutendste spanische Dirigent. Argentas Weg endete bald, er starb an einer Gasvergiftung in einem Auto, in dem er die Nacht verbrachte.

Natürlich hat auch Karl Böhm wieder bei uns dirigiert. Er war vor dem Krieg einer der Hauptdirigenten des Konzerthauses gewesen und blieb mit diesem Haus bis zu seinem Tod verbunden.

Einer der erfolgreichen jüngeren Dirigenten Ungarns war Janos Ferencsik, Chefdirigent der Budapester Oper und eigentlich einer der Hauptkonkurrenten von Ferenc Fricsay. Ferencsik wurde von mir für eine Reihe von Konzerten eingeladen und hatte großen Erfolg.

Beginn im Konzerthaus

Josef Krips, der während des Krieges in Wien nur als Korrepetitor arbeiten hatte dürfen, konnte nach 1945 endlich wieder dirigieren. Er ist es gewesen, der Manfred Mautner Markhof auf mich aufmerksam gemacht hat, weil er bei der musikalischen Arbeit, die wir in der Stunde Null in der Kulturvereinigung geleistet hatten, den Eindruck gewonnen hatte, daß ich fürs Konzerthaus geeignet sei. Krips ist dann später verstimmt aus Österreich geschieden. Er war einer Einladung gefolgt, in Moskau zu dirigieren und wurde deshalb nach seiner Rückkehr öffentlich kritisiert. Er setzte sich zur Wehr, indem er erklärte, seine Reise sei auf Wunsch des damaligen Außenministers Leopold Figl erfolgt. Figl wiederum stellte fest, er habe lediglich keine Bedenken geäußert, als ihm Krips mitgeteilt habe, daß er eingeladen worden sei. Krips fühlte sich durch diese Erklärung Figls desavouiert, befürchtete auch, wie er mir einmal sagte, in Schwierigkeiten mit der sowjetischen Besatzungsmacht zu geraten und begab sich in die Vereinigten Staaten.

Auch Hans Swarowsky hatte während des Krieges mehr oder weniger im Untergrund arbeiten und schließlich nach Krakau gehen müssen. Nach 1945 dirigierte er mit Erfolg in Wien, und ihm ist es zu danken, daß man sich sehr bald mit Mahler auseinandersetzen konnte. Er leitete im Konzerthaus aber auch eine vielbeachtete Aufführung von Telemanns Singgedicht »Der Tag des Gerichtes«. Leider konnte Swarowsky, der ein außerordentlich gebildeter Mann war und über Kunstgeschichte genauso Bescheid wußte wie über Literatur und Musik, als Dirigent nicht erreichen, was seine hervorragenden Anfänge als musikalischer Chef der Grazer Oper nach Kriegsende angekündigt hatten. Er wurde aber einer der renommiertesten Dirigentenlehrer, die Wien je hervorgebracht hat.

Die Mahler-Pflege war mir nach dem Krieg eine meiner wichtigsten und aufregendsten selbst gestellten Aufgaben. Mit Ausnahme der Achten Symphonie, die unsere Mittel einfach überstieg, haben wir im Laufe der Jahre nach und nach alle Werke Mahlers aufgeführt. Ich wollte auch einen Zyklus sämtlicher Mahler-Werke bringen, mußte aber darauf verzichten, weil das Vorhaben über unsere

117

finanziellen und organisatorischen Kräfte gegangen wäre. Ich freue mich aber, daß es mein Nachfolger Peter Weiser zustande gebracht hat, Mahler geschlossen aufzuführen und damit sein Werk in Wien endgültig ins Konzertrepertoire einzufügen.

Die Moderne, die ja einer der Hauptpunkte meiner Programmgestaltung war, wurde außer durch Paul Sacher in erster Linie durch den sehr bekannten Grazer Dirigenten Hans Rosbaud, der vor allem in Deutschland und als Chef des Tonhalle-Orchesters in Zürich wirkte, durch Ernest Bour, den Chefdirigenten des Orchesters des Süddeutschen Rundfunks, durch Bruno Maderna und Pierre Boulez getragen. Boulez, der damals außerhalb Frankreichs noch unbekannt war, machte in Wien Sensation, als er 1959 gemeinsam mit Maderna und dem Komponisten Stockhausens »Gruppen für drei Orchester« dirigierte. Nach der Aufführung dieses gigantischen Werkes, das nicht nur an den musikalischen Apparat, sondern auch an das Publikum große Ansprüche stellte, gab es einen handfesten Skandal mit lautstarken Auseinandersetzungen und gelegentlichen Handgreiflichkeiten. Hans Weigel, der sich ja immer mit Elan für die Neue Linie einsetzte, war einer der Mitstreiter, und Frau Maja Sacher, die, sonst dem Neuen gegenüber immer sehr aufgeschlossen, ein bißchen irritiert war, sagte: »Man kann hier schwer entscheiden, wie weit dieses Stück in die Zukunft weist. Bei der Uraufführung von ›Sacre‹, bei der ich ja war, gab es einen viel größeren Skandal, und heute ist es ein Reißer.«

Mit Boulez, Maderna und Stockhausen war ein ganz neuer Wind in das Konzerthaus gekommen. Die moderne Musik, die wir bis dahin gepflegt hatten, war, wenn es auch die meisten Menschen nicht wahrhaben wollten, noch sehr traditionsgebunden. Jetzt gab es eine radikale Abwendung von fast jeder Tradition, denn die Moderne, die nun antrat, beruhte weitgehend auf dem Werke Anton von Weberns, gefolgt von Arnold Schönberg und Alban Berg, also auf der Wiener Schule, der Mutter dieser Moderne, die gerade in Wien gänzlich abgelehnt wurde!

Hans Werner Henze war zum Konzert Stockhausens nach Wien

gekommen und äußerte den Wunsch, mit seinem Kollegen, mit dem er bisher keinen Kontakt gehabt hatte, zusammenzutreffen. Ich lud beide zum Essen in die Backhendlstation Thallern bei Wien ein. Zuerst war die Atmosphäre ziemlich reserviert, im Laufe der Zeit sprach vor allem Stockhausen immer mehr dem Wein dieser lieblichen Gegend zu, und es setzte eine gewisse Verbindung ein. Henze hat mir aber viele Jahre später erzählt, daß er Stockhausen seit der Begegnung in Wien kaum wiedergesehen habe.

VI

Komponisten und ihre Interpreten

Die Solisten, die nach dem Krieg im Konzerthaus zum erstenmal auftraten, sind Legion. Ich kann nicht alle würdigen, aber einige müssen genannt werden. Es war ein Erlebnis, als Ernst von Dohnanyi, einer der Großen der ungarischen Musik, einer der bedeutendsten Pianisten seiner Zeit, als alter Mann, als Flüchtling aus Ungarn, in Wien zum letzten Mal sämtliche Beethoven-Sonaten spielte. Natürlich war die Zeit nicht spurlos an ihm vorbeigegangen, aber die Brillanz und die durchgeistigte Interpretation der Sonaten war beglückend. Dohnanyi hatte großen Erfolg, der aber nur ein kleiner Ausgleich dafür war, daß er sein ganzes Vermögen und seine Heimat verloren hatte. Es hielt ihn nicht lange in Wien, er ging nach Amerika, wo er starb.

Aus meiner ungarischen Halbheimat kam dann auch, für mich persönlich sehr berührend, mein Onkel, der Cellist Jenö von Kerpely, mit seinem Quartett nach Wien. Ihm hat Bartók seine beiden letzten Quartette gewidmet. Mein Onkel war der bedeutendste Cellist Ungarns, Schüler von Popper; und für ihn in seinen letzten Jahren ein Konzert zu veranstalten, war für mich eine besondere Genugtuung.

Neben diesen ungarischen Künstlern war ab 1946 die Rückkehr von Nathan Milstein, Gaspar Cassado, Robert Casadesus, Alfred Cortot, Alexander Brailowski, Wilhelm Backhaus, Eduard Erdmann, Wilhelm Kempff von größter Bedeutung. Es ist mir gelungen, mit ihnen allen eine ständige Verbindung herzustellen; sie haben wiederholt im Konzerthaus gespielt und den Glanz so manchen Abends gesichert.

Komponisten und ihre Interpreten

Cortot durfte in Frankreich lange Zeit nicht auftreten, er wurde der Kollaboration während der NS-Zeit beschuldigt. Als er zum ersten Mal nach dem Krieg nach Wien kam, war er ein sehr alter, gebrechlicher Herr. Man sah ihm die Enttäuschungen der letzten Jahre an, und all das wirkte sich auch auf sein Spiel aus; es gab zu Anfang viele falsche Noten. – Aber nach der Pause war alles anders, denn Cortot hatte Pillen zu sich genommen. Er war merklich verändert und spielte mit herrlichem Klang und Anschlag.

Eduard Erdmann, der auf der ganzen Welt geschätzte Pianist, teilte mir nach dem Krieg mit, daß er gerne in Wien spielen würde, vor allem das große Klavierkonzert von Max Reger. Ich lud ihn ein, und es erschien ein imposanter Mann, der aber sehr scheu wirkte und recht schäbig angezogen war. Am Abend war meine Überraschung noch größer, denn Erdmanns Frackhemd war so schmutzig, daß man nicht wußte, ob man es noch als grau oder schon als schwarz bezeichnen sollte. Bemerkenswert an Erdmann war auch, daß ihm aus den Ohren gewaltige Haarbüschel wuchsen. Aber er war ein liebenswürdiger, gütiger, in sich versponnener Mann und ein herrlicher Pianist. Sein donnernder Klang ist mir heute noch im Ohr. Für ihn war Wien eine der schönsten Städte, einfach deshalb, weil er hier viele interessante alte Bücher bei den Antiquaren finden konnte. Was er am Abend verdient hatte, gab er am nächsten Tag für kostbare Editionen aus. 1958 starb er.

Wilhelm Backhaus und Wilhelm Kempff waren seit Jahrzehnten Lieblinge der Wiener. Backhaus war sowohl mit dem Musikverein wie mit dem Konzerthaus eng verbunden, vor allem aber mit der Familie Hutterstrasser, den damaligen Eigentümern der Klaviermanufaktur Bösendorfer. Den Brüdern Hutterstrasser ist es zu verdanken, daß er jedes Jahr wieder kam und bei uns seine perfekten, wunderbaren Klavierabende gab. Er spielte insbesondere Beethoven wie kaum ein anderer, und meiner Meinung nach war es besonders erregend, ihn Schubert spielen zu hören. Backhaus war ein sehr schüchterner, bürgerlicher Mensch, und ein aufgeschlossenes, interessantes Gespräch zwischen uns kam nie zustande.

Ganz anders Wilhelm Kempff. Er war ein wilder, undogmatischer Pianist, er spielte Beethoven so, wie er ihn hörte, und keineswegs so, wie die Musikgelehrten es für richtig hielten. Wenn er jedoch Liszt spielte, mußte jedermann zugeben, daß er einer der Größten war. Er war lange nicht in Wien gewesen, und nach dem Krieg trat er eigentlich nur im Konzerthaus auf. Als ich Furtwängler einmal gestand, mit Backhaus keinen richtigen Kontakt zu finden, meinte der: »Sehen Sie, mir geht es genauso. Für eine Minute Klavierspielen von Kempff gebe ich eine Stunde des herrlichsten Spiels von Backhaus.« Heute noch, mit siebenundachtzig Jahren, erfreut Kempff sein Publikum.

Alexander Brailowski, der auch wieder nach Wien kam, war der breiten Öffentlichkeit durch jenen deutschen Chopin-Film bekanntgeworden, in dem Wolfgang Liebeneiner den Komponisten darstellte. Brailowski hatte die Titel- und Kennmelodie dieses Films zu einem Weltschlager gemacht: »In mir klingt ein Lied . . .« Auch Brailowski war wie Cortot nicht mehr ganz Herr über seine früheren technischen Möglichkeiten, doch in jedem seiner Konzerte gab es immer einige Augenblicke, die für ein Leben haften blieben.

Ein neuer Name für Wien war Arturo Benedetti Michelangeli. Ihm ging der Ruf voraus, außerordentlich schwierig zu sein, und dieser Ruf trog nicht. Es war wirklich nicht möglich, mit ihm Kontakt zu bekommen. Man konnte ein Mittagessen in seiner Gesellschaft verbringen, ohne außer »Gut«, »Schön«, »Nicht gut«, »Schlecht« etwas von ihm zu hören. Es war manchmal wirklich zum Verzweifeln. Ähnlich benahm er sich gegenüber dem Publikum. Er kam aufs Podium, verbeugte sich kaum, setzte sich an den Flügel und begann himmlisch zu spielen. Kein Pianist hat Ravel oder Mozart inspirierter und differenzierter interpretiert als er. Wie Brailowski reiste auch Benedetti Michelangeli mit seinem eigenen Klavier, und dabei gab es häufig Schwierigkeiten, denn der reibungslose Transport eines Konzertflügels war nach dem Krieg nur sehr schwer zu bewerkstelligen. In Japan zum Beispiel sagte Benedetti Michelangeli eine ganze Tournee ab, weil sein Instrument nicht rechtzeitig angekommen war, und ließ sich nicht dazu bewegen, einen anderen Steinway zu verwenden. Aber wenn er kam und wenn er spielte, war er ein einmaliges Erlebnis. Mehr als siebzig Prozent seiner öffentlichen Auftritte sagte er allerdings ab.

Glenn Gould war eines der größten pianistischen Talente, die mir je begegnet sind, eine mit Benedetti Michelangeli vergleichbare Persönlichkeit, sehr introvertiert, ein jungenhaft wirkender, scheuer Mann. Er spielte im Konzerthaus das gesamte Klavier-Œuvre Bartóks. Nach diesem sensationellen Auftreten verschwand er aus der europäischen Musikszene. Während der Salzburger Festspiele besuchte ich ihn einmal zu einem Gespräch. Ich staunte nicht schlecht, daß er Handschuhe trug, als er mir die Tür öffnete, aber noch viel mehr, daß sein Zimmer verdunkelt und beheizt war, dem sommerlichen Wetter zum Trotz.

Carlo Zecchi lernte ich gleich nach meinem Eintritt ins Konzerthaus kennen. Er war in der Vorkriegszeit ein Pianist von hohen Graden gewesen, konnte aber nach einem Unfall, bei dem er sich eine Hand verletzt hatte, keine virtuosen solistischen Aufgaben mehr übernehmen. Doch sein gemeinsames Musizieren mit Enrico Mainardi war jedesmal ein Ereignis. Er hat auch viele Konzerte bei uns dirigiert und sehr schöne Aufführungen zustande gebracht. Sein Repertoire war allerdings sehr beschränkt, denn er wollte nur dirigieren, was er bis ins kleinste Detail auswendiggelernt hatte. So bot er immer wieder dieselben Werke an, die auf die Dauer für einen Konzertveranstalter nicht mehr interessant waren.

Enrico Mainardi war einer meiner ersten Cellisten. Er war eine unerhört elegante Erscheinung, ein Mann, der von den Damen besonders geliebt wurde. Bei seinen vielen Auftritten im Konzerthaus erschien er jedesmal mit einer anderen Frau, die er als seine Gemahlin vorstellte. Leider war der so außerordentlich glückhaft wirkende Künstler in seinen letzten Jahren in Wirklichkeit sehr unglücklich, er litt an schwerer Leukämie und hatte auch in seinem Privatleben viel Pech. Es kränkte ihn sehr, daß er in Italien bei jeder Ordensverleihung, bei jeder Ehrung und jeder Besetzung wichtiger Lehrpositionen übergangen wurde. So hatte man ihm den Spanier Cassado in Siena als Lehrer vorgezogen.

Gaspar Cassado, den ich nach dem Krieg zum ersten Mal nach Wien brachte und der dem Konzerthaus bis zu seinem Tod treu blieb, war ein Künstler ganz anderer Art. Er wollte seinen Landsmann Casals zumindest in der Stärke des Tones schlagen und verwendete deshalb Stahlsaiten, aber alles was er spielte, war ein bißchen oberflächlich. Ihm habe ich zu verdanken, daß ich zu einem der ersten Festivals in Granada gekommen bin.

Nach dem Krieg war Pierre Fournier als neuer Stern am Cellisten-Himmel aufgegangen. Zum Unterschied von Casals, den ich leider immer vergeblich eingeladen habe, hatte Fournier einen schlanken Ton, den er mit großer Delikatesse behandelte. Er spielte in der Zeit meiner Tätigkeit im Konzerthaus jedes Jahr mit nachhaltigem Erfolg – die Popularität von Cassado und Mainardi erreichte er nicht, weil ihm die in Wien so gefragte Sinnlichkeit fehlte.

Es hatte mich stets mit Unbehagen erfüllt, daß immer nur Klavier- und Violinkonzerte und bestenfalls Cellokonzerte veranstaltet wurden, aber kaum jemals andere Instrumente, wie etwa die Gitarre, zu hören waren. Es war ein Erlebnis, in Granada dem Gitarrenspiel von Andreas Segovia zu lauschen. Ich war oft mit Segovia beisammen. Einmal saßen wir in Granada vor einem Lokal, und ein Straßengitarrist blieb an unserem Tisch stehen und spielte seine spanischen Weisen. Nach einiger Zeit sagte Segovia sehr freundlich: »Können Sie nicht einmal die Position wechseln?« Der Musikant entfernte sich indigniert. Segovia hatte aber nicht gewollt, daß der Straßenmusiker einen anderen Standort wählen solle, sondern lediglich gemeint, er solle einmal die Stellung der linken Hand ändern.

Der Pflege des Cembalos haben wir im Konzerthaus große Bedeutung zugemessen. Als ständige Gäste konzertierten die Wienerin Isolde Ahlgrimm, der Amerikaner Ralph Kirkpatrick und der

Holländer Gustav Leonhardt. Man muß Isolde Ahlgrimm das Verdienst zusprechen, daß durch ihr Wirken und ihr Vorbild in Wien das Cembalospiel auf sehr hohem Niveau gepflegt wird. Kirkpatrick, den ich einmal in Paris hörte, machte mir den größten Eindruck, und nach der berühmtesten Cembalistin der ersten Hälfte unseres Jahrhunderts, Wanda Landowska, war er der neue Stern, den man nicht genug bewundern konnte; der bescheidene, sehr kurzsichtige Mann war spezialisiert auf die Interpretation von Scarlatti, er gab auch eine Scarlatti-Ausgabe heraus und ist auf diesem Gebiet führend geblieben. Das Konzerthaus wurde seine Wiener Heimstatt.

Die größten Geiger dieser Zeit, die ihre Weltkarriere schon vor dem Krieg begonnen hatten und nun zum ersten Mal nach Wien kamen, waren Nathan Milstein, Yehudi Menuhin, Zino Francescatti und Josef Szigeti. Sie alle haben bei uns wiederholt gespielt; Nathan Milstein wurde dann zum ständigen Gast. Szigeti war ein Geiger eigener Färbung, nur leider, als er bei uns auftrat, schon sehr gehandicapt. Seine Tongebung war noch immer schön, doch er spielte nicht mehr sehr sauber. Szigeti war der Schwiegervater von Nikita Magaloff, einem der renommiertesten Pianisten unserer Zeit.

Ein ähnliches Schicksal wie Szigeti erlitt der in der Zwischenkriegszeit sehr berühmte Geiger Vasa Přihoda. Er galt als einer der virtuosesten Geiger, die es je gegeben hat, aber nach dem Krieg war er ausgebrannt. Seine Läufe und Kadenzen funktionierten nicht mehr, und es war jammervoll anzusehen, wie er langsam in der Versenkung verschwand. Zuerst spielte er noch in großen Sälen, aber dann wurde er immer mehr an den Rand des musikalischen Geschehens gedrängt.

Das erste Wiener Auftreten der berühmtesten italienischen Geigerin von damals, Gioconda de Vito, fand ebenfalls bei uns im Konzerthaus statt.

Eine der erfreulichsten Aufgaben meiner Konzerthauszeit war der Einsatz für die junge Garde von Wiener Pianisten, fast alle

Schüler von Bruno Seidlhofer: Paul Badura-Skoda, Jörg Demus, Alfred Brendel und Friedrich Gulda. Mit Badura-Skoda verband mich eine echte Freundschaft, und wir vom Konzerthaus haben sozusagen unsere Patenhand über ihn gehalten. Mit Demus hatten wir in der Konzerthaus-Agentur einen Vertretungsvertrag, aber wir versuchten auch die anderen Wiener Pianisten unterzubringen. Der schüchterne Demus ist der Sohn des Wiener Kunsthistorikers Otto Demus. Seine musikalische Vorliebe gehörte Schubert, sein späterer Weg führte ihn weniger in die internationalen Konzertsäle als in die Plattenstudios. Wiederholt spielte er mit Badura-Skoda an zwei Klavieren oder vierhändig, und diese Abende, die dann geradezu Serien wurden, machten Furore. Brendel war damals für mich so etwas wie ein Außenseiter – und das ist er ja wohl auch geblieben. Er hatte nicht den großen Anfangserfolg von Demus und Badura-Skoda, genoß aber die Befriedigung, später eine Weltkarriere zu machen. Als ich ihn einmal in Salzburg traf, waren seine Fingerspitzen mit Leukoplaststreifen beklebt; ob er's tat, um sie zu schonen oder um sie zu stärken, verriet er mir nicht.

Friedrich Gulda, der erste der jungen Wiener, der mit Leichtigkeit den großen Saal füllte, war allerdings auch der erste, der uns untreu wurde. In den zahlreichen Gesprächen, die wir einst führten, kündigte nichts die Wege an, die er später ging.

Damals durfte ein Künstler der sogenannten E-Musik unter keinen Umständen Ausflüge in die Welt der sogenannten U-Musik unternehmen. Wenn er komponierte, mußten seine Werke von der musikalischen Fachwelt als ernstzunehmend anerkannt werden. Gulda ist zweifellos durch die »nonkonformistische« Welle, die heute »in« ist und um die ganze Welt geht, auf einen Weg gelangt, der ihn in eine vage musikalische Zwischenwelt führte, der aber seinem pianistischen Genie – das möchte ich betonen – nicht geschadet hat.

Es war damals insoferne eine sehr interessante Zeit, als die Wiener musikalische Schule wieder in einem hohen Maß weltweit zu wirken begann. Sowohl Bruno Seidlhofer, der fast eine Wiener Pia-

Komponisten und ihre Interpreten

nistenschule geschaffen hat, als auch Hans Swarowsky, der auf dem
Gebiet der Dirigentenausbildung ähnlich erfolgreich war, errangen
Weltruf als Autoritäten. So hat Swarowsky u. a. Claudio Abbado,
Zubin Mehta, Giuseppe Sinopoli, Lopez Cobos und Gomez Martinez herangebildet. Carlos Kleiber ist eigentlich die große Ausnahme, aber da ihn sein Vater Erich Kleiber unterrichtete, kommt
auch er aus der Wiener Musikatmosphäre. Wien war also wieder
eine Metropole der Musikerziehung geworden, die sie viele Jahre
nicht mehr gewesen war; vorher war man zur Ausbildung nach Paris, Berlin, London und Mailand gegangen.

Eines meiner Anliegen war, System in die Programmgestaltung
zu bringen, die großen Komponisten nicht nur mit vielgespielten
Werken, sondern auch mit Nebenwerken zu präsentieren und vor
allem kaum gespielte Komponisten vorzustellen.

Um diese Programmideen, die mich faszinierten, verwirklichen
zu können, mußte ich für die solistische Mitwirkung bei Chor- und
Orchesterkonzerten Sänger finden, die noch nicht die internationalen Stargagen verlangten, die wir uns nicht leisten konnten. Tatsächlich gelang es mir bald, junge Sänger herauszustellen. Einer davon war Eberhard Wächter. Er sang bei mir zum ersten Mal in
einer konzertanten Aufführung von Henry Purcells »Dido und
Aeneas« den Aeneas.

Bis heute verbunden blieb ich auch mit Waldemar Kmentt. Ich
suchte damals für eine Aufführung des Verdi-Requiems einen Tenor. Kmentt, der am Anfang seiner Karriere stand, sang mir vor,
und ich engagierte ihn sofort, obwohl er kein typischer Vertreter
des italienischen Faches war, weil mich seine Musikalität und Sensi-
bilität überzeugten. Mit diesen Gaben meisterte er dann auch die
anspruchsvolle Partie. Zu den erfolgreichsten Künstlern, die ich
damals als Liedsänger herausbrachte, gehörten Christa Ludwig und
Walter Berry, Irmgard Seefried und Dietrich Fischer-Dieskau.
Fischer-Dieskau war vermutlich die wichtigste neue Sängerpersön-
lichkeit. Der blutjunge Berliner Bariton sang ein- bis zweimal jährlich im Konzerthaus, immer mit größtem Erfolg.

Fischer-Dieskau ist ein Phänomen. Er ist einer der kultiviertesten Sänger, beherrscht den Singapparat perfekt und verkörpert das Ideal des deutschen Liedsängers. Eigentlich war es ein Zufall, der mich im August 1950 mit ihm in Salzburg zusammenbrachte. Er stand mit Karl Böhm vor dem Bühneneingang des Festspielhauses, als ich vorbeikam. Bald vereinbarten wir ein Konzert in Wien, und dieses erste Auftreten mit Schuberts Winterreise, im November 1950, sollte der Beginn einer langen Tätigkeit bei uns werden. Natürlich schlug ich Fischer-Dieskau zuerst den Mozart-Saal als Veranstaltungsort vor, denn wie sollte ein in Wien gänzlich Unbekannter den großen Saal füllen? Nach zwei triumphalen Konzerten kam dann nur mehr der Große Konzerthaussaal für ihn in Frage.

Fischer-Dieskau ist wohl der einzige deutsche Bariton, der in der Welt einen ähnlichen Ruhm erlangt hat wie sonst nur Sänger des italienischen Fachs.

Mit den bedeutendsten Komponisten der Zeit in Kontakt zu kommen, ließ ich mir in den langen Jahren meiner Konzerthaustätigkeit besonders angelegen sein. Mein Ziel war, womöglich mit ihnen Freundschaft zu schließen, um ihre Musik gut kennenzulernen und gegebenenfalls ihre Werke bei uns herauszubringen. Viele konnte ich dazu bewegen, ihre Musik selbst zu dirigieren oder als Solisten zu interpretieren. Durch Paul Sacher kamen wir in engen Kontakt mit Arthur Honegger. Er war ein besonders liebenswürdiger Mensch, ein sehr fähiger Dirigent seiner eigenen Werke, der allerdings nicht sehr gerne dirigierte, sondern es lieber sah, wenn andere seine Werke herausbrachten. Einmal aber konnte ich ihn doch ans Pult locken. Wir haben eine ganze Reihe seiner großen Oratorien gespielt, auch die »Sinfonia deliciae Basiliensis«, die »Symphonie Liturgique«, die »Symphonie Nr. 2«, wir gaben »Jeanne d'Arc«, »König David«, »Totentanz«, und meist war Honegger anwesend, bis zu seinem leider sehr frühen Tod. Bei seinem letzten Wiener Aufenthalt war er schon schwer leidend, 1955 starb er. Seine Frau, eine ausgezeichnete Pianistin, interpretierte in dem einzigen Konzert, das er selbst dirigierte, sein Concertino.

19   Beim ersten Pressegespräch mit Gustav Rudolf Sellner in Berlin

20   Internationale Opernkonferenz 1966 in Paris mit den Direktoren der führenden Opernhäuser

21–23   *An der Deutschen Oper: Bei der Arbeit mit Herbert von Karajan, mit Boris Blacher und rechts mit dem Werbewagen für »Preußisches Märchen«*

24/25   Bei der Arbeit mit Anja Silja und Wieland Wagner; unten beim Empfang von Renata Tebaldi

Komponisten und ihre Interpreten

Neben Hindemith war Gottfried von Einem einer der Komponisten, mit denen ich die persönlichsten Beziehungen hatte. Er wurde im Lauf der Zeit einer meiner besten Freunde, und es gibt kaum Werke von ihm, die ich im Rahmen meiner Tätigkeit nicht irgendwann aufführen ließ. Einem ist eine der interessantesten, gebildetsten, eigentümlichsten Erscheinungen unseres Musiklebens. Mit »Dantons Tod« ist er seinerzeit in Salzburg auf einen Schlag ins Bewußtsein der Musikwelt getreten. Seine spezielle Eigenart – ich meine jetzt gar nicht den Komponisten Einem, der eine besondere musikalische Sprache spricht – ist es, sich für seine Freunde bis zum letzten einzusetzen, sie nie zu verlassen und für sie auf die Barrikaden zu gehen, wenn man sie nicht genug schätzt oder sogar bekämpft. Sein engster Freund und auch sein Lehrer, obwohl der Altersunterschied nicht besonders groß ist, war Boris Blacher. Wehe dem, der ein Wort gegen Boris Blacher gesagt hätte! Es gibt sehr viele Dirigenten und sonstige Persönlichkeiten im Musikleben, die auf keine gute Nachrede Einems rechnen können, einfach deshalb, weil sie eine Aufführung von Blacher oder einem ihm nahestehenden Komponisten versäumt haben.

Ich hatte sehr oft Kämpfe mit Gottfried von Einem auszutragen, wenn er mir Komponisten, für die er einzutreten pflegte, nahelegte und ich keine Möglichkeit sah, sie aufzuführen oder überhaupt anderer Ansicht war als er. Dann kamen stürmische kleine Briefe, die entweder mit »Ungeheuer!« oder »Egon!« anhuben, Anzeichen dafür, daß er jetzt wirklich sehr böse auf mich war. Das alles hat aber unserer Freundschaft, die bis heute besteht, nicht geschadet.

Hans Werner Henze gehört zu den zeitgenössischen Komponisten, die ich besonders hochschätze. Auch mit ihm verbindet mich Freundschaft, obwohl er zu den Intimfeinden Gottfried von Einems gehört, was weder meine Beziehungen zu dem einen noch zu dem anderen stören konnte. Henze ist ein überaus gebildeter, eleganter, talentierter Musiker und Mensch.

Karl Amadeus Hartmann, der Komponist expressiver Werke, der in jeder Weise hochgebildete Mann, der das Musikleben durch seinen Einsatz für die zeitgenössische Musik nachhaltig beeinflußte, war ein regelmäßiger Besucher des Konzerthauses und ein wahrer Freund, dessen Tod mir sehr naheging. Ich bin stolz darauf, daß wir während meiner Konzerthauszeit einige seiner bedeutsamsten Werke präsentiert haben.

Der Komponist Johann Nepomuk David, den ich wegen seiner durchgeistigten Form, seiner seelischen Schönheit und seines Ernstes besonders schätzte und von den ersten Konzerthaustagen an nicht aus den Augen ließ, ist eines der Beispiele dafür, daß großes Können und gediegenstes Wissen nicht genügen, wenn man abseits der Zeit lebt und mit seinem Werk allein steht. Jede Symphonie, die David herausgebracht hat, jedes Werk, das wir von ihm aufgeführt haben, war geprägt von einer starken Eigenpersönlichkeit und einem Ethos, wie man es bei Komponisten selten findet. Dennoch ist es in all den Jahren nicht gelungen, Johann Nepomuk David zum internationalen Erfolg zu verhelfen, und heute wird kaum mehr ein Takt dieses aus Oberösterreich stammenden Komponisten gespielt. Doch seine Zeit wird kommen.

Benjamin Britten ist jahraus jahrein mit seinem Freund, dem Tenor Peter Pears, nach Wien gekommen. Sie gaben gemeinsam wunderbare Liederabende, Britten saß am Klavier, und ein Teil dieser Konzerte war immer seinem Werk gewidmet. Es gibt ja einige Kompositionen von ihm, die ohne die Interpretation und Musikalität von Pears gar nicht denkbar wären. Brittens bescheidenes, freundliches Naturell wird jedem, der ihn kannte, unvergessen bleiben.

In Berlin hörte ich im Jahr 1952 Rolf Liebermanns in Basel uraufgeführte Oper »Leonore 45/50«, die mich in ihrer Aktualität – es ging um ein Heimkehrerschicksal – sehr beeindruckte. Ich entschloß mich, das Werk im Konzerthaus auf dem Konzertpodium szenisch herauszubringen. Das konnte nur jemandem einfallen wie mir, der noch nicht den Jammer des Operndirektordaseins kennengelernt hatte. Es gab große Schwierigkeiten, aber 1953 war es soweit, und wir zeigten das Werk unter der musikalischen Leitung von Rosbaud und in der szenischen Aufbereitung von Erich Bornemann. Der erfolgreiche Abend war vielleicht der Ausgangspunkt für die späteren Salzburger Uraufführungen Liebermanns, »Penelope« (1954) und »Schule der Frauen« (1955). Von Frank Martin haben wir im Konzerthaus u. a. die berühmte »Petite Symphonie concertante« präsentiert und »Le vin herbé«, dessen szenische Aufführung in Salzburg, mit Julius Patzak und Hilde Güden, stattgefunden hatte.

Zu den Komponisten der mittleren Generation, mit denen ich sehr verbunden war, gehörten auch Theodor Berger, Luigi Dallapiccola und Malipiero. Dallapiccola muß als der bedeutendste italienische Komponist seiner Zeit angesehen werden. Wir haben »Il Prigioniero«, »Volo di Notte« und »Canti di Prigionia« mit größtem Erfolg gespielt. Dallapiccola kam wiederholt nach Wien, um bei der Aufführung seiner Werke anwesend zu sein. Meine letzte Verbindung mit ihm ergab sich kurz vor seinem Tod und fiel mit einem Höhepunkt seines Schaffens zusammen: der Uraufführung seiner Oper »Odysseus« an der Deutschen Oper, die auf Bestellung von Gustav Rudolf Sellner entstanden war.

Theodor Berger, der Wiener Komponist, mit dem ich jahrelang befreundet war, ist eine tragische Figur. Er begann sehr erfolgreich, seine Werke wurden von vielen großen Dirigenten seiner Zeit herausgebracht, das »Rondo giocoso« wurde weltweit bekannt, aber dann ging es plötzlich nicht mehr weiter. Im Konzerthaus brachten wir seine Kompositionen nach und nach heraus; die letzte, »Glissando«, war ein achtunggebietender Erfolg, und auch sein großes Orchesterstück, das wir an der Staatsoper in der Karajan-Ära als Ballett in der Choreographie Erika Hankas herausgebracht haben, die »Homerische Symphonie«, war außerordentlich interessant und hätte weitere Verbreitung verdient. Leider hat mir, wie ich glaube, Theodor Berger nicht verziehen, daß ich nach meiner Ernennung zum Direktor der Wiener Staatsoper keines seiner Werke in den Spielplan aufgenommen habe.

Ähnlich erging es mir mit Ernst Krenek. Er ist zweifellos einer der profiliertesten Komponisten unseres Jahrhunderts und für mich war es eine Selbstverständlichkeit, ihn von den ersten Tagen im Konzerthaus an immer wieder aufzuführen. Er ist aber nie ganz in seine Heimat zurückgekehrt; ich glaube, er hätte es gerne getan, wenn man ihn seiner Bedeutung entsprechend aufgenommen hätte. Man hat ihm immer wieder – was typisch für Österreich ist – Elogen gemacht, ihm aber nicht das angeboten, was er sich erwartet hätte. Man hat ihn nicht an die Hochschule berufen, obwohl man meines Wissens wiederholt mit ihm verhandelt hat, kurz, man war nicht bereit, für seine Rückkehr den Preis zu bezahlen, den er verdient hätte.

Ich habe seinem sehr intensiv geäußerten Wunsch entsprochen, im Konzerthaus die Oper »Karl V.« konzertant aufzuführen. Paul Schöffler sang die Titelrolle, aber der Publikumserfolg blieb der aufwendigen Aufführung leider versagt. Ich saß neben Frau Krenek in der Direktionsloge und mußte mitansehen, wie nach der ersten Pause der Saal halbleer war und wie ihn in der zweiten Pause immer mehr Menschen verließen. Ernst Krenek ist das typischeste Beispiel eines Komponisten, der immer neue Wege sucht, um sich zu artikulieren. Das bringt natürlich die Gefahr mit sich, daß die persönliche Handschrift etwas verschwimmt und schließlich zugunsten der angestrebten Aktualität an Wirkung einbüßt statt zu gewinnen. So teilte Ernst Krenek das Schicksal vieler Komponisten unserer Tage: Sie blieben nur für eine beschränkte Zeit auf den Spielplänen.

Das gilt auch für Joseph Marx und Hans Pfitzner. Ich versuchte Pfitzner in einem der ersten Musikfeste nach Wien zu bringen und schrieb ihm in das Altenheim in München, in dem er mit seiner Frau lebte. Seine Antwortbriefe waren voll von Anklagen: er müsse Hunger leiden und in einem Armenhaus leben. Wenn man näher hinsah, war das alles gar nicht so schlimm, er lebte zwar in bescheidenen Verhältnissen, aber sicherlich nicht in einem Armenhaus. Schließlich kam er im Jahre 1948 und war höchst unfreundlich und griesgrämig. Nichts war ihm recht. Offensichtlich wußte er nicht, was er mit mir sprechen sollte und jammerte nur, daß das Leben schrecklich sei und er eigentlich nicht wisse, warum und wofür er noch auf der Welt wäre. 1948 wohnte er der Uraufführung seines Klaviersextetts durch das Wiener Konzerthausquartett mit Gilbert Schuchter im Mozart-Saal bei. Es war ein schönes, spätes Stück, eine richtige Abschiedsmusik – und mitten in dieser Aufführung erschollen schreckliche Dissonanzen aus dem Großen Saal, in dem ein Jazzkonzert stattfand. Irgend jemand hatte irrtümlich die Lautsprecheranlage in den Mozart-Saal durchgeschaltet und so dröhnte einige Takte lang Jazzmusik in Pfitzners Adagio. Nach der Aufführung ging ich zu ihm, um mich zu entschuldigen, doch er sagte mit keifender, hoher Stimme:»Da gibt's nichts zu entschuldigen! Das ist eine Schweinerei!« Das war mein Abschied von Hans Pfitzner, der kurze Zeit später starb. Ich habe ihm wegen seines grimmigen Zorns leider nicht sagen können, wie sehr ich ihn immer verehrte und daß »Palestrina« zu meinen Lieblingswerken gehört; immerhin konnte ich die italienische konzertante Erstaufführung des Werkes bei der »Sagra Musicale Umbra« initiieren. Vielleicht wäre Pfitzner mir weniger grob gekommen, hätte ich ihm sagen können, daß ich trotz meiner Liebe zu Richard Strauss ein nimmermüder Pfitznerianer war und immer sein werde.

Joseph Marx war ich eigentlich nur in negativer Weise verbunden. Er war Direktionsmitglied der Konzerthausgesellschaft und von allem Anfang an meinen Bemühungen um moderne Musik feindlich gesonnen. Er haßte alles, was nach seiner Ansicht kakophonisch klang und atonal war. Er liebte die französische Musik bis Debussy und machte mir das Leben zur Hölle, wenn ich von Hindemith oder Strawinski sprach. Das seien alles blutlose Skribenten. Vielleicht war die Zeit auch über den erfolgreichen Komponisten Marx zu schnell hinweggegangen. Wenn man heute jemanden fragt, wer Joseph Marx war, bekommt man die zögernde Antwort: »Der Sohn von Karl Marx . . .?« Daß es einen Komponisten Joseph Marx gegeben hat, wissen heute nur noch wenige und daß er gleich nach dem Krieg Präsident der österreichisch-sowjetischen

Gesellschaft wurde, war weniger auf seinen Familiennamen zurückzuführen, als auf die typische Zeitverschiebung bei der Beurteilung
berühmter Leute in der UdSSR. Der 1882 geborene Marx war ja
noch in der Zwischenkriegszeit ein sehr berühmter Mann gewesen
und schien daher geeignet für dieses Ehrenamt.

Marx war natürlich ein bedeutender Komponist und großer
Könner, aber ein Könner, dem es an Originalität mangelte. Manche seiner besten Lieder könnten von einem schwächeren Richard
Strauss sein. Richard Strauss, das große Genie, hatte Joseph Marx
entbehrlich gemacht. Immerhin war er eine imposante Persönlichkeit. Er sah so aus, wie man sich einen Komponisten vorstellt, ein-
schließlich des wallenden Haars. Außerdem vermochte er sehr iro-
nisch und geistvoll Äußerungen berühmter Leute zu zitieren, erfand auch viele neue Vokabeln, seine Kritiken amüsieren heute
noch, und alles, was er zur Musik zu sagen hatte, war interessant,
doch nicht immer stichhältig und gewiß nie objektiv, was man allerdings von einem Komponisten ohnehin nicht erwarten darf.

Im übrigen war auch Strawinski gänzlich unobjektiv. Für ihn
war etwa Richard Strauss, wie er mir einmal sagte, »einfach ein dum-
mer Komponist«. Ihn interessierte nur sein eigenes Schaffen, in den
letzten Lebensjahren bemerkenswerterweise aber auch das Schaffen
von Nono, Stockhausen und Webern. Strawinski war, und das un-
terscheidet ihn von Hindemith, ein revolutionärer Geist und blieb
es bis zu seinem Ende. Er scheute keinen Konflikt mit dem Publikum; für ihn war seine Welt die Welt schlechthin, während Hindemith, besonders in den letzten Jahren seines Lebens, für die Welt
schlechthin schrieb. Strawinski war ein Genußmensch in jeder Beziehung. Er liebte gut zu essen, war, wie Joseph Marx, ein beißen-
der Kritiker. Das einzige, was er gelten ließ, war die Religion. Einmal erzählte er mir in Anwesenheit seiner Frau, wie sehr er von
Gott abhängig und von der Orthodoxie beeinflußt sei. Sein ganzes
Schaffen münde immer wieder in die Religion.

Ebenso wie Béla Bartók habe ich auch Arnold Schönberg leider
nie persönlich kennengelernt, obwohl ich mit beiden in künstleri-

schem Kontakt war. Absoluter Höhepunkt meiner Tätigkeit im Konzerthaus war zweifellos die Uraufführung von Schönbergs »Jakobsleiter« beim 10. Internationalen Musikfest 1961. Als ich 1948 das zweite Musikfest veranstaltete, wollte ich zu einem interessanten Programm kommen, indem ich an alle mir damals bekannten bedeutenden Komponisten schrieb und sie um Werke bat. Ich wandte mich also an fünfundsiebzig Persönlichkeiten, unter anderen an so exotische Erscheinungen wie den türkischen Komponisten Erkin, der allerdings in Wien musikalisch erzogen worden war. Zu meinem großen Schrecken kamen über hundert Zuschriften. Ich war damals, als Anfänger, der Meinung, daß es schwierig sein müßte, Komponisten für ein solches Fest zu interessieren. Diese Auffassung erwies sich als falsch, denn viele Komponisten, die ich gar nicht angeschrieben hatte, hörten von Freunden und Kollegen, daß es eine Gelegenheit gebe, aufgeführt zu werden, und meldeten sich. Nun war ich in der schwierigen Lage, in etwa zwanzig Konzerten hundert Werke aufführen zu sollen. Ich mußte natürlich eine Auswahl treffen, was viele Beleidigungen zur Folge hatte. Manche Einsender fühlten sich düpiert, daß sie angeschrieben worden waren und nun nicht gespielt wurden.

Unter denen, die antworteten, war auch Arnold Schönberg. Er schrieb mir einen Brief, den ich als ewiges Dokument eines verbitterten Genies aufbewahren werde. Er führt darin an, daß er gekränkt sei, weil man ihn, den alten Österreicher, nicht bereits zum ersten Musikfest eingeladen habe. Weiters wies er mich darauf hin, daß bei der Universal Edition so viele Werke von ihm lägen, die noch der Uraufführung harrten, daß man seine Zustimmung zu einer Aufführung gar nicht benötige. Wenn ich aber unbedingt seine ausdrückliche Zustimmung zu einer Aufführung haben wolle, müßte ich seinen Freund Meirowitz als Dirigenten engagieren. Er schloß diesen verbitterten Brief mit einem rührenden Satz: »Sie werden sich wundern, warum ich so bitter reagiere. Das wird Sie aber nicht in Erstaunen versetzen, wenn Sie an mein Schicksal denken, das mich hier weit weg von meinen Wurzeln leben läßt und das mir nicht vergönnt hat, die Ziele zu erreichen, die ich mir im Leben gesteckt hatte.« In meiner Antwort bat ich Schönberg, die Einladung zum zweiten Musikfest so anzusehen, wie sie gedacht war. Wir haben in der Folge sehr viele seiner Werke gespielt. Leider starb er zu früh, als daß es möglich gewesen wäre, ihn mit uns und der Welt zu versöhnen.

Nach dem Krieg entwickelte die Universal Edition eine außerordentlich rege Tätigkeit. Viele Komponisten, die heute Rang und Namen haben, wurden damals von ihr gefördert und weltweit bekanntgemacht. Alfred Schlee, der Direktor der Universal Edition, rief mich 1946 eines Tages an und forderte mich auf, in den Verlag zu kommen; eine der interessantesten Persönlichkeiten der französischen Musikszene, Olivier Messiaen, sei mit der Pianistin Yvonne Loriod zu Besuch. Sie werde eines der neuesten Werke des Komponisten spielen. Bei diesem Hauskonzert begegnete ich Messiaen zum ersten Mal. Er war ein unscheinbarer, sehr schlecht gekleideter Mann, dessen Augen und Gestik faszinierten. Ich konnte mit dem Gebotenen nicht viel anfangen; zwei Stunden lang wurden kurze Klavierstücke gespielt. Ich war damals noch nicht hinreichend in die Tonwelt des Meisters eingeführt, aber ich fühlte, daß sich eine Beschäftigung mit ihr lohnte, und so veranstalteten wir im Rahmen des ersten Musikfestes eine Matinee, in der Messiaen und Loriod »Werke für ein und zwei Klaviere« spielten.

Ich begann Messiaens Tonwelt sehr zu lieben; schon im Jahr darauf hatten wir eine Messiaen-Uraufführung, »Les Trois Talas«, unter André Cluytens, ein Teil der »Turangalila Symphonie in zehn Sätzen«, die wir bald nach der Uraufführung (1948) unter Herbert Albert herausbrachten. Die Orgel war eigentlich die Mutter von Messiaens Musik, er ist ja einer der bedeutendsten Organisten unserer Zeit. Aber die Orgel ist nur ein Schwerpunkt seines Schaffens; der andere ist die Natur. Mit ungeheurer Akribie studierte er überall in der Welt Vogelstimmen und schrieb ein Stück »Les oiseaux exotiques«. Auch exotische Instrumente interessierten ihn sehr; viele davon verwendet er in seinen Kompositionen.

Komponisten und ihre Interpreten

Eine gewisse Verwandtschaft mit Messiaen, was das Interesse an neuen Instrumenten anlangt, hatte zweifellos Carl Orff, eine der farbigsten Persönlichkeiten des Musiktheaters des 20. Jahrhunderts. Von Orff hatten wir eine Reihe von Werken, vor allem 1953 die »Trionfi«, beim V. Internationalen Musikfest das Triptychon aus »Carmina burana«, »Catulli carmina« und »Trionfo di Afrodite«, konzertant unter Eugen Jochum erstaufgeführt. Die erste szenische Aufführung dieses Werks fand in München statt und wurde wegen des »gewagten« Textes von kirchlichen Kreisen, besonders aber vom damaligen bayerischen Unterrichtsminister Hundhamer, angegriffen, der wahrscheinlich zu den wenigen Kritikern gehörte, die den lateinisch-griechischen Text verstanden. Auch in Wien gab es eine gewisse Aufregung, weil sich die Damen des Chors anfänglich weigerten, diese »pornographischen« Texte zu singen. Einige unterhaltsame Auseinandersetzungen mit der Chorleitung machten es aber dann doch möglich, die Stücke wörtlich, ohne Kürzungen, herauszubringen.

Ein anderes großes Ereignis war die konzertante Aufführung der »Antigonae« im Juni 1957 in Anwesenheit des Komponisten und zu seiner großen Zufriedenheit. Orff, eine umfassend gebildete Persönlichkeit, sagte mir einmal: »Sie verstehen ja meine Arbeit. Ich bin kein so ein Musikant wie andere Kollegen. Ich bin ein Mensch des Theaters, und die Musik hat dabei eine prominente Rolle zu spielen.« Tatsächlich war Orffs Theater ein mitreißender, auf der ganzen Welt erfolgreicher Versuch, die Oper auf eine neue Basis zu stellen, und zwar auf die Basis des Wortes. Dabei war es Orff weniger wichtig, daß am Abend jedes Wort verstanden wurde, sondern die Sprache an sich war die musikalische Komponente seiner Bühnenwerke. Allerdings wurden seine Bühnenwerke für die große Allgemeinheit immer schwerer verständlich, und immer größer wurde die Enttäuschung des Publikums, als er immer weiter vom Volkstümlichen ins Archäologische rückte. Eine wichtige Komponente im Schaffen Orffs war sein »Schulwerk«. Die Kinder sollten bereits im Vorschulalter lernen, rhythmisch zu leben. Diese Methode ist in die Musikpädagogik eingegangen, wenn sie auch nicht überall gleichermaßen geschätzt wird. Alle Musikrichtungen, die den Rhythmus und die natürliche Bewegung der Musik ablehnen, die Musizieren als eine geistige Konstruktionstätigkeit empfinden und sich davon die Entdeckung einer musikalischen Sprache erwarten, sind naturgemäß gegen Orffs »Schulwerk«.

Es wäre ungerecht, über Orff zu sprechen, ohne seinen bayerischen Komponistenkollegen Werner Egk zu erwähnen. Ich bat einmal Egk, etwas für die Konzerthausgesellschaft zu schreiben, worauf er sich bereiterklärte, seine Oper »Christoph Columbus« zu einem Oratorium umzuarbeiten und es uns zur Verfügung zu stellen. Das Werk hatte ansehnlichen Erfolg.

Die interessanteste Zusammenkunft mit Egk war in seinem Haus am Ammersee. Egk setzte sich ans Klavier, und sein großer schwarzer Hund – ich glaube, es war ein Neufundländer – setzte sich neben ihn. Als er zu spielen begann, fing der Hund, einer Primadonna gleich, in den höchsten Tönen an zu singen. Nie wieder habe ich einen Hund singen gehört. Manchmal sehnte ich mich allerdings beim Hören menschlicher Vokalisen nach diesem gelehrigen Tier. Übrigens muß ich das Gerücht, Egk und Orff seien einander spinnefeind gewesen, mit Nachdruck dementieren. Weder von dem einen noch von dem anderen habe ich je ein negatives Wort über den Kollegen gehört; ganz im Gegenteil, jeder sprach mit Hochachtung vom anderen.

Darius Milhaud, einer der phantasievollsten Komponisten des 20. Jahrhunderts, war ständiger Gast im Konzerthaus, denn wir hatten viele Aufführungen seiner Werke angesetzt. Milhaud war durch eine Erbkrankheit an den Rollstuhl gefesselt. Er war sehr korpulent, und sein Esprit, seine Lebendigkeit und seine Heiterkeit standen in krassem Gegensatz zu seinem leidenden Körper. Eine seiner liebsten Tätigkeiten war, wie er mir erzählte, zu Hause am Boulevard Rochechouart, mitten im Sündenviertel von Paris, am Balkon zu sitzen und die Passanten zu beobachten. Dabei kamen ihm viele seiner musikalischen Einfälle.

Komponisten und ihre Interpreten

Eine der Milhaud-Aufführungen in Wien stand im Zeichen eines spaßigen, wenn auch für uns sehr aufregenden Zwischenfalls. Wie bereits erwähnt, hatte in Monteverdis »Orfeo«, den wir unter Hindemith aufführten, ein sehr guter italienischer Tenor, Gino Sinimberghi, den Orfeo mit freien Improvisationen gesungen. Nun suchten wir für die »Malheurs d'Orphée« von Milhaud einen Tenor mit großer Musikalität und engagierten abermals Sinimberghi, natürlich ausdrücklich für die Tenorpartie. Der Orphée in den »Malheurs« ist dagegen eine Baritonpartie, für die Eberhard Wächter engagiert war. Das Konzert wurde von Paul Sacher dirigiert. Am Beginn der ersten Probe standen Sinimberghi und Wächter auf dem Podium, und als Sacher den Einsatz für den Orphée gab, begannen beide zu singen. Sinimberghi war überzeugt gewesen, daß wir ihn im Hinblick auf seinen großen Erfolg als Monteverdi-Orpheus abermals für die Partie des Orpheus engagiert hatten. Zwar hatte er sich gewundert, daß sie so tief lag, aber auf die Idee, daß er nicht für die Titelrolle engagiert worden war, war er nicht gekommen. Der Arme mußte nach Hause fahren; an seiner Stelle sang der schnell herbeigeholte Herbert Handt die Rolle aus dem Klavierauszug. Ich zog daraus die Lehre, Verträge noch sorgfältiger als bisher auszustellen und zwischen Kontraktabschluß und Auftreten engen Kontakt mit den engagierten Künstlern zu halten.

Eines Tages kam Gottfried von Einem zu mir und sagte: »Du mußt unbedingt etwas von Blacher machen. Er ist bereit, für die Konzerthausgesellschaft etwas zu schreiben.« So kam es zur Uraufführung des Requiems, das mir Blacher gewidmet hat. Es ist bedauerlich, daß das Opus dieser bedeutenden Komponistenpersönlichkeit so wenig gepflegt wird, denn Blachers Werke weisen in die Zukunft, sie bilden sicherlich die Basis für einen Stil, den man in der so heiß ersehnten neuen Oper erwartet.

Einen besonderen Platz in meinem Herzen nahm Josef Matthias Hauer ein. Er hatte ein ungewöhnlich tragisches Schicksal. 1908 erfand er das Komponieren in Zwölftonreihen, seiner Ansicht nach lange vor Schönberg. Viele Jahre lang war er der Star der Avant-

139

garde. Nach Schönbergs Aufstieg wurde er immer mehr in den Hintergrund geschoben und kaum mehr aufgeführt. Hauers Zwölftonmusik war etwas ganz anderes als die der Wiener Schule. Sie war Religion, Weltanschauung, für die man leben und sterben mußte. Hauer meinte, der Kosmos sei ihre Heimat; alle Formen, die es in der Musik gebe, seien dort bereits vorgeprägt, und es sei die Aufgabe des Menschen, lediglich in das Weltall hineinzulauschen, die Zwölftonzyklen zu finden und sie harmonisch-rhythmisch auszuformen. Zu diesem Zweck hatte er ein System von 44 Tropen gefunden, wobei jedem Zwölftonzyklus bestimmte Tropen zugeordnet waren. Hauer hielt es für ein Sakrileg, diese naturgegebene Realität durch sogenannte kompositorische Eingriffe zu stören und sah jeden Komponisten, auch wenn er noch so bedeutend war, als einen Feind der kosmischen Musik an, die er zu erkennen und aufzuzeichnen bemüht war.

Hauers Werke gemahnen in der Tat an Sphärenklänge, die einander sehr ähneln und die bezaubernd klingen. Allerdings muß man bereit sein, in diese Musik hineinzuhören. Wir brachten 1953 unter Rosbaud im Konzerthaus die Uraufführung von Hauers fünfteiliger Kantate nach Hölderlin »Der Menschen Weg« heraus. Der graue, alte Hauer saß neben mir und war zu Tränen gerührt. Er hatte lange kein eigenes Werk gehört. In den letzten Jahren vor seinem Tod hat sich lediglich eine kleine Gruppe von Adepten unter der Führung des Cembalisten Viktor Sokolowski um Hauer und sein Werk gekümmert. Auch mich hatte er in seinen Bann gezogen. Schade, daß dieses österreichische Genie offenbar der Welt verlorengegangen ist. Seit Sokolowskis Tod gibt es kaum noch Anhänger Hauers.

Einmal besuchte ich den Komponisten in seiner Wohnung in der Bennogasse im achten Wiener Gemeindebezirk, in einem Altwiener Haus, das später leider dem Demolierungsvandalismus zum Opfer fiel. Um den Hof lief ein offener Gang, eine sogenannte Pawlatschen, von der aus man die einzelnen Wohnungen erreichte. Als ich an seiner Wohnung war, läutete ich, und es öffnete mir eine

sehr alte, kleine schwarzgekleidete Frau mit den Worten:»Ah, Sie
wollen zum Meister!« Die Primitivität der Behausung hatte etwas
Schockierendes, obwohl sie an manche Bilder von Spitzweg erinnerte. Ich müsse entschuldigen, sagte die Alte, der Meister sei
krank, er liege im Bett, aber er würde mich gerne sehen. Im Zimmer war es stickig; Hauer lag in einem einfachen Bett aus dem Fin
de siècle unter einer riesigen karierten Tuchent. Das außerordentlich charakteristische Gesicht dieses Mannes verschwand fast in den
Polstern: eingefallen, mit breiten Backenknochen und leuchtenden
Augen, die etwas von Alkohol glänzten. Mitten im Zimmer stand
ein keineswegs unbenützer Pot de chambre. Hauer sagte mir, er sei
sehr glücklich, daß wir seine Werke aufführten und er verstehe
eigentlich nicht, warum vor uns niemand auf diese Idee gekommen
sei, warum er so lange warten mußte, nach den riesigen Erfolgen,
die er gehabt habe. Er sei andrerseits aber nicht traurig, denn die
Tropenwelt sei unzerstörbar und werde ihren Sieg über die künstli-
che Verderbnis davontragen.

Hauer konnte aber in seinem wienerischen Idiom sehr heftig
werden. Einmal war er beim damaligen Leiter der Kunstsektion des
Unterrichtsministeriums, Wisoko, um über eine Ehrengabe zu verhandeln, die man ihm zukommen lassen wollte, da er ja sehr arm
war. In Wisokos Zimmer stand eine Marmorbüste Beethovens.
Hauer wies im Verlauf des Gesprächs mit drohender Geste auf die
Büste und schrie Wisoko an:»Wo der da is, hab i nix zu suchen!«
und verließ den Raum. Obwohl Wisoko ihm diese Majestätsbelei-
digung übelnahm, hat Hauer dann doch seine Ehrengabe bekommen.

Am Ende seines Lebens war Hauer noch einsamer als zuvor. Nur
wenige Menschen nahmen an seiner Bestattung teil, bei der ich im
Namen der Wiener Staatsoper ein paar Worte sagen durfte. Er liegt
auf dem Dornbacher Friedhof begraben.

Von allem Anfang an schien es mir wichtig, im Konzerthaus
einen Chor zur Verfügung zu haben, um die großen Chorwerke in
würdiger Form herausbringen zu können. Meine Unterstützung

galt daher der Singakademie, die einen neuen Chorleiter brauchte und richtig gefordert werden mußte. Ich fand diesen Chorleiter in Reinhold Schmid, meinem ehemaligen Musiklehrer im Theresianum, mit dem ich freundschaftlich verbunden geblieben war und der inzwischen eine steile Karriere gemacht hatte. Die Singakademie war eine der ältesten Chorvereinigungen Österreichs, aber aus Geldmangel in desolatem Zustand. Schmids Tätigkeit trug schnell Früchte. Er widmete sich seiner Aufgabe mit Opferbereitschaft, aber auch mit einigem Widerwillen, denn die Werke, die wir für unsere zahlreichen Gastspiele und für unser eigenes Wiener Programm einstudieren mußten, waren oft schwierige moderne Kompositionen, die zum Teil gar nicht Schmids Geschmack entsprachen. Er war ja selbst ein stark der Vergangenheit verschriebener Komponist. Nachdem er eine Professur an der kirchenmusikalischen Abteilung der Hochschule für Musik annahm und das Konzerthaus verließ, um zur Gesellschaft der Musikfreunde zu gehen, wurde 1954 Hans Gillesberger sein Nachfolger. Mit ihm wurde die Tradition der großen Chorkonzerte erfolgreich fortgesetzt. Ohne die Wiener Singakademie hätten wir die Gastspiele in Italien, besonders in Perugia, Venedig, Rom, Florenz nicht durchführen können.

Unmittelbar nach meiner Bestellung zum Direktor der Konzerthausgesellschaft konnte ich durch engen Kontakt mit der größten italienischen Konzertagentur, geführt von Klara Camus, eine Vielzahl von Einladungen buchen. Die wichtigste führte uns zur »Sagra musicale Umbra« in Perugia, die von Francesco Siciliani gegründet und von ihm zu einem bedeutenden Forum internationaler Meistermusik gemacht wurde. Seinen Einladungen folgend, haben wir die italienischen Erstaufführungen der Johannespassion von Bach, des Mozart-Requiems, der Messe in Es-Dur von Mozart, des Hindemith-Oratoriums »Als Flieder jüngst mir im Garten blühte« nach Paul Whitman und vieler anderer Werke herausgebracht. In der Kirche San Giorgio in Perugia präsentierten wir konzertant die Erstaufführung von Pfitzners »Palestrina«.

Komponisten und ihre Interpreten

All das wurde von Francesco Siciliani oft im letzten Augenblick erbeten und mußte dementsprechend in kürzester Zeit einstudiert werden. Alles, was ihm an interessanter Musik unter die Hände kam, wollte Siciliani nach Perugia bringen, und da fand er in mir einen willigen und in der Singakademie einen aufopfernden Partner. Mit unserer Beteiligung an der »Sagra Musicale Umbra« erwarben wir uns weltweiten Ruf.

Das Konzerthaus war mehr und mehr zu einem Zentrum für die Förderung moderner Musik geworden und dementsprechend wandten sich viele Interessenten an mich. In den meisten Fällen konnte ich ihre Wünsche erfüllen. Besonders möchte ich auf unsere Tätigkeit für die IGNM, die Internationale Gesellschaft für Neue Musik hinweisen, mit der ich mich immer verbunden gefühlt habe. Auf Einladung des damaligen Präsidenten Strobel, des Musikdirektors des WDR, richteten wir 1961 das 35. Weltmusikfest der IGNM in Wien aus. Es wurde – nicht nur durch die Uraufführung von Schönbergs »Jakobsleiter« – ein Markstein in der Geschichte der Gesellschaft.

Die Wiener Symphoniker waren – und sind – das Hauptorchester der Konzerthausgesellschaft. Sie haben sich der Aufgabe, so viele Werke der Neuen Musik realisieren zu müssen, mit Hingabe unterzogen. Meist mit unbedankter. Ihr Verhältnis zu den Wiener Philharmonikern war – und ist – ungefähr so wie das zwischen Musikverein und Konzerthausgesellschaft.

Das Konzerthausquartett, schon in der Kriegszeit das offizielle Quartett des Hauses, präsentierte sich in einem Zyklus von acht Konzerten jährlich. Diese Kammermusikvereinigung hatte einen ganz eigenen Ton, und bei ihren Konzerten herrschte Hausmusikatmosphäre im besten Sinn des Wortes.

Die mannigfaltige Literatur für Kammerorchester machte die Gründung eines Kammerorchesters notwendig. Es stand zuerst unter der Leitung von Franz Litschauer, dem Paul Angerer folgte. Ohne dieses Kammerorchester wäre das von mir angestrebte Universalbild des musikalischen Schaffens unvollendet geblieben. Das gilt auch in hohem Maße für die Tätigkeit des Ensembles »die reihe«. Als eines Tages der junge Komponist Friedrich Cerha mit dem Vorschlag, ein solches Ensemble zu gründen, zu mir kam, griff ich ihn mit Freuden auf. Wenn ich heute, nach einundzwanzig Jahren, einen Schlußstrich unter meine Tätigkeit im Konzerthaus ziehe, dann ist die Frage naheliegend, was von dieser Zeit, von diesen Bemühungen und von diesen Impulsen überlebt hat, welche Spuren meine Programmerstellung im Wiener Musikleben hinterlassen hat. Die Antwort lautet: Die meisten Werke, die aufgeführt, die Tendenzen, die verfolgt, die Serien, die herausgebracht wurden, leben in irgendeiner Form weiter. Besonders erfreulich ist, daß »die reihe«, diese seinerzeit am meisten umstrittene Unternehmung, heute lebendiger denn je ist, daß der Großteil derer, die ich damals als modernste Komponisten herausgebracht habe, heute zu den Arrivierten gehören, auch dann, wenn sie nicht so viel gespielt werden wie seinerzeit. Sie sind in die Musikgeschichte eingegangen und haben dort ihren festen Platz errungen.

Es war aber nicht nur wichtig, im Konzerthaus gute Musik zu machen, sondern es war auch notwendig, entsprechende Publikumsorganisationen zu schaffen. Der Leiter der Brüsseler Philharmonie, Marcel Cuvelier, hatte die »Jeunesses musicales« gegründet, die ich für Österreich ins Leben rief. In den fünfziger Jahren hatte ich die Ehre, beim Brüsseler Weltkongreß der »Jeunesses musicales« den Vorsitz zu führen. Bei dieser Gelegenheit lernte ich die Königinmutter Elisabeth von Belgien kennen, eine faszinierende Persönlichkeit und begeisterte Musikliebhaberin par excellence. Sie gestand mir, Sehnsucht nach Wien zu haben; sie war ja eine bayerische Prinzessin, eng verwandt mit ihrer Namenspatronin, Kaiserin Elisabeth von Österreich.

Da ich die »Jeunesses musicales« nicht persönlich im Detail betreuen konnte, bat ich einen jungen Studenten, sich um die Organisation zu kümmern.

Er hieß Joachim Lieben und erwarb sich damals das Rüstzeug für sein später so bedeutendes und umfassendes Unternehmen, die »Stimmen der Welt«, die Wien, was die Pop-Musik betraf, sehr rasch aus seiner Provinzialität herausholten.

Alles, was ich im Konzerthaus getan habe, wäre ohne den Präsidenten Manfred Mautner Markhof nicht möglich gewesen. Er hatte mich nicht nur geholt, sondern mir auch immer wieder geholfen, wenn das Konzerthaus durch meine Bocksprünge, Phantastereien und vielleicht zu überschäumenden Aktivitäten in Schwierigkeiten geraten war. Er war eine außerordentliche Persönlichkeit, hatte einen sehr eigenständigen Kunstgeschmack und war auch mit allen Problemen des Konzerthauses vertraut. Er hat mir nie wirklich dreingeredet, wollte aber von allem wissen und hat seine Ablehnung sehr klar zum Ausdruck gebracht, wenn etwas nicht seinem Geschmack entsprach. Er hat aber nie gesagt: »Tu das nicht, laß das!«, sondern stets gemeint: »Es ist ja deine Sache. Wenn du glaubst, daß das richtig ist, dann mach es.«

Mautner Markhof hat uns auch insofern kolossal geholfen, als er gerne mit Künstlern aller Art beisammen war und sein schönes Haus für Zusammenkünfte zur Verfügung stellte. Ohne ihn und Frau Pussy hätten wir in vielen Fällen keine so ausdauernde, enge Beziehung mit großen Künstlern aufrechterhalten können. Man hat ihm Unrecht getan, wenn man ihn nur wegen seines Kaiserbartes sozusagen als Monument ansah. Er war bis zum Schluß ein unerhört agiler Durchsetzer von schwierigen Projekten; man mußte nur zu ihm kommen und ihm sagen, daß man ein interessantes Vorhaben realisieren wolle. Und wenn man ihm klarmachen konnte, daß es zukunftweisend, daß es wichtig war, hatte man seine Unterstützung.

Manfred Mautner Markhofs Liebe galt aber nicht nur der Musik, sondern auch der bildenden Kunst, insbesondere der Bildhauerei. Er sagte oft zu mir: »Es gibt eigentlich nichts Schöneres als das Angreifen einer Skulptur aus Bronze oder Stein.« Besonders liebte er das Werk von Fritz Wotruba, und seine Sammlung gehörte zu den bedeutendsten Wotruba-Kollektionen.

Natürlich hatte ich Mautner Markhofs volle Unterstützung, als ich daranging, in den Pausenräumen des Konzerthauses Gemälde zeitgenössischer Künstler auszustellen. Ich bat den Kunsthistoriker und Kritiker Jörg Lampe, mir junge begabte Maler zu nennen, die wir ausstellen konnten. So kam ich in Kontakt mit jungen Künstlern wie Hausner, Lehmden, Hutter, Brauer, Mikl und vielen anderen. Die Ausstellungen wurden aber von einem Großteil des eher konservativen Publikums zunächst abgelehnt. Ich kann mich an sonderbare Geschehnisse bei einer Ausstellung von Werken Rudolf Hausners erinnern. Als ich am Morgen nach dem Eröffnungstag durch das Foyer ging, sah ich, daß einige Bilder abgehängt waren. Ich konnte nie feststellen, wer das getan hatte, kümmerte mich auch weiter nicht darum, sondern hängte die Bilder wieder auf. Merkwürdigerweise waren sie tags darauf wieder weggestellt; ich hängte sie abermals auf, machte den Hausangestellten einen großen Krach – und danach blieben die Bilder an ihrem Platz.

Als ich in das Konzerthaus berufen wurde, war ich mir der Schwächen des großen Saals bewußt, der es an Schönheit mit dem wunderbaren goldenen Saal des Musikvereins nicht aufnehmen konnte. Ich war entschlossen, unseren Saal, obwohl ich ihn gar nicht so häßlich fand, durch kleine Retuschen – vor allem akustischer Natur – zu verbessern. Er strahlte weiterhin eine gewisse Kälte aus, die dem Wiener Geschmack nicht lag. Meine Maßnahmen – so hatte ich unter anderem Kristalluster aus der zerstörten deutschen Botschaft günstig erworben und anbringen lassen – waren auch nicht gerade stilbildend. Mein Nachfolger Peter Weiser hat den Originalzustand des Hauses mit weitgehendem Erfolg wiederhergestellt. Ich war zunächst eigentlich dagegen, daß man die verbessernden Einbauten wieder beseitigte, muß aber heute zugeben, daß der Weg richtig war. Der Jugendstil, der noch vor einem Vierteljahrhundert abgelehnt worden war, wird nunmehr bewundert. Wie wenig das Konzerthaus nach dem Krieg in architektonischer Hinsicht geschätzt wurde, geht schon daraus hervor, daß es, auch mit Rücksicht auf die ewigen finanziellen Schwierigkeiten, ernste Überlegungen gab, es niederzureißen und einen neuen Nutzbau zu errichten, in dem auch Konzertsäle und ein Theater untergebracht werden sollten. Gott sei Dank gedieh dieser Plan nicht über unverbindliche Vorgespräche hinaus; er wäre aber auch im Hinblick auf die im gleichen Häuserblock untergebrachte Akademie für Musik und darstellende Kunst nur sehr schwer durchzuführen gewesen.

VII

Vom Konzerthaus in die Oper

Acht Jahre hindurch hatte ich nun die Geschicke des Wiener Konzerthauses geleitet und fühlte mich in dieser Zeit in jeder Hinsicht zufrieden. Dennoch war es für mich ein stolzer und freudiger Augenblick, als ich im Sommer des Jahres 1954 aufgefordert wurde, stellvertretender Direktor der Wiener Staatsoper zu werden, eines Hauses, dem ich mich seit frühester Jugend verbunden fühlte.
Die erste Heimstätte der Wiener Staatsoper nach dem Krieg war das unversehrt gebliebene Gebäude der Wiener Volksoper. Das Haus stand zunächst unter der kommissarischen Leitung des äußerst beliebten Opernsängers Alfred Jerger. Natürlich besuchte ich die erste Vorstellung am 1. Mai 1945. Man spielte »Figaros Hochzeit«. Die Dekoration war aus obskuren Kulissenteilen zusammengestellt, Hilde Konetzni sang die Gräfin, Paul Schöffler den Grafen, Alois Pernerstorfer den Figaro, Sena Jurinac den Cherubin und Irmgard Seefried die Susanne. Am Pult stand Josef Krips. Die Begeisterung der Mitwirkenden, aber auch die Entbehrungen waren groß. Hilde Konetzni erzählte mir einmal, daß sie damals selbstverständlich zu Fuß ins Theater gehen mußte, das heißt, daß sie die etwa fünf Kilometer vom Modenapark bis zum Währinger Gürtel marschierte, um anschließend eine Vorstellung zu singen.
Nach einer kurzen Vorbereitungszeit wurde Franz Salmhofer zum Operndirektor bestellt, wobei er den Auftrag erhielt, im Theater an der Wien eine vorläufige Heimstätte für die Staatsoper zu schaffen.
Salmhofer ging mit dem ihm eigenen Enthusiasmus und mit der leichten Hand, die er auch beim Komponieren stets bewiesen hatte,

ans Werk. Er war als Kapellmeister des Burgtheaters und Komponist von Bühnenmusiken sehr bekannt geworden. So hatte er sich u. a. mit klangvollen Piecen, die er für die »Faust«-Inszenierung von Richard Beer-Hofmann geschrieben hatte, einen Namen gemacht. Zu Salmhofer konnte man sagen: »Jetzt brauche ich noch zehn Minuten Trauermusik«, und sich darauf verlassen, daß er sie innerhalb eines Tages schrieb. Alles klang immer sehr apart; man konnte sich von ihm Musik jeder Art wünschen – à la Mozart oder à la Strawinski – und sie wurde mit großer handwerklicher Meisterschaft schnell und gut geliefert. Während des Krieges hatte er einen sehr erfolgreichen Einakter komponiert, der in der Nachfolge von Wilhelm Kienzl, Richard Strauss und russischer Folklore stand, »Iwan Tarassenko«. Leider hat er später aus diesem Einakter eine abendfüllende Oper gemacht; sehr zum Nachteil des Stückes.

Unbestritten ist, daß Salmhofer im Theater an der Wien sehr erfolgreich war und daß sich seine Direktion durch eine Reihe von hervorragenden Aufführungen, meistens unter Josef Krips, später aber auch unter Clemens Krauss und Karl Böhm, auszeichnete. Er hatte ein Stammensemble von exzellenten Sängern zur Verfügung, das als das ideale Mozart-Ensemble in die Geschichte der Oper eingegangen ist: Irmgard Seefried, Sena Jurinac, Martha Rohs, Elisabeth Schwarzkopf, Emmy Loose, Erich Kunz, Paul Schöffler, Anton Dermota. Natürlich war es angesichts der damaligen Reiseschwierigkeiten verhältnismäßig leicht, dieses Ensemble, das aus der Zeit der Direktion Karl Böhms stammte, beisammenzuhalten. Böhm als Dirigent war es auch gewesen, der mit dem Regisseur Oscar Fritz Schuh und dem Bühnenbildner Caspar Neher den für Wien typischen Mozartstil geschaffen hatte.

Salmhofer stand ferner eine ganze Reihe hervorragender Wagnersänger zur Verfügung: Anny Konetzni, Hilde Konetzni, Max Lorenz, Set Svanholm, Günther Treptow, Hans Hotter, Fritz Krenn. Dazu kamen großartige Darstellerinnen und Sängerinnen wie Elisabeth Höngen, Christl Goltz und die sensationelle Ljuba Welitsch. Salmhofer war auf dieses Besitztum sehr stolz und sah

149

keinen Anlaß zu »Reformen« irgendwelcher Art. So verlangte Erich Kleiber, der wohl damit rechnete, Direktor der Wiener Oper oder zumindest ihr Generalmusikdirektor zu werden, daß er für beide Vorstellungen von »Rosenkavalier«, für die er abgeschlossen hatte, dieselbe Orchesterbesetzung haben müsse. Salmhofer wußte, daß diese Forderung bei den Philharmonikern auf Schwierigkeiten stoßen würde, weil es üblich war, daß sie sich die Besetzung der einzelnen Vorstellungen untereinander auszumachen pflegten. Kleiber blieb aber unnachgiebig, worauf Salmhofer erklärte: »Aber Herr Kleiber, die spielen doch alle gleich gut!«

Ein ähnlich unbekümmertes Urteil habe ich einmal aus dem Mund einer ganz anderen Persönlichkeit, nämlich des Wiener Prälaten Wagner, gehört. Während der christlichen Kulturtage in Wien wollte ich eine Messe in der Stephanskirche, gesungen von den Wiener Sängerknaben, organisieren und bat Wagner um seine Zustimmung. Als mir der Prälat sagte, der Regens chori des Stephansdoms würde sicher dagegen sein, antwortete ich: »Das kann ich mir nicht vorstellen. Es steht doch außer Zweifel, daß die Sängerknaben ein viel höheres musikalisches Niveau haben als der wackere Domchor.« Darauf Wagner: »Aber mein lieber Freund, die singen ja auch nur mit'm Mund!«

In dem Zinshaus, in dem die Direktion des Theaters an der Wien untergebracht war, residierte Salmhofer zusammen mit seinem Stellvertreter Heinrich Reif-Gintl. Von diesem Direktionsbüro konnte man die Bühne des Theaters nicht direkt erreichen, sondern mußte durch die Millöckergasse gehen, in der sich ein Stundenhotel befand, vor dem die Stammkundinnen promenierten. Der Leiter des künstlerischen Betriebsbüros, Ernst August Schneider, der gute Geist der Staatsoper bis zu seinem Tod, mußte täglich mehrmals durch die Millöckergasse gehen, vor allem am Abend vor der Vorstellung, für deren klaglosen Ablauf er zu sorgen hatte, was damals großes improvisatorisches Geschick voraussetzte. Er kannte also die lustwandelnden Damen alle mit Namen, und sie kannten ihn. Die Beleuchtung in der Millöckergasse war aber äußerst unzureichend, und so geschah es, daß er eines Abends angesprochen wurde:»Na Schatzi, gehst mit?«Nachdem die Kontaktheischende ihren Irrtum erkannt hatte, versuchte sie den Fauxpas mit den Worten zu reparieren:»O entschuldigen S', Herr Direktor, ich hab 'glaubt, Sie san a Herr!«

Auch von Hans Knappertsbusch erzählt man, daß er in der Millöckergasse von einer Dame aus dem Blumengarten Klingsors angesprochen wurde. Er soll ihre Aufforderung mitzukommen in seiner bekannt preußischen Diktion mit »Leider, heute zuhaus gelassen!« beantwortet haben.

Die legere Atmosphäre, die rund um das Theater an der Wien herrschte, darf nicht darüber hinwegtäuschen, daß in diesem Haus hart gearbeitet wurde und daß sich Franz Salmhofer als wienerischer Musikmensch schlechthin ein Denkmal verdient hat.

Der Wiederaufbau des zerstörten Opernhauses am Ring war eng mit dem Namen Egon Hilberts, des dynamischen Leiters der Bundestheaterverwaltung, verbunden. Es hatte viele Diskussionen darüber gegeben, ob das Haus in jeder Hinsicht wieder so hergestellt werden sollte, wie es gewesen war, oder ob der Teil, der vollkommen zerstört war, neu und modern konzipiert werden sollte. Der Entwurf von Professor Boltenstern, der schließlich zur Ausführung gelangte, sah vor, das unzerstört gebliebene Stiegenhaus zu erhalten und den Zuschauerraum so zu gestalten, daß er im wesentlichen an das alte Haus erinnerte. Die Säulensitze mit schlechter Sicht auf den Galerien wurden durch Errichtung einer freitragenden Konstruktion eliminiert. Diese Säulensitze waren, wie ich schon sagte, von Kennern sehr gesucht gewesen; da die Oper selten völlig ausverkauft war, konnte man sie mit einer billigen Säulensitzkarte betreten und dann anderswo einen Platz mit guter Sicht einnehmen.

Die Innenausstattung des neuen Hauses sollte dem damaligen Geschmack des Kunstgewerbes entsprechen. Nachdem man sich darüber geeinigt hatte, blieb noch das Problem des Eisernen Vorhangs. Um über seine Gestaltung zu entscheiden, wurde eine Kommission einberufen, an deren Sitzungen ich bereits als Vertreter Karl Böhms teilzunehmen hatte. Es waren viele Entwürfe eingereicht worden, darunter hervorragende Arbeiten von Fritz Wotruba und Herbert Boeckl. Ich ergriff in der Kommission wiederholt das Wort und versuchte eine Erweiterung der Ausschreibung auf führende Künstler des Auslandes zu erreichen; aber DDDr. Illig, der für den Wiederaufbau zuständige Minister, der den Vorsitz führte, und Unterrichtsminister Kolb ließen erkennen, daß sie einer konventionellen oder – wie es auch hieß – einer österreichischen Lösung zuneigten.

Den Auftrag erhielt schließlich Rudolf Eisenmenger, der dann auch die Tapisserien für den Pausenraum entwarf. Die Betrauung Eisenmengers erregte lebhafte Kontroversen, bei der sich künstlerische und politische Motive mischten. Ich hatte nie ein Hehl daraus gemacht, daß ich für den Eisernen Vorhang gerne einen Großen der internationalen Kunstszene gesehen hätte, doch Eisenmengers Tapisserien, vor allem den sogenannten Papageno-Gobelin, finde ich in der Durchkomposition des gestellten Themas wie auch in der Wahl der künstlerischen Mittel, die der Gobelintechnik gerecht werden, gelungen und einen bleibenden Gewinn für das neue Haus.

Inzwischen war Egon Hilbert vielen Leuten unbequem geworden, denn wenn jemand auch nur ein Wort gegen seine geliebte Oper oder gegen seine Art der Geschäftsführung zu sagen wagte, wurde er ein für allemal als Feind betrachtet und entsprechend behandelt. Schließlich geriet er auch mit Unterrichtsminister Dr. Kolb in Konflikt und wurde an das Österreichische Kulturinstitut in Rom versetzt, das er mit der ihm eigenen Intensität zu einem Veranstaltungszentrum ausbaute.

Nach Hilberts Abgang wurde Ernst Marboe, bis dahin Chef des Bundespressedienstes, zum Leiter der Bundestheaterverwaltung bestellt. Eine seiner ersten Aufgaben war es, einen Direktor für die wiederaufgebaute Staatsoper zu suchen. Es galt als ausgemacht, daß dieser Direktor nicht Salmhofer sein würde. Da man den verdienten Mann aber nicht kränken und seine Leistungen anerkennen wollte, ernannte man ihn zum Direktor der Volksoper, die bis dahin unter der Leitung von Hermann Juch gestanden war, der nun einem Ruf nach Düsseldorf folgte.

Für die Leitung der Wiener Staatsoper kamen nur wenige Persönlichkeiten in Betracht, wobei Clemens Krauss und Karl Böhm im Vordergrund standen. Clemens Krauss und Karl Böhm hatten eine eigene Lobby. Zu Böhms Lobby gehörte mein Freund Manfred Mautner Markhof, zu Krauss' Lobby Unterrichtsminister Kolb. Er band Clemens Krauss durch einen Vertrag an die Staatsoper, und es sollte nur mehr eine Formalität sein, daß sich der Unterrichtsminister die Bestellung von Krauss durch die Regierung bestätigen ließ. Doch stellte sich heraus, daß er mit seinem Vorschlag auf stärksten Widerstand bei Bundeskanzler Julius Raab stieß und sich nicht durchsetzen konnte. Krauss war durch die Zurückweisung tödlich getroffen. Beim Rücktritt von Minister Kolb, der wenig später erfolgte, spielte die Angelegenheit durchaus eine wichtige Rolle. Clemens Krauss ging – meiner Meinung nach in vollem Bewußtsein, daß es für seinen Gesundheitszustand höchst gefährlich war – nach Mexiko, um dort Konzerte zu dirigieren. Bei der Probe zu einem dieser Konzerte ist er dann gestorben. Ich bin überzeugt, daß Clemens Krauss den Tod gesucht hat. Heute muß ich sagen, daß ich auch auf der Seite von Manfred Mautner Markhof stand und Krauss nicht mehr für den Richtigen angesehen habe, weil er sich nach dem Krieg sehr eindeutig zu einem Gegner der Moderne in der Oper entwickelt hatte. Meiner Ansicht nach war es damals notwendig, einen sehr vorwärtsdrängenden Mann an die Oper zu bringen – und das war für mich Karl Böhm.

Für ihn als Direktor und mich als seinen Stellvertreter wurde dann durch Bundeskanzler Raab entschieden. Aber schon zu diesem Zeitpunkt wurde da und dort über eine wünschenswerte Möglichkeit gesprochen, Herbert von Karajan ...

Ich weiß aus vielen Gesprächen mit ihm, daß auch Marboe hoffte, später einmal, nach Böhm, Karajan als Direktor zu gewinnen. Er erklärte mir aber, überzeugt davon zu sein, daß Karajan in absehbarer Zeit für das Haus in Wien noch nicht in Frage komme. Dementsprechend rief mich Marboe eines Tages zu sich und bat mich, nach Berlin zu fahren, um Böhm zu fragen, ob er Staatsoperndirektor werden wolle. Kurz zuvor hatte Clemens Krauss eine endgültige Absage erhalten, die nicht zuletzt auf Bundeskanzler Raab zurückzuführen war. Ausschlaggebend dafür war sicher die Intervention Manfred Mautner Markhofs zugunsten Karl Böhms gewesen, aber auch Raabs Mißtrauen gegen Clemens Krauss, den er für politisch belastet hielt. Dem zuständigen Unterrichtsminister Dr. Kolb blieb nichts anderes übrig, als Böhm zum Operndirektor zu bestellen, doch sollte ich erst einmal recherchieren, ob dieser überhaupt bereit war, eine solche Bestellung anzunehmen.

Ich fuhr also nach Berlin und sprach mit Böhm während eines Spaziergangs im Grunewald. Er sagte mir, daß er gerne nach Wien kommen und mit mir zusammenarbeiten würde. Es müsse aber klargestellt sein, daß er der eigentliche Direktor sei. Das entsprach auch meinen Vorstellungen; wenn es tatsächlich zu einem Gespann Böhm-Seefehlner kommen sollte, dann konnte ich in einer solchen Kombination nur ein mehr oder weniger ausführendes Organ sein.

Unmittelbar nach meinem Berlin-Besuch kam Böhm nach Wien und schloß seinen Vertrag ab. Er wurde Direktor, aber Heinrich Reif-Gintl wurde sein Stellvertreter und als solcher mit der Organisation der Eröffnungsfeierlichkeiten betraut; ich dagegen blieb ohne jede Nachricht. Bald darauf las ich in den Zeitungen, daß Hermann Juch, der Kandidat von Minister Kolb, als Stellvertreter Böhms in Aussicht genommen sei. Gleichzeitig wurde mir immer wieder versichert, daß Marboe und Böhm für mich seien. Ich hatte bereits die Hoffnung aufgegeben, in die Staatsoper einzuziehen, als eine überraschende Wendung eintrat.

Ich hielt mich im August 1954 für einige Tage bei den Festspielen in Salzburg auf, als mir beim Verlassen des Hotels »Bristol« Thea Böhm, die hinter dem Steuer ihres Autos saß, zurief: »Doktor

Vom Konzerthaus in die Oper

Seefehlner! Sie müssen heut' noch zu meinem Mann kommen. Er muß Sie dringend sprechen. Sie müssen unbedingt mit ihm zusammen in die Oper!«

Ich suchte Böhm auf und hörte von ihm, daß er mich als seinen Stellvertreter haben wolle. Als ich erwiderte, für diesen Posten sei doch Hermann Juch vorgesehen, erklärte Böhm, das seien nur Gerüchte, und von Reif-Gintl müsse er sich trennen, weil er mit ihm nicht zusammenarbeiten könne. Mir war diese Brüskierung Reif-Gintls höchst unangenehm, weil ich mit ihm nie Differenzen gehabt hatte und ihn im Gegenteil wegen seiner großen Erfahrung sehr schätzte. Böhm und Marboe waren aber fest entschlossen, mich als stellvertretenden Staatsoperndirektor ins Haus zu nehmen. Der Vertrag wurde unterschrieben, man gestattete mir, im Konzerthaus weiterhin als geschäftsführendes Direktionsmitglied zu arbeiten, und ich zog in das noch nicht fertiggestellte Haus am Ring. Dr. Böhm und ich teilten zuerst ein gemeinsames Büro, das im Stockwerk ober den jetzigen Direktionsräumen lag, und ich hatte daranzugehen, die schon weitgehend festgelegten Pläne für das sogenannte Wiener Opernfest 1955 zu realisieren.

Es war bereits beschlossene Sache, zwischen 5. November und 5. Dezember 1955, also in einem Zeitraum von vier Wochen, sieben Opern und ein Ballett neu herauszubringen:»Fidelio«,»Don Giovanni«,»Frau ohne Schatten« und »Wozzek« unter Karl Böhm, »Aida« unter Rafael Kubelik,»Die Meistersinger von Nürnberg« unter Fritz Reiner,»Der Rosenkavalier« unter Hans Knappertsbusch und»Giselle« von Adam mit Blachers»Der Mohr von Venedig« als Uraufführung unter Heinrich Hollreiser. Dafür standen zwei Monate Vorbereitungszeit zur Verfügung, wobei»Der Rosenkavalier« die geringsten Schwierigkeiten bot, da Knappertsbusch kein großer Probierer war und Josef Gielen lediglich die Inszenierung des Theaters an der Wien adaptieren mußte.

Mir schien eine Anhäufung von so vielen Premieren in so kurzer Zeit ein gigantisches, mit Sicherheit viel zu riskantes Unternehmen. Ich hätte gerne daran noch etwas geändert, aber das war nicht

155

möglich, da sehr viele Engagements bereits getätigt waren und der
Wunsch überwog, ein epochales Opernfest zu veranstalten. Die
Schwierigkeiten waren enorm! Dekorationen und Kostüme mußten im Blitztempo hergestellt werden, dem Personal hing im wahrsten Sinne des Wortes die Zunge heraus, und ich mußte zum ersten
Mal in meinem Leben meine Scheu, in der Öffentlichkeit zu sprechen, überwinden und mich vor den aufgebrachten Bühnentechni-
kern als Volksredner bewähren. Sie mußten die neue Bühne erst in
den Griff bekommen. Die Versenkungen waren zu laut, die Beleuchtung hatte ihre Tücken, mit einem Wort, alle Kinderkrank-
heiten, die man sich nur ausdenken kann, stellten sich bei den Proben ein. Dank der Hingabe des technischen Personals, des hervorragenden technischen Direktors Hofrat Jaschke, seines Assistenten
Felkel und des Beleuchtungschefs, Hofrat Rotter, konnten aber
schließlich alle Probleme gemeistert werden.

Die Eröffnungsvorstellung mit »Fidelio« am 5. November 1955
war ein glanzvolles Fest, zu dem zahlreiche Persönlichkeiten der
internationalen Gesellschaft gekommen waren. Es gab große
Schwierigkeiten bei der Vergabe der Plätze. Maria Jeritza hatte eine
Loge bestellt, sagte aber im letzten Augenblick ihren Besuch ab.
Als Ehrenmitglied des Hauses hätte sie in der Proszeniumsloge sitzen sollen, aber dort wäre für ihren Ehemann kein Platz gewesen.

Ich selbst trug am Eröffnungsabend den ersten Orden, den ich
erhalten hatte, das Offizierskreuz des päpstlichen Silvester-Ordens,
und mußte die Gäste auf der Feststiege empfangen. Der Hausherr,
Karl Böhm, konnte dieser Verpflichtung nicht nachkommen, weil
er die Vorstellung dirigierte. Einige Zeit später las ich in der
Schweizer »Weltwoche« in einem Artikel des bekannten Feuilleto-
nisten Manuel Gasser, Dr. Seefehlner habe »ordensbedeckt, wie wei-
land der Graf von Monte Christo, die Gäste mit düsterer Miene«
begrüßt. Die düstere Miene mag gestimmt haben, denn ich fühlte
mich im steifen Frackhemd und in meinen Lackschuhen, die drück-
ten, nicht wohl. Was dagegen die Orden betraf, muß wohl eine
Verwechslung vorgelegen sein.

Vom Konzerthaus in die Oper

Ein besonderes Ereignis des Festes war die Rückkehr Bruno Walters nach Wien, um in der Staatsoper die »Neunte« Beethovens zu dirigieren.

Bruno Walter war ein äußerst liebenswürdiger, höflicher Mensch, der im Gegensatz zu seinem Kollegen Otto Klemperer stets im besten Einvernehmen mit dem Orchester wirkte. Klemperer, der Bruno Walter nie besonders liebte, hat einmal über seinen Umgang mit dem Orchester gesagt: »Bruno Walter dirigiert so: ›Meine Herren, empfehle Cis!‹«

Von den Komponisten, die zur Eröffnung des wiederaufgebauten Hauses am Ring eingeladen worden waren, empfand ich Dimitri Schostakowitsch als den interessantesten.

Die größte Sorge, die ich – wie sich dann herausstellte, mit Recht – gehabt hatte, war das Ensemble, das beim Opernfest sozusagen aufgebraucht wurde. Sänger ersten Ranges wie Elisabeth Schwarzkopf, Irmgard Seefried, Paul Schöffler, Hilde Güden und George London hatten Verträge, die sie nur für vier Monate an die Wiener Staatsoper banden. Es läßt sich leicht ausrechnen, daß nach dem Opernfest und den damit verbundenen Proben diese vier Monate weitgehend verbraucht waren und nachher diese Spitzensänger nicht mehr zur Verfügung standen. Es war also ein hoffnungsloses Beginnen, gute Repertoirevorstellungen aus dem Theater an der Wien ohne Qualitätsverlust in das große Haus zu transferieren. Außerdem stellte sich nach Beendigung des Opernfestes sehr bald heraus, daß Sänger, die bisher im Theater an der Wien durchaus Erfolge gehabt hatten, in der Staatsoper nicht mehr ankamen. Das kleine Haus war für die meisten Stimmen günstig gewesen, im großen versagten viele. Vor allem ältere Sänger, die in der Nachkriegszeit noch erfolgreich gewesen waren, wurden in der Staatsoper als nicht mehr ausreichend empfunden.

Die Schwierigkeiten, mit denen ich als Verantwortlicher für die Repertoiregestaltung zu kämpfen hatte, waren also gigantisch. Karl Böhm, der dem Alltag Glanz verschafft hätte, war inzwischen nach Amerika, an die Metropolitan Opera gegangen, um dort seine

Weltkarriere zu beginnen. Bis dahin war Böhm zwar ein in deutschen Landen sehr bekannter Dirigent gewesen, hatte aber außerhalb Europas noch nicht dirigiert.

Der Rückkehr Karl Böhms aus Amerika waren einige Vorstellungen, darunter Neueinstudierungen von »Troubadour« und »Maskenball«, vorausgegangen, die vom Publikum und von der Presse nachhaltig abgelehnt wurden. Ich hörte, daß sich Cliquen gebildet hatten, die entschlossen waren, Böhm nach seiner Rückkehr so zu behandeln, daß ihm nichts anderes übrig blieb als zurückzutreten. Der Zorn gegen ihn beruhte nicht ausschließlich auf ehrlicher Enttäuschung. Er wurde auch von Personen geschürt, die sich aus irgendeinem Grund von ihm schlecht behandelt fühlten. So gab es einen an und für sich sehr liebenswerten, mit Opernfragen aber nur am Rande vertrauten Herrn der Wiener Gesellschaft, der schon beim Einzug Böhms in die Oper seine Feindschaft damit dokumentiert hatte, daß er eine tote Taube vor den Bühneneingang gelegt hatte. Es waren auch professionelle Schwarzseher am Werk, die erklärten, diese Direktion könne ja gar keinen Erfolg haben, weil in die Tapisserien des Gobelinsaals ein Pfau eingewebt sei, ein Tier, das nach altem Aberglauben ein Unglücksbote für das Theater ist.

Als Böhm am Flughafen Schwechat eintraf, wurde er von dem Musikkritiker Karl Löbl gefragt, warum er denn in dieser schwierigen Anfangsphase die Wiener Oper verlassen habe und ob er wisse, was sich hier in seiner Abwesenheit abgespielt habe. Böhm, der nicht ahnte, welche Gewitterstimmung in Wien herrschte, antwortete mit entwaffnender Naivität: »Ich werd' doch meine Karriere nicht der Wiener Oper opfern!«

Nach diesen Worten Böhms strotzten am nächsten Tag die Zeitungen von Angriffen und Rücktrittsforderungen. Böhm war nach Rücksprache mit Marboe und einem freunschaftlichen Gespräch mit Mautner Markhof auch tatsächlich gewillt zurückzutreten, und dieser Rücktritt sollte auf einer Pressekonferenz, zu der von der Bundestheaterverwaltung geladen wurde, bekanntgegeben werden.

Vom Konzerthaus in die Oper

Böhm war sehr niedergeschlagen und suchte nach den eigentlichen Schuldigen dieser Hetze. Er sprach auch mich nicht ganz frei von Schuld und erklärte in einem Zeitungsinterview, er habe ja nicht wissen können, daß sein Stellvertreter nicht in der Lage sein werde, den Spielplan in Ordnung zu halten. Mir selbst sagte er, daß ich doch wohl meine Finger in dieser Kampagne gegen ihn haben müsse, was in keiner Weise stimmte.

Als er auf der Pressekonferenz seinen Rücktrittsbeschluß bekanntgab, erhob sich der Senior der Wiener Kritiker, Heinrich von Kralik, und sagte: »Aber Karl, wir wollen ja gar nicht, daß du zurücktrittst. Wir wollen mit unserer Polemik nichts anderes erreichen, als daß du der Wiener Staatsoper länger zur Verfügung stehst, daß du hier bist, wenn es Schwierigkeiten gibt. Wir wollen ja haben, daß du in Wien bleibst.« Als dann noch andere Journalisten ähnliche Ansichten wie Kralik äußerten, erklärte Böhm, er müsse sich seinen Rücktritt noch einmal überlegen. Nun gingen seine Gegner aber aufs Ganze.

Zwei Tage später dirigierte Böhm »Fidelio«, und es kam zu einem ungeheuren Skandal. Als er den Orchestergraben betrat, wurde im Zuschauerraum gepfiffen und getobt. Böhm stand wie gelähmt am Pult und war nicht in der Lage, den Auftakt zu geben. Seine Anhänger hatten zu applaudieren begonnen und er hoffte, daß sich der Applaus durchsetzen werde. Gegen die Trillerpfeifen waren die Beifallsklatscher aber machtlos. Ich rief immer wieder laut aus meiner Loge: »Anfangen, anfangen!« Böhm konnte mich aber nicht hören. Ich fiel buchstäblich in Ohnmacht und mußte vom Theaterarzt Dr. Demetz behandelt werden; dieser Abend gehört zu den schrecklichsten Erinnerungen meines Opernlebens. Erfreulich hingegen war – und das spricht wieder für das Wiener Publikum –, daß Böhm nach der dritten Leonoren-Ouvertüre enthusiastisch gefeiert wurde. Damit wollten die Leute sagen: »Als Direktor wollen wir dich nicht, als Dirigenten lieben wir dich.« Böhm ist dann auch tatsächlich und endgültig zurückgetreten, und ich wurde zum kommissarischen Direktor ernannt.

Von Karajan war in diesen Tagen noch keine Rede. Ich wurde lediglich von Marboe informiert, daß er nun mit Karajan sprechen werde. Nach nicht allzu langer Zeit sagte Karajan grundsätzlich zu und führte Gespräche mit dem neuen Unterrichtsminister Dr. Drimmel.

Erfreulicherweise ist es mir bald gelungen, Böhm davon zu überzeugen, daß ich nichts mit seinem Sturz zu tun hatte, und wir sind bis zu seinem Tod enge Freunde geblieben.

Der Auftakt zum Einzug Herbert von Karajans in die Wiener Staatsoper war zweifellos das denkwürdige Gastspiel der Mailänder Scala mit »Lucia di Lammermoor«, in einer Besetzung, die heute bereits als musikhistorisch bezeichnet werden kann: Maria Callas, Giuseppe di Stefano und Ettore Bastianini waren die Protagonisten einer Aufführung, die das Publikum in einen Taumel der Begeisterung versetzte. Jeder hoffte nach diesem denkwürdigen 12. Juni 1956, die Direktion Karajan möge Wirklichkeit werden. Marboe informierte mich, daß Karajan nach Wien kommen und auch mit mir sprechen werde.

Karajan hatte am 1. Juni 1937 »Tristan und Isolde« an der Staatsoper dirigiert und schon damals auf mich bleibenden Eindruck gemacht. Während meines Aufenthalts in Berlin im Kriege wurde ich dann Zeuge des unerhörten Aufstiegs dieses Dirigenten. Eine »Zauberflöte« in der Inszenierung von Gustaf Gründgens, eine wunderbare Aufführung der »Bürger von Calais« von Wagner-Régenyi, herrliche Akademien mit dem Berliner Staatsopernorchester und eine unvergeßliche Interpretation der »Meistersinger« machten mich zum glühenden Verehrer Karajans.

Seine persönliche Bekanntschaft machte ich erst nach dem Krieg in Wien. Es muß im Jahre 1946 gewesen sein, als er zu mir ins Konzerthaus kam und sagte, er habe gehört, ich könnte Fahrkarten für die Fahrt von Wien nach Salzburg beschaffen. Tatsächlich hatte ich noch aus der Zeit, in der mein Vater Generaldirektor der Österreichischen Bundesbahnen gewesen war, entsprechende Beziehungen und konnte Karajan behilflich sein.

26   *Meinem lieben Freund Egon zum Andenken an unsere harmonische Zusammenarbeit*

27/28   *Leonie Rysanek in Berlin; unten mit dem Komponisten Wolfgang Fortner*

29/30   »Nicht knien!« Audienz bei Papst Paul VI. Unten Senator Gerd Löffler
überreicht das deutsche Verdienstkreuz

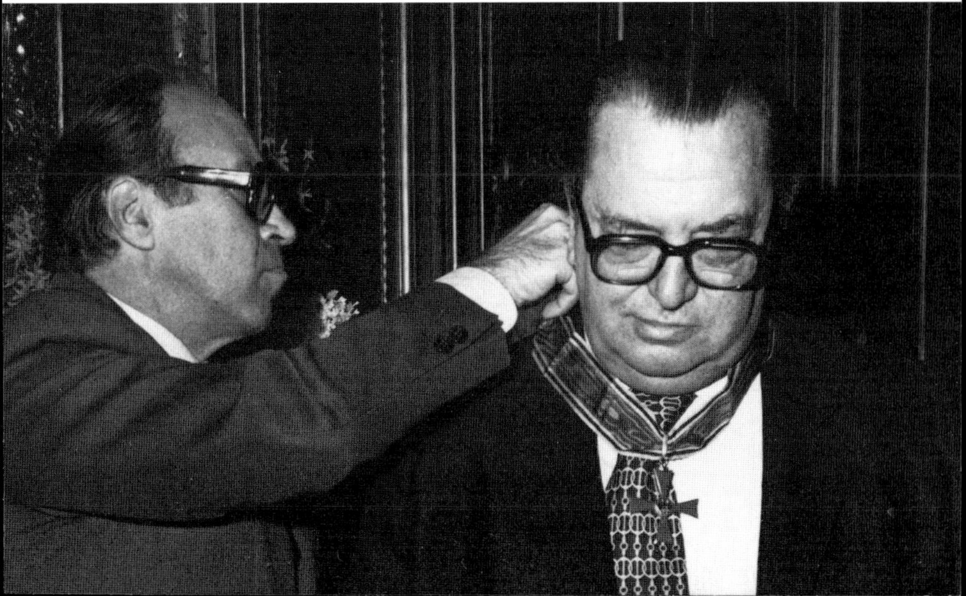

31   *Bernstein: For my dear old friend Egon*

Vom Konzerthaus in die Oper

Ich erinnere mich auch, daß ich einmal nach dem Krieg zu Professor Fritz Sedlak, dem Vorstand der Philharmoniker, sagte, Josef Krips sei zwar ein ausgezeichneter Dirigent, es werde aber doch allmählich langweilig, wenn er immer wieder philharmonische Konzerte leite. Sedlak erwiderte, es gebe eben nur wenige Dirigenten, die in Frage kämen. Ich wies ihn auf Herbert von Karajan hin, worauf Sedlak meinte:»Wir kennen den ja gar nicht. Der hat ja nur einmal dirigiert. Wo ist der überhaupt?« Ich sagte ihm, Karajan sei in Wien und wäre sicherlich eine Attraktion allerersten Ranges.

Ich will die Wirkung meines Gesprächs mit Sedlak nicht überschätzen, doch steht fest, daß Karajan einige Monate danach sein erstes Konzert mit den Wiener Philharmonikern gab und ungeheuren Erfolg hatte.»Don Juan« von Richard Strauss erklang in einer Vollendung, wie sie selbst bei den erfolggewohnten Philharmonikern nur selten zu hören war.

Der Aussprache wegen der Fahrkarten für Salzburg folgten weitere Gespräche, in denen Karajan immer besonders freundlich und liebenswürdig war. Freilich hatte ich schon damals oft das Gefühl, daß er eine gewisse Schranke zwischen sich und seinen Gesprächspartnern aufrichtete; Kumpelhaftigkeit lag ihm nicht.

Angesichts meiner Verehrung für Furtwängler und meinen engen Beziehungen zu Böhm nahm ich an, daß für mich in der Staatsoper kein Platz mehr sein würde, sollte Karajan dort einziehen. Um so erfreuter war ich, von ihm zu hören:»Ich kenne Sie als loyalen Menschen und bin überzeugt, daß Sie auch zu mir loyal sein werden.« Für diese Entscheidung Karajans bin ich ihm bis zum heutigen Tage dankbar und auch dafür, daß er immer auf der Seite seiner Mitarbeiter stand und für sie auf die Barrikaden ging, wenn sie angegriffen wurden.

Ich habe bis zum Jahre 1961 in der Wiener Staatsoper als sein Stellvertreter und Generalsekretär mit ihm zusammengearbeitet. Karajan war ein strenger, aber gerechter Chef. Er wußte zwar über alles Bescheid, ließ aber in jeder Sparte die Verantwortlichen selbst entscheiden. Der Spielplan wurde in einem intensiven, zugleich jedoch knappen und sachlichen Gespräch fixiert. Besetzungen wurden von Karajan selbst entschieden, und ohne seine Genehmigung konnte auch eine kleine Partie nicht umbesetzt werden. Er vertraute seinen Mitarbeitern völlig; wenn aber einmal Mißtrauen aufkam, hat er es stets in einem offenen Gespräch zu beseitigen versucht.

Ich erinnere mich an eine unangenehme Episode bei den Vorbereitungen für die Premiere von Ildebrando Pizzettis »Mord im Dom«. Karajan hatte angeordnet, daß sämtliche Partien mit den ersten Künstlern des Hauses zu besetzen seien. Nun ist in diesem Werk eigentlich nur die Rolle des Thomas Becket, die mit Hans Hotter besetzt wurde, tragend; alle übrigen Rollen sind mehr oder minder Episoden. Die in Aussicht genommenen Künstler versuchten sich deshalb mit allen möglichen Begründungen zu drücken. Daraufhin schrieb Karajan jedem Sänger einen Brief, in dem er ihn aufforderte, schriftlich mitzuteilen, daß er die Rolle ablehne. Daraufhin sagten natürlich alle zu, aber eines Tages stürzte Karajan wütend von der Bühne in sein Büro, ließ Ernst August Schneider und mich zu sich rufen und verlangte zu wissen, warum gegen seine Anordnung Paul Schöffler nicht auf der Probe sei. Darauf sagte Ernst August Schneider: »Kammersänger Schöffler hat einen Urlaub.« Karajan: »Wer hat ihm diesen Urlaub gegeben?« Betretenes Schweigen; ich war derjenige, der die Urlaubsscheine zu unterschreiben pflegte. Karajan scharf: »Holen Sie die Urlaubszettel!« Schneider tat, wie ihm geheißen, legte die Zettel Karajan vor, und es stellte sich heraus, daß der arme André Mattoni, der mit Karajan als vertrauter Mitarbeiter ins Haus gekommen war, unterschrieben hatte. Karajan sagte kein Wort und verließ das Zimmer. Als er nach kurzer Zeit zurückkam, sagte er lediglich: »Wovon haben wir gesprochen?«

Karajan hatte durchgesetzt, daß die Höchstgagen, die unter Karl Böhm nach einem Gespräch mit Finanzminister Kamitz von 3.500 auf 4.000 Schilling pro Abend erhöht worden waren, abgeschafft wurden. Es lag nun in Karajans persönlichem Ermessen, Gagen nach internationaler Gepflogenheit zu zahlen. Er hatte die künstlerische Leitung des Hauses nur unter der Bedingung übernommen, daß er die berühmtesten – und daher auch teuersten – Sänger der Welt engagieren dürfe. Damit war ein neues Zeitalter für die Wiener Staatsoper angebrochen. Aus einem Ensembletheater war ein Theater der internationalen Stars geworden. Ich teile die damals weitverbreitete Meinung, daß es sich um ein reines Gastiertheater handelte, nicht. Stars, die man früher höchstens ein-, zweimal im Jahr hören konnte, waren nun mit langfristigen Verträgen ans Haus gebunden. Künstler wie Giulietta Simionato gehörten eben zur Wiener Staatsoper und zwar so sehr, daß sie sich auch heute noch, wenn man sie darauf anspricht, als früheres Ensemblemitglied der Wiener Staatsoper fühlen. Das galt und gilt für Sänger wie Ettore Bastianini, Aldo Protti, Giuseppe di Stefano, Mario del Monaco oder Renata Tebaldi. Karajan holte aber auch erste Dirigenten, was nicht alle dirigierenden Direktoren taten oder tun. Er hatte nichts dagegen, daß auch berühmte Kollegen auftraten. So hat Dimitri Mitropoulos oft am Ring dirigiert, und mit Karl Böhm hat Karajan sehr bald ein durchaus erfreuliches Verhältnis hergestellt.

Karajans Internationalisierungsbestrebungen richteten sich insbesondere auf das italienische Fach aus. In der Vergangenheit hätte es ein erster deutscher Dirigent als Zumutung empfunden, »Tosca« oder »Butterfly« leiten zu müssen. Jetzt aber wurden diese Opern vom Chef des Hauses zu musikalischen Höhepunkten gemacht.

Karajan hat auch durchgesetzt, daß Opern, die früher mit einem bescheideneren Orchesterapparat, mit höchstens zehn ersten Geigen geboten worden waren, den Werken des deutschen Faches gleichgestellt und mit mindestens vierzehn ersten Geigen besetzt wurden.

Seine revolutionärste Tat war die Anordnung, die Werke des italienischen Repertoires in der Originalsprache zu singen. Er traf diese Anordnung gewiß nicht nur, weil er der Ansicht war, daß nur auf diese Weise die Italianità der Musik wiederzugeben sei. Er entschied sich zu dieser Maßnahme wohl auch deshalb, weil die Integrierung bedeutender italienischer Interpreten sonst gar nicht möglich gewesen wäre. Seinerzeit, im Theater an der Wien, war es manchmal vorgekommen, daß ein Werk in drei verschiedenen Sprachen gesungen wurde; etwa von einem jugoslawischen Tenor, einer italienischen Sopranistin und einem deutschen Chor.

Es gab – und gibt heute noch – viele Einwände gegen das Prinzip der Originalsprache. Aber Karajan blieb hart, und ich muß sagen: zum Nutzen des Hauses. Durch seine Entscheidung gelangte die Wiener Staatsoper in den Kreis der drei, vier bedeutendsten Opernhäuser der Welt. Die italienische Oper ist nun einmal der Hauptlieferant für das Opernrepertoire; gut die Hälfte aller Aufführungen gelten ihr.

Die Italianisierung des Ensembles wurde natürlich von jenen ansässigen Sängern bekämpft, die auf einmal nicht mehr singen durften, was sie jahrelang gesungen hatten. Mit der Autorität eines großen, sicheren Künstlers hat Karajan alle diese Einwände mit einer Handbewegung weggewischt, indem er einfach immer wieder sagte: »Eine italienische Oper kann nur von italienischen Sängern in italienischer Sprache richtig interpretiert werden.«

Karajan hat auch recht behalten, als er erklärte: »Mir ist gleichgültig, was die Leute sagen, ich bin überzeugt, daß mein Standpunkt richtig ist.« Seiner Auffassung schlossen sich die deutschsprachigen Theater nach und nach an, und heute kann man in den größeren Opernhäusern der ganzen Welt italienische Opern wirklich kaum mehr in Übersetzungen hören.

Eine sehr wichtige Hilfe bei der Umstellung des italienischen Repertoires der Wiener Staatsoper auf die Originalsprache war die enge Zusammenarbeit mit der Mailänder Scala. Der Generalintendant der Scala, Ghiringelli, und Karajan hatten vereinbart, daß die in Mailand gerade nicht benötigten Sänger in Wien zur Verfügung standen.

Es gab dabei aber insoferne Schwierigkeiten, als Karajan auch bei den Ersatzsängern, die bei Absagen der Stars engagiert wurden, hohe Qualitätsmaßstäbe anlegte. Ehe er eine minderwertige Kraft einsetzte, änderte er lieber das Programm, was heftige Angriffe in den Zeitungen zur Folge hatte.

Im Ministerium gab es Leute, die der Presse ein Opfer vor die Füße legen wollten, und nach Ansicht Drimmels sollte ich dieses Opfer sein.

Ich war damals gesundheitlich nicht ganz auf der Höhe, und so glaubte Unterrichtsminister Drimmel, Karajan vorschlagen zu können, mich von meinem Posten zu entfernen. Karajan teilte mir den Wunsch des Ministers mit und fügte hinzu, daß er nicht daran denke, auf mich zu verzichten. Wörtlich sagte er:»Ich bin in meiner Jugend von meinem Vater oft zu Bergtouren mitgenommen worden und habe gelernt, daß sich eine Seilschaft nie trennen darf.« Sodann rief er in meiner Gegenwart Drimmel an und sagte ihm, daß er unter keinen Umständen meiner Entlassung zustimmen würde. Es kam daraufhin zu einem Gespräch zwischen Karajan, Drimmel und mir, in dessen Verlauf sich der Minister geradezu entschuldigte und zu mir sagte:»Gibt es keine Verstimmung mehr zwischen uns?« Dann schüttelte er mir die Hand, und damit war dieses Kapitel für ihn erledigt.

In mir reifte damals allerdings der Entschluß, die Staatsoper so bald wie möglich zu verlassen. Es war mir klargeworden, daß ich früher oder später in einen Konflikt hineinmanövriert werden könnte oder nach einem allfälligen Weggang Karajans den Wölfen zum Fraß vorgeworfen werden würde.

Vorerst gab es allerdings keine Möglichkeit, das Haus am Ring zu verlassen. Es wäre für mich auch sehr hart gewesen, von einem Institut zu scheiden, in dem es einen musikalisch herrlichen neuen »Ring« gab, »Cavalleria rusticana« und »Bajazzo« unter Mitropoulos aufgeführt wurden, Karajan »Tristan und Isolde« dirigierte und in jeder Saison etwa dreißigmal am Pult stand. Außerdem liebte ich die Atmosphäre dieses Hauses, das ich seit meiner Jugend kannte. Dennoch sollte es bald zu einer Trennung kommen.

VIII

Mit Sellner in Berlin

Eines Tages, im Frühjahr 1960, läutete in meiner Wiener Wohnung um sieben Uhr früh das Telephon. In der Leitung war Ferenc Fricsay, der von Ermatingen, seinem Schweizer Wohnsitz aus, bei mir zu so ungewöhnlicher Stunde anrief. »Du hast mir doch letztes Mal gesagt, daß du in der Wiener Oper nicht mehr recht zufrieden bist«, begann er, »und daß du Angst hast, dort als alter Hofrat zu enden. Ich gehe als Generalmusikdirektor an die neue Deutsche Oper in Berlin und wenn du Lust hast und abkömmlich bist, würde ich dich dem neuen Generalintendanten Sellner als seinen Stellvertreter vorschlagen. Du mußt dich aber gleich entscheiden und heute noch nach Ermatingen kommen. Sellner wird auch da sein.«

Es war ein Samstag, ich wurde in der Oper gerade nicht benötigt und Fricsay redete mir so zu, daß ich tatsächlich noch am gleichen Tag ein Flugzeug nahm und in Ermatingen mit Sellner und Fricsay zusammentraf. Wir beschlossen, zu dritt die Geschicke der Deutschen Oper zu leiten, natürlich unter der Führung Sellners, der ein erfahrener Theatermann war. Allerdings kam er vom Schauspiel und hatte mit der Oper bisher nicht viel zu tun gehabt.

Leider entwickelte sich dann nicht alles so, wie wir es an diesem schönen Tag am Bodensee, im kultivierten Hause Fricsays, geplant hatten. Fricsay war damals bereits krank, niemand wußte, wie sehr. Einige Wochen später saßen wir abermals zu dritt beisammen, und zwar in Stuttgart, in einer kleinen Pension in den Weinbergen oberhalb der Stadt. Fricsay teilte uns mit, daß er zwar dirigieren werde, sein Gesundheitszustand es aber nicht erlaube, die Last der Verpflichtungen eines Generalmusikdirektors zu tragen. Fricsay hat dann noch die Leitung der Eröffnungsvorstellung der Deutschen Oper,»Don Giovanni«, übernommen, aber nur mehr wenige Wiederholungen dirigiert. Er wurde wegen seines Krebsleidens ein zweites Mal operiert und beschloß sein Leben in einer Baseler Klinik. Für mich war der Tod dieses Mannes, der in den wenigen Jahren unserer Zusammenarbeit einer meiner besten Freunde geworden war, ein schwerer Schlag.

Als mir die Mitarbeit beim Aufbau der Deutschen Oper Berlin, die an der Stelle der zerstörten Charlottenburger Oper an der Bismarckstraße im Entstehen war, angeboten wurde, hatte ich den gültigen Vertrag mit der Wiener Staatsoper und mußte daher Karajan bitten, mich freizugeben.

Also schrieb ich ihm einen ausführlichen Brief und versuchte ihm klarzumachen, daß ich Wien nicht verlassen würde, wenn ich die Gewißheit hätte, daß er bleibe. Nach der Intervention von Minister Drimmel sei ich aber verunsichert, denn ich müßte ja auch ins Kalkül ziehen, daß die Direktion Karajan einmal zu Ende gehen könnte. Unter diesen Umständen müsse ich ihn bitten, mich für eine andere Position freizugeben. Ich wolle nicht an der Staatsoper versumpern und ein mittlerer Beamter werden, da das nicht meinen Intentionen und meiner Wesensart entspreche. Nachdem Karajan den Brief gelesen hatte, sagte er zu André Mattoni:»Eines weiß ich: Briefe kann der Seefehlner schreiben!«

Er gab sein Plazet, wir verabschiedeten uns in freundlichster Form, und ich kann mit großer Befriedigung sagen, daß die Beziehung zwischen Karajan und mir dann in Berlin, wo er nicht mehr mein gestrenger»Chef« war, sehr intensiv geworden ist.

Herbert von Karajan wird sehr häufig falsch eingeschätzt und als arrogant und abweisend abgetan, was falsch ist. Das wurde mir in Berlin klar. Er ist ein scheuer Mensch, ein Mensch, der wahrscheinlich fürchtet, man könnte ihm zu nahe kommen und etwas von ihm erwarten, was er nicht zu erfüllen vermag. Ansonsten aber hält er zu jenen Menschen, mit denen er zusammenarbeitet, voll und ganz.

Karajan ist darüber hinaus außerordentlich fleißig und mit unglaublicher Energie gesegnet. Er arbeitet an sich selbst mit einer Intensität, die man kaum für möglich halten würde. Als er in den siebziger Jahren von seinem Rückenleiden befallen wurde, setzte er sich lange über seine schrecklichen Schmerzen hinweg. Als die Ärzte ihm rieten, weiterhin viel Sport zu betreiben, hat er sich trotz der damit verbundenen Schmerzen an diesen Rat gehalten. Ich bewunderte die Energie, mit der er lange Wanderungen und Skiausflüge durchstand.

Er ist auch, obwohl er deftige Speisen wie Würste und G'selchtes schätzt, beim Essen sehr beherrscht, da er unbedingt sein Normalgewicht halten will. Ich habe diese Zurückhaltung, vor allem bei unseren zahlreichen gemeinsamen Berliner Mahlzeiten im Restaurant »Ritz« oder in den »Tessiner Stuben«, nach Proben oder Konzerten, manchmal bedauert, aber stets bewundert. Diese Gabe ist mir, wie sich inzwischen herumgesprochen haben dürfte, nicht gegeben.

Karajan ist vielleicht weniger an künstlerischen Grundsätzen und Prinzipien selbst interessiert als an ihrer Umsetzung in die Praxis. So legt er auch keinen Wert darauf, daß in einem Opernrepertoire eine künstlerische Konzeption zum Ausdruck kommt. Er steht auf dem Standpunkt, den man nicht von sich weisen kann, daß der Besucher einer Vorstellung die Aufführung, für die er eine Karte gekauft hat, in bester Form sehen und hören will und es ihm gleichgültig ist, welche Aufführungen sonst noch auf dem Spielplan stehen oder ob dieser Spielplan ansonsten interessant gestaltet ist.

Karajan liebt, neben der Musik, wichtige Bücher und vor allem technische Errungenschaften. Er war in seiner Wiener Zeit geradezu dafür verschrien, daß er unzählige Beleuchtungsproben abhielt oder die neuesten Materialien für Rundhorizonte, Dekorationen und Kostüme kommen ließ, weil er sich von der Verwendung bisher unerprobter Werkstoffe größere Wirkung erwartete.

Das zentrale Interesse Karajans gilt aber natürlich der Auseinan-

dersetzung mit der Musik. Es gab Werke wie »Boris Godunow«
oder die Symphonien Mahlers, die er jahrelang nicht anrührte, weil
sie sich ihm noch nicht hinlänglich erschlossen hatten. Ich bat ihn
einmal, doch an Strawinskis »Sacre du Printemps« heranzugehen;
doch er antwortete mir: »Das kann ich noch nicht. Damit muß ich
mich erst auseinandersetzen.« Er hat das Werk tatsächlich erst
Jahre später dirigiert und dann, wie zu erwarten, mustergültig.
Karajan werden stark ausgeprägte finanzielle Interessen nachgesagt. Ich weiß aber, daß ihm Geld ganz unwichtig ist, und er nur
darauf bedacht ist, daß das, was ihm nach seiner Rangordnung unter den Dirigenten der Welt zukommt, von seinen Beratern ver-
nünftig angelegt wird.

Mein Berliner Vertrag begann am 15. August 1961. Ich brach
meine Zelte in Wien am 13. August ab und traf an einem schönen
Sommertag in Berlin ein.

Eigentlich hätte ich gleich nach meiner Ankunft meinen Ranzen
wieder packen müssen, denn an diesem 13. August 1961 wurde
mit dem Bau der »Berliner Mauer« begonnen. Die Grenze zwischen Ost und West wurde am Tage meiner Ankunft hermetisch
geschlossen. Ein seltsames Omen.

Viele Leute zweifelten keine Minute daran, daß die Krise zu
einem Krieg oder zumindest zu einer lebensgefährlichen Aushun-
gerung Westberlins führen könnte.

In meinem angeborenen Optimismus setzte ich mich erst gar
nicht mit der Situation auseinander, sondern dachte, daß der Herr-
gott eine Lösung finden werde, die mir nicht das Leben kosten
würde.

Es war ein herrlicher Tag. Ich wollte einen Rekognoszierungs-
spaziergang im Tiergarten machen und bemerkte, daß die Straße
zum Brandenburger Tor fast verstopft von Menschen war. Als ich
schließlich am Brandenburger Tor angekommen war, sah ich lust-
lose DDR-Soldaten Gräben ausschachten und Gittersperren errichten. Hinter diesen Gittern waren weitere Soldaten damit beschäftigt, Ziegelsteine aufeinanderzuschichten.

Ich ging dann am früheren Reichskanzlei-Areal vorbei bis zur jetzigen Philharmonie und sah überall das gleiche Bild. Am Abend war dann alles klar: Die Mauer sollte den Westsektor von Berlin abwürgen, und zwar endgültig.

Trotz der dramatischen Verschlechterung der Gesamtsituation arbeiteten wir von der Oper – als ob nichts geschehen wäre – mit Gustav Rudolf Sellner an der Vorbereitung der Eröffnungsfeierlichkeiten, wobei wir unter einem ähnlichen Zeitdruck standen, wie seinerzeit vor dem Opernfest in Wien. Die alte Städtische Oper in Charlottenburg, nunmehr Deutsche Oper Berlin genannt, war im Gegensatz zur Wiener Staatsoper, von der ja wenigstens das Feststiegenfoyer und die äußere Hülle erhalten geblieben war, vollständig zerstört worden; sie war übrigens kein architektonisches Meisterwerk gewesen. Der Administrationstrakt des Hauses war allerdings unversehrt geblieben, ein besonders unattraktives Gebäude, in dem ich vierzehn Jahre lang arbeiten sollte.

Nach meiner Ankunft in Berlin mit dem von Sellner unterschriebenen Vertrag wurde ich zu einer Besprechung mit dem damaligen Kultursenator Professor Tiburtius in den Senat gerufen. An dieser Besprechung nahmen auch Fricsay, der ja noch immer als musikalischer Berater tätig war, und Sellner teil. Bei dieser Gelegenheit erfuhr ich, daß der Berliner Senat erst jetzt meinen Vertrag bestätigt hatte. Ich hatte bis dahin geglaubt, daß das längst geschehen sei, aber die Behörden in Berlin arbeiten auch nicht rascher als die in Österreich. Die formelle Genehmigung hatte sich verzögert, weil im Senat zwischen SPD und CDU stets Diskussionen über personelle Fragen entstanden. Tiburtius sagte mir: »Wissen Sie, ich hatte einige Schwierigkeiten, weil es Bedenken gab, einen Ausländer an diese Stelle in Berlin zu berufen. Nicht, daß irgend jemand gegen Ausländer wäre, sondern einfach deshalb, weil man dachte, daß sich ein Österreicher doch sehr schwer tun würde mit den Berliner Behörden.« Ich nahm das zur Kenntnis und plötzlich fragte mich Tiburtius: »Wie wird das eigentlich sein? Sie kommen aus einem Land, wo es ein definitives Nein oder Ja nicht gibt. Hier in

Berlin ist das anders, es ist vielleicht sehr viel unangenehmer. In
Berlin ist, wenn der Senat einmal nein gesagt hat, alles vorbei. Was
machen Sie dann? Denn auch in solchen Fällen müssen Sie ja eine
positive Lösung finden.« Darauf antwortete ich:»Herr Senator, das
ist sehr einfach, dann gehe ich eben zu demjenigen, der nein gesagt
hat, und sag' zu ihm: ›Schau'n S'...‹« Worauf Tiburtius meinte:
»Dann bin ich beruhigt!«

Die Pläne zum Neubau der Deutschen Oper Berlin an der Stelle
der früheren Charlottenburger Oper stammten von dem Berliner
Architekten Fritz Bornemann. Bornemann baute ein sehr eigen-
tümliches, für die damaligen Verhältnisse höchst modernes Gebäude mit großen, langen Pausenräumen, die mit Holz getäfelt
und seitlich von durchgehenden Glaswänden abgeschlossen waren.
Der Zuschauerraum wurde mit einer bläulichen afrikanischen
Holzsorte verschalt und entsprach ganz dem Theaterstil der sechziger Jahre. Kein Logentheater, nur Ränge, von denen aus überall
gute Sicht war, die Akustik sehr anständig, allerdings hörte man in
der Direktionsloge und in der Repräsentationsloge, in der bei der
Eröffnung Bundespräsident Lübke sitzen sollte, sehr schlecht; aus
der Direktionsloge sah man auch wenig. Die Folge war, daß dann
die Repräsentanten der Bundesrepublik und Berlins, unter der Führung des Bundespräsidenten, nicht in der ursprünglich vorgesehenen Loge, sondern in der ersten Reihe des ersten Ranges Platz nahmen.

Die Eröffnungsvorstellungen waren ausgezeichnet erarbeitete,
interessante Aufführungen mit einem für Berlin gänzlich neuen
Ensemble. Wir hatten bei der Übernahme der Direktion lediglich
acht Mitglieder reengagiert, die nach wie vor in führenden Partien
herausgestellt werden konnten. Alle übrigen Ensemblemitglieder
mußten neu engagiert werden, und es war uns in verhältnismäßig
kurzer Zeit gelungen, ein echtes, gutes Ensemble aufzubauen, in
dem so renommierte Künstler wie Elisabeth Grümmer, Pilar Lorengar, Lisa Otto, Josef Greindl, Hans Beirer und Dietrich Fischer-
Dieskau tätig waren. Sie wurden durch junge Sänger ergänzt, die

wir an das Haus holen und ihm auch erhalten konnten. Die Berliner Situation war ja für Künstler nicht sehr einladend und niemand wollte sich so leicht an diese Inselstadt binden. Dennoch sind Persönlichkeiten wie Donald Grobe, Lauren Driscoll, James King, Barry McDaniel, William Dooley, Thomas Stewart, Evelyn Lear, Annabelle Bernard, Patricia Johnson an diesem Haus geblieben und haben zu einem ständigen hohen Niveau des Repertoires beigetragen. Ingvar Wixell, Martti Talvela, Bengt Rundgren, José van Dam kamen hinzu. Einige Zeit konnte die Deutsche Oper Berlin darauf verweisen, mehr gute Bässe im Engagement zu haben als jedes andere Haus.

Es war in der Generalintendanz Sellner meine Aufgabe, das Ensemble zusammenzustellen und ich kann mit Stolz darauf verweisen, daß die Sänger eine schlagkräftige Truppe bildeten, die in allen Werken einsetzbar war und daß diese Künstler auch noch nach mehr als zwanzig Jahren den Stamm des Berliner Opernensembles bildeten. Später gelang es dann auch, Gundula Janowitz langfristig, Christa Ludwig und Walter Berry mit Stückverträgen dem Ensemble zu verbinden.

Gustav Rudolf Sellner ist ein außerordentlich intelligenter, gebildeter Künstler. Er verstand es mit instinktiver Kraft, jedes Werk spezifisch auszuleuchten und war ein Generalintendant katexochen. Er leitete das Haus mit wenigen Worten und verstand es, uns allen eine exemplarische Loyalität einzuimpfen. Leider wurde seine große künstlerische Potenz in Berlin nicht immer wirklich erkannt. Ich weiß nicht, ob sich manche Kreise des Berliner Publikums ein moderneres oder ein konservativeres Theater gewünscht haben. Jedenfalls begann sich etwa gegen Mitte seiner Direktionszeit eine Stimmung breitzumachen, die dazu führte, daß fast jede Premiere, die Sellner inszeniert hatte, ungerechtfertigterweise ausgebuht wurde.

Am 24. September 1961 war es so weit. Das neue Haus öffnete mit Mozarts »Don Giovanni« in einer Inszenierung von Sellners Vorgänger Carl Ebert, unter der musikalischen Leitung von Ferenc

Fricsay und in einer Ausstattung von Georges Wakhevitch seine
Pforten. Zwischen Ebert und Fricsay war es schon während der
Proben zu ziemlich heftigen Auseinandersetzungen gekommen.
Wakhevitch war auch kein guter Partner für Ebert, der stets eng mit
Bühnenbildnern zusammengearbeitet hatte, die das zu seiner Zeit
moderne Musiktheater geprägt hatten. Eberts Stil des musikalischen Theaters, seine Art, die Musik auszuinszenieren, war nach
dem Krieg durch ein Mehr an Statik und eine Zuwendung zum
Symbolismus abgelöst worden, und darum konnte er nicht mehr
recht Furore machen. Wakhevitch wurde Ebert zweifellos auf-
gezwungen, Fricsay wiederum hatte auch ganz andere Vorstellungen vom musikalischen Theater als Ebert. Darum war dieser »Don
Giovanni« nicht restlos geglückt.

Es gab dann doch noch eine Inszenierung im Eröffnungszyklus,
die Epoche machte: Wieland Wagners »Aida«. Richard Wagners
Enkel wich vom üblichen Opernklischee drastisch ab. Auf zwei
Türmen rechts und links von der Bühne waren die Chormassen
pyramidenförmig aufgestellt. Jedes Chormitglied mußte ange-
schnallt werden, denn immerhin waren die Türme fast so hoch wie
der Bühnenausschnitt. »Aida« spielte ausschließlich bei Nacht,
wozu Wieland Wagner meinte: »Kein ägyptischer König wird so
dumm gewesen sein, einen Triumphmarsch bei der größten Tages-
hitze zu veranstalten.« Die Balletteinlagen waren nur angedeutet,
die Nubier schlichen mit afrikanischen Masken quer über die
Bühne. Der Eindruck war ungewöhnlich, beklemmend, unvergeßlich, und der Abend – allein im Hinblick auf die intensive musikalische Leitung Karl Böhms – ein großer, weithin beachteter Erfolg.
Wieland Wagner hatte übrigens darauf bestanden, daß wegen der
besseren Verständlichkeit deutsch gesungen werden sollte, woge-
gen Böhm keine Einwände hatte. Gloria Davy, damals auf der
Höhe ihrer stimmlichen und äußeren Mittel, sang die Titelrolle,
Christa Ludwig die Amneris, Walter Berry den Amonasro und
Josef Greindl den Ramphis.

Wieland Wagner, der an der alten Städtischen Oper während

ihres Nachkriegsexils im Theater des Westens seine erste »Tristan«-Inszenierung gemacht hatte und einige Zeit als Nachfolger Carl Eberts im Gespräch war, konnte nach dieser »Aida« in eine enge Beziehung zur Deutschen Oper Berlin gebracht werden. Er inszenierte »Meistersinger« und »Lohengrin« mit Jess Thomas, Anja Silja und Christa Ludwig. Mit Anja Silja gestaltete Wieland Wagner eine beklemmende »Salome«.

Meine vierzehn Jahre in Berlin waren der Höhepunkt meines Lebens. Zusammen mit Sellner habe ich das tun dürfen, was ich mir unter »Oper machen« immer erträumt hatte. Ich durfte Vorschläge für die Zusammenstellung des Ensembles machen und wir konnten ein interessantes Repertoire aufbauen, das langsam alle bedeutenden Werke der Opernliteratur aufwies. Das war nötig, weil nur ein kleiner Teil der Werke, die in der Städtischen Oper im Theater des Westens auf dem Spielplan gestanden waren, ins neue Haus übernommen werden konnte. Es waren somit das gesamte geläufige Opernrepertoire und eine große Reihe von modernen Opern neu einzustudieren.

Nach welchen Gesichtspunkten sollte der Spielplan gestaltet werden? Sellner wollte in völliger Übereinstimmung mit mir einen interessanten, farbigen Spielplan und ein Ensembletheater mit großen Gästen. Das kann aber nur in jahrelanger Aufbautätigkeit geschaffen werden. Darum ist nach meiner Ansicht nichts so schlecht für ein Opernhaus wie der ständige Wechsel von Direktion zu Direktion. Ich habe meine Tätigkeit als stellvertretender Generalintendant und dann als Generalintendant als eine Einheit betrachtet; ich sah mich als den Fortsetzer der programmatischen Ideen Sellners und versuchte, nachdem mir das Glück widerfahren war, das Haus alleinverantwortlich leiten zu dürfen, nur neue Akzente in sein Konzept zu bringen.

Zu den wichtigsten Ereignissen nach der Eröffnungszeit gehörte zweifellos die »Ring«-Inszenierung Sellners mit den überwältigenden Bühnenbildern Fritz Wotrubas. Ich bedaure von ganzem Herzen, daß diese große kulturelle Leistung heute zu wenig gewürdigt wird und unsere Nachfolger die Bedeutung dieses »Ringes« nicht genug schätzten. Die Dekoration wurde, so wird mir gesagt, vernichtet und somit ein Kulturdenkmal erster Güte zerstört.

Sellner hat dann ein Werk von größter Wichtigkeit, die »Eumeniden« von Darius Milhaud, herausgebracht. Diese teilweise Uraufführung des umfangreichsten Werkes von Milhaud bildete die Krönung meiner in Wien angeknüpften Beziehungen zu diesem bedeutenden Meister. Sellner inszenierte selbst und wir haben uns lange überlegen müssen, ob dieses eigentlich unaufführbare Riesenwerk, dessen dritter Teil noch nie gespielt worden war, überhaupt komplett herausgebracht werden konnte. Sellner entschied sich dafür. Milhaud war zu Tränen gerührt und überglücklich, vor seinem nicht mehr fernen Ende sein Werk als Ganzes auf der Bühne zu sehen.

Sellner hat das Opernschaffen Henzes sehr gepflegt, seine »Elegie für junge Liebende« herausgebracht, seinen »Jungen Lord« uraufgeführt und gemeinsam mit den Salzburger Festspielen »Die Bassariden« zur Diskussion gestellt. Wir haben auch Aribert Reimann mit seiner Oper »Undine« zum ersten Mal groß präsentiert und noch viele andere zeitgenössische Komponisten. Dieses Miteinander von altem und modernem Repertoire gab der Deutschen Oper Berlin ein unverwechselbares Profil. Es ist meine unerschütterliche Überzeugung – und ich habe sie als Vorsitzender der Deutschen Opernkonferenz immer und immer wieder vertreten –, daß es nicht Ziel eines Opernhauses sein sollte, möglichst das zu machen, was auch anderswo Erfolg hat, sondern seine Eigenart herauszuarbeiten.

Eigenart haben wir in Berlin zweifellos auch durch unseren Chor gewonnen, der zu den besten Klangkörpern dieser Art in der Welt gehört. Verantwortlich für diesen Chor war – und ist heute noch – Walter Hagen-Groll, ein Musiker, der sich u. a. dadurch auszeichnet, daß er niemals die Absicht hatte, etwas anderes zu tun, als Chöre einzustudieren und zu leiten.

Er kam auf merkwürdige Art nach Berlin. Als Sellner Generalintendant wurde, war sein erster Gedanke, den bedeutendsten Chorleiter der damaligen Zeit, den Chordirektor der Bayreuther Festspiele, Pitz, zu engagieren. Die Verhandlungen führten zu keinem Ergebnis, da Pitz, um seine Bayreuther und Londoner Tätigkeit weiter ausüben zu können, einen zu weitgehenden Urlaubsanspruch vertraglich verankern wollte. Ich sagte damals Sellner, daß es für uns sehr schwierig sein werde, ein heimisches Ensemble bei der Stange zu halten, wenn der Chordirektor nur gastweise in Erscheinung trete, statt permanent der »Vater der Kompanie« zu sein. Mit Pitz sollte als sein Stellvertreter Hagen-Groll bei uns einziehen und mit ihm war bereits ein entsprechender Vertrag gemacht worden. Sellner entschloß sich nun, die Verhandlungen mit Pitz abzubrechen und Hagen-Groll zum Chordirektor zu machen; ein Schritt, der von größter Bedeutung für die Qualität des gesamten Instituts war.

Die Deutsche Oper Berlin vermochte aber auch aus dem Orchester einen erstklassigen Klangkörper zu machen. Natürlich hat Wien in dieser Hinsicht einen großen Vorsprung, weil das Staatsopernorchester mit den Wiener Philharmonikern mehr oder weniger identisch ist. Das Orchester der Deutschen Oper steht dagegen immer im Schatten der Berliner Philharmoniker, die als unabhängiges, allerdings von der Stadt Berlin engagiertes Orchester auf Konzerte spezialisiert sind. Die Verbindung mit den größten Dirigenten, zuerst Furtwängler, dann Karajan, hat dazu geführt, daß die Berliner Philharmoniker Weltrang besitzen. Unter dieser Konkurrenz muß natürlich jedes andere Orchester leiden. Das der Städtischen Oper im Theater des Westens hatte keine Tradition, war meist zusammengewürfelt und wäre den Ansprüchen der Deutschen Oper nicht gerecht geworden. Es kamen aber viele Angehörige des Orchesters der Ost-Berliner Staatsoper unter den Linden in den Westen und baten um Aufnahme. Wir engagierten vierzig erstklassige Musiker, die das Orchester zu einem schlagkräftigen Klangkörper machten. Große Verdienste erwarb sich dabei Heinrich Hollreiser.

Mit Sellner in Berlin

Nach der Absage von Fricsay standen wir ja vor der Notwendigkeit, einen Mann zu engagieren, der das Können, aber auch den Willen hatte, ständig an der Deutschen Oper Berlin mit dem Orchester und dem Ensemble zu arbeiten und ihnen seinen Stempel aufzudrücken. Sellner entschied sich für Hollreiser, der bis dahin an der Wiener Staatsoper engagiert gewesen war und auch viel in München und im Ausland dirigiert hatte. Er hatte sich seine Sporen als musikalischer Chef in Düsseldorf unter Gustaf Gründgens verdient und schien uns mit Rücksicht auf seine ruhige, zuverlässige Musikalität, die aus der Schule von Clemens Krauss kam, der geeignete Mann zu sein. Obwohl es natürlich nicht leicht war, dem Publikum, das Fricsay erwartet hatte, einen anderen, wenig bekannten Mann anzubieten, hat Hollreiser zunehmend und seiner Bedeutung entsprechend zu reüssieren vermocht. In der Zeit meiner Generalintendanz war er eine unbestrittene Persönlichkeit und das Berliner Publikum erinnert sich heute noch an großartige Aufführungen, vor allem der Werke von Wagner und Strauss; aber auch die Moderne hatte in ihm einen feinnervigen Dirigenten.

Heinrich Hollreiser hat sich nie um die Gunst des Publikums bemüht, hatte nie eine Lobby und nie eine Claque, und das mag dazu beigetragen haben, daß ihn gewisse Kreise in Berlin ablehnten und ihm das Leben sauer machten. Er hatte aber Gott sei Dank die Kraft, die Ablehnung einiger weniger zu überwinden, und die Fähigkeit, allen Schwierigkeiten zum Trotz zur Spitzengruppe der Dirigenten vorzustoßen. Er gastiert heute in allen bedeutenden Musikstädten der Welt.

Mit Rücksicht auf die gegen ihn laufende Kampagne mußte die vielleicht allzu intensive Verbindung mit Hollreiser aber gelockert werden und es begann die Suche nach einem Generalmusikdirektor, wie er von Presse und Publikum verlangt wurde. Das entsprach durchaus einer deutschen Tradition.

Schließlich schlug ich Sellner vor, Lorin Maazel, der ein erfolgreiches Gastspiel mit »Tristan und Isolde« absolviert hatte, zum Generalmusikdirektor zu machen.

Maazel wurde bestellt und hat dann in fulminanten Vorstellungen »Tosca«, »Ring«, die Uraufführung von Dallapiccolas »Odysseus« und »Fidelio« dirigiert. Vor allem hat er dem Haus einen besonderen Stempel aufgedrückt und erreicht, daß Orchester und Chor zu einem unverwechselbaren Klangkörper zusammenwuchsen.

Seine Tätigkeit wurde in Berlin voll und ganz anerkannt und er wurde in der geteilten Stadt zu dem international renommierten Dirigenten, der er heute ist. Maazel hat auch großen Einfluß auf die szenische Gestaltung genommen und wiederholt mit Sellner über dessen Inszenierungen diskutiert. Er wurde schließlich zu einer Berliner Institution, was auch in den Konzerten des Radio-Sinfonie-Orchesters ihren Ausdruck fand. Diese Konzerte wurden unter seiner Stabführung zu wichtigen, lebhaft akklamierten Veranstaltungen. Bereits Fricsay hatte vorgeschlagen, daß ich neben meiner Tätigkeit an der Deutschen Oper Berlin auch das Radio-Sinfonie-Orchester als Administrator leiten solle. Ich habe allerdings nie die Stellung eines Intendanten eingenommen, weil sich das mit meiner Funktion an der Deutschen Oper nicht recht vertragen hätte, aber ich habe einige Jahre hindurch die Programme dieses Orchesters gemacht und man kann sagen, daß das Radio-Sinfonie-Orchester neben den Berliner Philharmonikern zum wichtigsten Konzertapparat Berlins geworden ist.

Ich habe in Berlin auch deshalb eine schöne Zeit verbracht, weil man in dieser Stadt sehr gut leben kann. Die Wohnverhältnisse sind angenehm; ich hatte zunächst ein Haus in der Lyckallee gemietet und dann eine sehr schöne Wohnung in der Nähe des Olympia Stadions, mit dem Auto nur zehn Minuten von der Oper entfernt.

Die Zusammenarbeit mit Gustav Rudolf Sellner war hervorragend. Es gab nie Streitigkeiten, nur hier und da einmal Meinungsverschiedenheiten, die in kürzester Zeit aufgrund der Großzügigkeit Sellners beseitigt waren. Eigentlich kann ich nur von einem Projekt berichten, dessen Nichtzustandekommen die Arbeit ernster trübte. Die Sache betraf meine Freundschaft mit Paul Hindemith.

Mit Sellner in Berlin

Ein Jahr vor meiner Berufung nach Berlin hatte ich an der Seite von Frau Hindemith in Mannheim die Uraufführung des Hindemith-Werkes »Das lange Weihnachtsmahl«, nach einem Buch von Thornton Wilder, erlebt. Und nun war es Hindemiths Wunsch, diese nicht abendfüllende Oper, zusammen mit zwei anderen Einaktern, zu denen Hindemith von Wilder die Libretti zugesagt worden waren, an der Deutschen Oper Berlin zu präsentieren. Zur Komposition dieser beiden anderen Werke war es aber noch nicht gekommen, weil Wilder sein Versprechen bis dahin nicht eingehalten hatte. Sellner wollte jedoch das komplette Triptychon oder nichts und so kam es statt zu einer Aufführung zu einer Verstimmung, nicht nur zwischen Hindemith und der Deutschen Oper, sondern auch zwischen Hindemith und mir, denn der Meister konnte nicht verstehen, daß ich diese Aufführung nicht durchzusetzen vermochte. »Immer wollen alle billigen Erfolg mit Neuem! Davon habe ich genug«, murrte er. Bei unserem letzten Zusammentreffen machte er einen sehr verbitterten Eindruck. Er behauptete zwar, er sei nicht böse auf mich – wir haben dann noch korrespondiert – doch die enge Freundschaft, die 1947 begonnen hatte, war vorbei.

Sellner ist meiner Meinung nach einer der bedeutendsten Regisseure seiner Zeit. Wahrscheinlich ist die letztlich ausbleibende restlose Anerkennung Sellners darauf zurückzuführen, daß er als Generalintendant verpflichtet war, zwei bis drei Inszenierungen pro Spielzeit zu übernehmen. Die einstens absolut erforderliche Verbindung des inszenierenden Generalintendanten mit dem eigenen Haus galt in den sechziger Jahren bereits als unerwünscht. Das Publikum wollte neue Stilrichtungen, neue Ideen, neue Gesichter, neue Bühnenbildner, mit einem Wort, es wollte Abwechslung in jeder Beziehung. Gerade das, was man früher als Vorzug ansah, nämlich die Einheitlichkeit eines Repertoires unter einer schützenden und lenkenden Hand, war nun nicht mehr gefragt.

Sellner hatte mir frühzeitig gesagt, daß er nicht beabsichtige, länger als zehn Jahre in Berlin tätig zu sein. Zunächst war ich schockiert und versuchte ihn davon zu überzeugen, daß er länger bleiben müsse. Doch er war zum Rücktritt entschlossen; und nun begann, wie das überall so ist, das Intendanten-Nachfolgespiel. Man hatte mir als Wiener immer den Vorwurf gemacht, daß man in meiner Heimatstadt nicht arbeiten könne, weil sie voll von Intriganten sei. Beim Nachfolge-Sellner-Spiel machte ich, nicht das erstemal, die Erfahrung, daß in Berlin dieselben Gesetze wie in Wien und wahrscheinlich auf der ganzen Welt gelten, wenn es um die Besetzung einer wichtigen Position geht.

Man nannte den Namen Rennert, Everding war zweifellos auch interessiert, und es gab noch einige andere Persönlichkeiten, die sich um die Nachfolge Sellners bemühten. Es gab auch Leute, die gerne Generalmusikdirektor Maazel auf diese Stelle gehievt hätten. Ich selbst dachte eigentlich keinen Augenblick daran, daß man mich holen werde; einfach schon deshalb, weil ich mit der Intendanz Sellner zu sehr identifiziert war.

Gleichzeitig gab es aber auch in Wien ein Nachfolgespiel. Nach dem Tod Egon Hilberts war Hofrat Heinrich Reif-Gintl zum Direktor bestellt worden, man war aber nicht gewillt, über die Altersgrenze hinaus seinen Vertrag zu erneuern. Der Leiter der Bundestheaterverwaltung, Dr. Gottfried Heindl, der eben erst bestellt worden war, führte mit mir zu Beginn des Jahres 1970, während eines Aufenthaltes in Wien, Gespräche über eine eventuelle Übernahme der Staatsoperndirektion. Ich wäre gerne nach Wien zurückgekommen; nicht etwa, weil ich mich in Berlin nicht wohlgefühlt hätte, sondern einfach deshalb, weil ich mit zunehmendem Alter den Wunsch hatte, mein Arbeitsleben mit einer Tätigkeit in Wien zu beenden und womöglich zu krönen.

Die Unterredungen mit Heindl verliefen sehr freundschaftlich und ich kehrte nach Berlin mit dem Eindruck zurück, daß ich nach dem Ende der Direktion Reif-Gintl in die Oper einziehen würde. Inzwischen war aber in Wien im Gefolge der Nationalratswahlen vom 1. März 1970 die SPÖ an die Regierung gekommen, und Leopold Gratz wurde Unterrichtsminister. Zunächst hieß es,

Dr. Hertha Firnberg sei für diesen Posten ausersehen, aber das Ministerium wurde geteilt, und die Bundestheater blieben bei Minister Gratz. Diese neue Konstellation wirkte sich auch auf die Bundestheaterverwaltung aus, und Heindl, der noch unter der Alleinregierung der ÖVP bestellt worden war, mußte nun mit dem neuen Minister verhandeln, dem ich entweder kein oder ein negativer Begriff war. So kam es dazu, daß eine ursprünglich für August ausgemachte Besprechung zwischen Heindl und mir in Salzburg nicht zustandekam und ich annehmen mußte, vorläufig einmal nicht als Operndirektor nach Wien zurückkehren zu können.

Anfang August flog ich nach Spanien, um Urlaub zu machen. In meinem Hotel fand ich einen eingeschriebenen Expreßbrief vor, in dem mich der Berliner Senatsrat Reinhard Wilke, den ich immer als einen Freund im Kultursenat angesehen hatte, fragte, ob die Gerüchte stimmten, wonach ich nach Wien ginge oder ob es noch eine Chance gebe, mich als Generalintendanten an Berlin zu binden. Für den Fall, daß ich noch nicht mit Wien abgeschlossen hätte, müßte ich allerdings sofort nach Berlin zurückkommen, da die Entscheidung dringend geworden sei. Ich brach meinen Aufenthalt in Spanien ab und hatte bereits zwei Tage später in der Wohnung von Senator Stein, in Anwesenheit des Senatsdirektors und des Senatsrats Reinhard Wilke, die entscheidende Besprechung. Stein teilte mir mit, daß man beim Finanzsenat gegen eine Lösung Seefehlner Bedenken habe, daß er aber entschlossen sei, mich durchzusetzen, falls ich Wien aufgebe.

Ich erbat einige Tage Bedenkzeit, vor allem um die Situation in Wien zu klären, rief Dr. Heindl an und teilte ihm mit, daß ich nun endgültig wissen müsse, wie die Sache stehe. Er sagte mir, daß die Entscheidung nicht so rasch fallen könne, da der Minister nicht erreichbar sei und er selbst in den nächsten Tagen nach Bayreuth fahren müsse. Man erwarte jedoch meinen Besuch in Wien nach dem 1. September. Ich machte ihm klar, daß ich so lange nicht warten könne, da ein verbindliches Berliner Angebot vorliege, das ich in zwei Tagen beantworten müsse. Darauf fragte mich Heindl, ob es mir genügen würde, wenn ich vom Minister eine mehr oder minder verbindliche Anfrage erhalte; bis zu diesem Zeitpunkt hatte ich von Leopold Gratz selbst nichts gehört. Ich sagte, daß ich bei einer eher verbindlichen Erklärung des Ministers Berlin absagen würde. Heindl rief mich dann nochmals an und sagte mir, der Unterrichtsminister würde mir ein Telegramm schicken. Ich erhielt einige Stunden später tatsächlich ein solches, in dem allerdings die »eher verbindliche Zusage« folgendermaßen lautete: »Bitte Sie zu Gesprächen im September nach Wien zu kommen.« Das war für mich in keiner Weise ausreichend und so sagte ich Senator Stein zu, die Generalintendanz der Deutschen Oper zu übernehmen. Es gab dann noch eine leise Presseverstimmung, denn man warf mir die Erklärung des Berliner Senats vor, in der alles so dargestellt wurde, als ob ich Berlin Wien vorgezogen hätte und das sei weder stichhältig, noch von mir als Wiener anständig. Dazu kann ich heute nur sagen, daß ich die Erklärung des Berliner Senats vor ihrer Absendung an die Zeitungen nicht gekannt hatte und außerdem ja Wien es gewesen war, das mir eine Enttäuschung bereitet hatte.

Ich konnte noch ein Jahr mit Sellner zusammenarbeiten und in diesem Zeitraum meine erste Spielzeit vorbereiten. Das Ensemble war ziemlich komplett, das Repertoire fixiert und es ging »nur mehr« darum, wer in Zukunft inszenieren und dirigieren und wie mein Spielplan aussehen sollte.

Ich hielt es für notwendig, das etwas steril gewordene Repertoire aufzureißen und Opern, die lange nicht oder überhaupt noch nicht im Spielplan gestanden waren – vor allem aus dem 19. Jahrhundert und der Zeit davor – aufzuführen.

IX

Generalintendant der Deutschen Oper

Meine erste Saison wollte ich mit »Elektra« unter Lorin Maazel eröffnen. Dieses Werk, das in einer sehr alten Inszenierung ständig im Repertoire gewesen war, mußte neu besetzt werden, womöglich mit Sängern, die bisher noch nicht in Berlin aufgetreten waren. Es gelang, eine neue Elektra in Ursula Schröder-Feinen, eine neue Klytämnestra in der Person der großen Astrid Varnay und eine neue Chrysothemis in Catarina Ligendza, der Hochdramatischen, die wir aus Saarbrücken nach Berlin geholt hatten, zu finden. José van Dam war für den Orest vorgesehen. Ebenso wollte ich mit der Regie neue Akzente setzen. Sellner wollte nur mehr gelegentlich moderne Werke inszenieren. Er hat während meiner Intendanz lediglich die japanische Oper »Kinkakuji« von Majuzumi übernommen; Caspar Richter dirigierte, und die Ausstattung schuf, ganz nach meinem Geschmack, der namhafte österreichische Maler Hubert Aratym.

Es war auch mein Wunsch, möglichst oft Maler und Bildhauer heranzuziehen, weil ich glaubte, daß sie neue Akzente in das Operngeschehen bringen könnten. So war einer der aufregendsten Abende, der uns glückte, »Herzog Blaubarts Burg« von Bela Bartók in einer Inszenierung von Oscar Fritz Schuh, mit den Bühnenbildern des französischen Malers Georges Mathieu.

Zurück zu »Elektra«: Sie wurde schließlich, um es vorwegzunehmen, ein großer Erfolg, vorab für Maazel. Regie führte Ernst Schröder, und ich wollte, daß Manzù, der große italienische Bildhauer, die Bühne gestalte. Schröder und Manzù trafen einander, besprachen alles und erzielten zu meiner Freude eine Einigung, an die sich der Bildhauer dann allerdings nicht hielt oder halten konnte.

Ich selbst hatte in dieser Zeit mehrmals die Gelegenheit, mit diesem großen Künstler zu sprechen. Manzù besaß im Süden Roms, in einer typisch etruskischen Gegend, ein Haus und hatte sich dort ein Museum eingerichtet, das einen glänzenden Überblick über sein Schaffen gab. Manzù ist ein außerordentlich impulsiver Mensch. Als ich ihm sagte, daß er die »Elektra« von Richard Strauss ausstatten sollte, die er gehört, aber nie gesehen hatte, begeisterte er sich an dem Wort Elektra. Elektron, so sagte er, bedeute Licht, und die Inszenierung müßte von diesem Gesichtspunkt aus gestaltet werden. Er steigerte sich in ein Furioso von Ideen, aber als sein Modell und seine Kostümentwürfe in Berlin ankamen, waren sie keineswegs im Sinne Schröders. Die Dekoration schien eher für ein volkstümliches Kammerspiel geeignet und paßte nicht zur pompösen Musik von Richard Strauss. Ich drängte sowohl Schröder als auch Manzù, ihre Auffassungen zu ändern, aber der Bildhauer war nicht willens, von seinen Plänen abzugehen.

So mußte dieser Versuch, dem modernen Operntheater von der Bildhauerei her eine neue Dimension zu verschaffen, scheitern. Manzù war zwar ein liebenswerter, aber auch ein schwieriger Mensch. Er sagte von sich immer, er sei Kommunist, könne aber die Kommunisten nicht leiden.

Wir gerieten durch seine Absage in Zugzwang und waren glücklich, als Rudolf Heinrich innerhalb kürzester Zeit Entwürfe lieferte, die Schröders Vorstellungen entsprachen. Den Bühnenraum schloß eine hohe weiße Wand ab, die an die Häuser in griechischen Dörfern erinnerte, deren Mauern nur von wenigen Luken durchbrochen sind. Besonders eindrucksvoll war es, als gegen Ende der Oper diese weiße Wand, in gleißendes Licht getaucht, alles Geschehen umgab und die bis dahin geöffneten Luken, aus denen die Todesschreie Klytämnestras und Ägisths gedrungen waren, geschlossen wurden.

Nach dieser sehr umstrittenen, aber erfolgreichen Premiere war es für mich selbstverständlich, Schröder abermals einzuladen. Es war allerdings nicht leicht, eine Oper zu finden, die er inszenieren wollte und die in den Spielplan des Hauses paßte. Nach langen Gesprächen entschieden wir uns für Verdis »Maskenball«, den Maazel dirigieren sollte. Wieder war es nicht leicht, einen Bühnenbildner zu finden, der Schröders Vorstellungen entsprach. Schließlich einigten wir uns auf Michel Raffaelli, der eine »Erfindung« Gustav Rudolf Sellners war und mit ihm zusammen eine Reihe großer und interessanter Aufführungen gestaltet hatte. Die für mich bis heute gültigsten Entwürfe zu Strawinskis »Les Noces« stammten von ihm.

Raffaelli einigte sich mit Schröder schnell darauf, einen »Maskenball« herauszubringen, der in der Goldgräberzeit spielte. Ich neigte dagegen der Originalfassung zu und hätte das Werk am liebsten mit Gustaf III. als Protagonisten gesehen. Die Originalfassung lag aber Schröder nicht, und so inszenierte er den »Maskenball« als Western. Die Szene auf dem Hochgericht spielte auf einer aufgelassenen Goldgräberbahn mit verrosteten Geleisen und einer alten Stationshütte. Die beiden Verschwörer, die Ernst August Schneider immer Max und Moritz nannte, waren Schurken à la Hollywood. Die Inszenierung verursachte mächtigen Skandal, obwohl Schröder, Raffaelli und Maazel eine sehr runde und schöne Aufführung zustande gebracht hatten.

Dann gelang es mir, den äußerst schwierigen Rudolf Noelte als Regisseur für »Don Giovanni«, die erste Premiere meiner zweiten Saison, zu gewinnen. Wieder stand Lorin Maazel am Pult. Die Vorarbeiten waren aufregend. Noelte ist ein äußerst genauer und seine Arbeit in jeder Hinsicht gründlich präparierender Regisseur. Er kommt vom Schauspiel; Sängerinnen und Sänger, die nicht in sein dramaturgisches Konzept passen, akzeptiert er nicht, und Dirigenten, die seiner Ansicht nach keine Rücksicht auf die Dramaturgie nehmen, sind ihm unerträglich.

Ich erwartete mir jedoch eine gute Zusammenarbeit von Noelte und Maazel, weil ich überzeugt war, daß der Perfektionismus des

Regisseurs auf den Dirigenten Eindruck machen und daß man sich über das Konzept einigen würde. Leider war von Anfang der Arbeit an nicht klar, wer für das Konzept ausschlaggebend sein sollte – der Dirigent oder der Regisseur. Von der ersten Besprechung an kam es daher zu Spannungen, die zunächst allerdings nur unterschwellig auftraten. Noelte, an und für sich ein immer sehr liebenswürdiger, sehr ruhiger Mensch, ließ von diesen Spannungen nicht viel fühlen, und erst nach und nach wurde klar, daß zwischen ihm und Maazel eine Einigung über den Stil der Aufführung nicht zu erzielen war.

Noelte liebt es bekanntlich, den ganzen Bühnenraum ins Spiel einzubeziehen. So auch in diesem »Don Giovanni«. Er ließ von Jürgen Rose in der Mitte der Bühne eine Schräge bis tief in den Bühnenhintergrund errichten, auf der die Sänger manchmal weit hinten auftreten und singen mußten. Dabei kam es zu den ersten Spannungen. Es ging aber zunächst doch noch gut, bis sich langsam die Generalprobe näherte. Eines Tages kam dann Noelte zu mir, um mir mitzuteilen, er sei unter keinen Umständen damit einverstanden, daß die beiden Arien Don Ottavios so placiert blieben, wie Maazel es wünsche. Maazel meinte darauf, man könne zwei schwierige Tenorarien nicht so knapp nacheinander singen lassen. Noelte wies nach, daß unter den Gesichtspunkten der Dramaturgie seine Lösung die richtigere sei, aber vom musikalischen Standpunkt aus hatte natürlich Maazel – von Mozart gibt es ja keine Festlegung – recht. Nun begann, was der Berliner Hickhack nennt.

Noelte schaltete seinen Anwalt ein. Die Auseinandersetzung ging hin und her, ohne daß es zu einer Entscheidung gekommen wäre. Maazel sagte, er werde sich die Sache überlegen. Unmittelbar vor der Generalprobe fragte mich Noelte, ob Maazel die Arien nun so placieren werde, wie er, Noelte, es wünsche, oder wie der Dirigent es für richtig halte. Ich mußte ihm gestehen, es nicht zu wissen, und nur hoffen zu können, daß Maazel nachgeben werde. Der Zuschauerraum wurde dunkel, die Generalprobe begann. Ich saß neben Noelte und spürte seine Erregung vor dem Kommenden. Tatsächlich ließ Maazel den Tenor dort auftreten, wo er es für richtig hielt. Noelte begann daraufhin, ohne ein Wort zu sagen und ohne mich anzusehen, seine Sachen zusammenzupacken. Ich konnte ihn nicht zurückhalten – ohne ein Wort verließ er das Haus.

Eine neue Auseinandersetzung mit dem Anwalt begann. Endlich erreichte ich, daß Noelte und Maazel in mein Direktionszimmer kamen, um die Angelegenheit noch vor der Premiere zu besprechen und dem unvermeidlich scheinenden Eklat auszuweichen. Bei dieser Besprechung ließ Noelte auf meinem Schreibtisch ein Tonbandgerät mitlaufen, um die Aufzeichnung als Basis für einen vielleicht in der Folge stattfindenden Prozeß zu benützen. Das Ende war dann, daß alles so blieb, wie Maazel es wollte. Wahrscheinlich war er es, der den Tenor – Luigi Alva war der Don Ottavio – dazu bestimmt hatte, zu deponieren, daß er nicht in der Lage sei, die beiden Arien so knapp hintereinander zu singen. Dagegen konnte Noelte nicht an – eine Aufführung ohne Don Ottavio wäre dramaturgisch noch weniger in seinem Sinne gewesen.

Die Premiere am 25. September 1973 war ein umstrittener und zugleich ungeheurer Erfolg. Manche Kritiker begrüßten den Jahrhundert-»Don Giovanni«. Die Sängerführung Noeltes war ausgezeichnet und die Klarheit des Handlungsablaufs vorbildlich. Nie war mir ein »Don Giovanni« so eindeutig erschienen wie in dieser Inszenierung; plötzlich wußte man, worum es ging. Nicht eine lose Abfolge von Arien und Ensembles, sondern ein musikdramatisches Geschehen aus einem Guß.

Die Mühe hatte sich gelohnt; so zum Beispiel die Auseinandersetzungen mit Ruggiero Raimondi, dem Darsteller des Don Giovanni. Noelte sah in Don Giovanni einen bereits etwas ältlichen, rüden Weiberhelden, der nichts von der Eleganz hatte, die man bisher an dieser Figur gewohnt war. Raimondi hatte unmittelbar vorher gerade wegen seiner großen Eleganz in München einen sensationellen Erfolg mit dieser Rolle gehabt und wollte nun von dieser Auffassung nicht abgehen. Er war ständig im Streit mit Noelte. Ganz anders verhielt es sich mit Gundula Janowitz, der Darstellerin der Donna Anna. Sie war geradezu eine ideale Interpretin für einen Regisseur wie Noelte, denn sie verstand alle seine Ideen, obwohl auch sie sich von der Art und Weise, wie er sie einsetzte, oft gehandikapt fühlen mußte.

Leider kam es nach dieser Aufführung zu keinen weiteren Noelte-Inszenierungen an der Deutschen Oper. Ich habe immer wieder versucht, ihn zu gewinnen, aber leider vergeblich. Auch die geplante Koproduktion von »Eugen Onegin« mit der Wiener Staatsoper fand nicht statt, weil Noelte wegen einer Auseinandersetzung mit Ileana Cotrubas, die die Tatjana singen sollte, mitten in seiner Inszenierungsarbeit abreiste. Was Rudolf Gamsjäger, meinem Vorgänger als Staatsoperndirektor, da geschah, ist mir in Berlin Gott sei Dank erspart geblieben.

Für mich war seit Beginn seiner Wiener Tätigkeit in den vierziger Jahren Oscar Fritz Schuh einer der größten Regisseure seiner Zeit, und ich war fest entschlossen, ihn nach Berlin zu bringen. Auch Sellner hatte dieses Engagement einige Male versucht; es war ihm jedoch nie gelungen. Nun boten »Oedipus Rex« und »Herzog Blaubarts Burg« eine gute Gelegenheit, Schuh nach Berlin zurückzuholen, wo er nach dem Krieg das Theater am Kurfürstendamm geleitet hatte; eine Ära, die bereits legendär war. Für die Werke von Strawinski und Bartók schien mir Schuh ideal. Leider gelang die Inszenierung von »Oedipus Rex« schon vom Bühnenbild Wilhelm Reinkings her nicht recht. Völlig mißlungen war der Erzähler, den Cocteau in Wien so heinreißend gesprochen hatte. In der deutschen Übersetzung, von Peter Matic eher kabarettistisch interpretiert, verlor der gesprochene Text jede Wirkung und erschien geradezu lächerlich. Das Publikum reagierte dementsprechend, obwohl die musikalische Leistung – Heinrich Hollreiser dirigierte beide Werke, den Oedipus sang Donald Grobe, die Jokaste Patricia Johnson – imponierend war. Beim Werk von Bartók siegte der Maler Georges Mathieu als Bühnengestalter. Er projizierte eine Fülle von großartigen Farbkombinationen an die Wände und leuchtete so das gesamte Werk mit intensiver Farbsymbolik aus. Die Interpretation durch Ingvar Wixell und Ruth Hesse war hinreißend, doch die Premiere am 10. April 1973 trotzdem nur ein halber Erfolg. Schuh inszenierte dann mit weit positiverem Echo eine Wiederaufführung des »Revisor« von Egk. Der Komponist feierte seinen 70. Geburtstag, und eine Aufführung zu seinen Ehren war für mich eine selbstverständliche Verpflichtung. So amüsant und launig die Inszenierung auch war, bei der Premiere am 25. Juni 1973 meinten einige, daß diese Musik, vor allem aber ihre Verbindung mit dem herrlichen Text von Gogol, nicht mehr ganz den Ansprüchen des modernen Musiktheaters entspreche.

Ich habe dann noch Günther Rennert nach Berlin zurückgeholt, der dort jahrelang nicht mehr tätig gewesen war. Er wollte einen Rossini inszenieren, um seine besondere Fähigkeit zur Realisierung von verspieltem, leichtgewichtigem Musiktheater ins rechte Licht zu rücken. So erarbeitete er eine hinreißende Aufführung von »Der Türke in Italien«. Die Ausstattung stammte von Ida Maximowna. Es sangen Patricia Johnson, Donald Grobe, Barry McDaniel und William Dooley. Die Produktion blieb lange im Spielplan und lieferte den vollgültigen Beweis für die Schlagkraft des Berliner Ensembles.

Schließlich ging es darum, für »Prinz Igor« von Alexander Borodin, ein sehr kompliziertes, dramaturgisch eher schwaches Stück, doch voll herrlicher Melodik und musikalischer Intensität, einen Regisseur zu finden. Ich wollte völlig neue Wege gehen und jemanden beschäftigen, der bisher nicht für die Oper gearbeitet hatte. So kam ich auf Paul Vasil, einen jungen Regisseur, der mit Inszenierungen von Offenbach-Operetten und Musicals durch Originalität aufgefallen war. Leider war das keine gute Idee. Schon bei den Proben merkte man, daß Vasil mit dem Chor und mit der Führung der Solisten nicht ganz zurecht kam. Wir wußten damals alle noch nicht, daß er schwer krank war und ein Gehirntumor ihn nicht mehr lange leben lassen werde.

Die Besetzung war hervorragend. Van Dam sang den Igor, René Kollo den Wladimir, Gerd Feldhoff den Galitzky und Janis Martin

189

die Jaroslawna. Gerd Albrecht dirigierte – von der musikalischen Seite her war alles in Ordnung. Das größte Problem ergab sich daraus, daß ich George Balanchine, den großen alten Mann des Balletts, für die Choreographie gewonnen hatte. Balanchine, der sehr stolz darauf war, als letzter noch im Leningrader Ballett in der Originalchoreographie von Michail Fokin bei den Polowezer Tänzen mitgetanzt zu haben, wünschte nicht nur, daß diese Choreographie verwendet werde, sondern bestand auch auf den Originalkostümen jener Zeit. Das paßte nun gar nicht zu Vasils Konzept und der Ausstattung des sehr modernen Heinz Balthes. Hat man einen Choreographen wie Balanchine engagiert, erwartet man jubelnden Beifall nach den Polowezer Tänzen, die ja schon an sich, von der Musik her, hinreißend sind. Bei der Berliner Premiere am 23. Februar 1973 trat allerdings das schockierende Gegenteil ein: Das Ballett wurde nach Strich und Faden ausgebuht. Das war für mich die Lehre, daß man, auch auf die Gefahr hin, einen großen Künstler als Mitarbeiter zu verlieren, von der Einheit einer künstlerischen Gesamtrealisierung nicht abgehen darf.

Obwohl Bohumil Herlischka in der Sellner-Zeit mit seiner Inszenierung von Meyerbeers »Der Prophet« einen sensationellen Mißerfolg gehabt hatte – was den Versuch einer Meyerbeer-Renaissance im Keim erstickte –, hatte ich immer die Ansicht vertreten, daß man diesen sehr eigenwilligen, aber bedeutenden Regisseur nach Berlin zurückbringen müsse. Allerdings mit einem Werk, das ihm so lag, daß er keine gefährlichen Experimente zu machen brauchte. Also Janaceks »Jenufa«. So geschah's. Die herrliche Pilar Lorengar sang die Titelrolle, Patricia Johnson, im Vollbesitz ihrer stimmlichen Mittel, war eine faszinierende Küsterin. Der Österreicher Erich Wonder hatte ein überzeugendes Bühnenbild entworfen. Aus dem stark folkloristischen Buch wurde ein Psychodrama allerersten Ranges. Es war ein aufsehenerregender Abend, dieser 15. Mai 1976, und das Stück wurde in dieser Form zu einer der eindrucksvollsten Produktionen der Spielzeit.

Der ehemalige Regieassistent und nunmehrige Regisseur der

Deutschen Oper Berlin, Winfried Bauernfeind, erwies sich nicht nur in zunehmendem Maße als eigenständiger Spielleiter, sondern hatte auch das Opernstudio zu einer Institution gemacht, die zählte. Während meiner Intendanz trat er immer mehr in den Vordergrund und hatte schließlich seinen Durchbruch mit der Inszenierung von Boris Blachers aus dem Jahre 1949 stammenden Oper »Preußisches Märchen«, mit einem Libretto Heinz von Cramers nach dem Hauptmann von Köpenick-Stoff. Mit Blacher, der als Sohn deutscher Eltern in der Mandschurei geboren worden war, hatte ich schon von Wien her, wohin er wiederholt gekommen war, engen Kontakt. Blacher war ein überaus gebildeter, interessanter Mann, mit vielen Zynismen behaftet, gleichzeitig aber sehr verwundbar und introvertiert. Er war gegen alles Unsaubere, Unexakte in der Musik und prangerte es mit geradezu verletzender Schärfe an. Mit seiner Frau, der Pianistin Gerty Herzog, und seinen Kindern lebte er in einem hübschen Haus, in dem ich ihn oft besuchte.

»Preußisches Märchen« wurde ein durchschlagender Erfolg. Die Schreibweise Blachers, die den Klang zum Skelett abmagern läßt und alle Grazie, alle Effekte aus der linearen Art des Musizierens gewinnt, ist meiner Meinung nach eine echte Alternative zu den Klangräuschen der Musik nach Schönberg. Wir gingen mit dieser Berliner Volksoper, die wir nach der Premiere am 15. Juni 1974 über fünfundzwanzig Mal spielen mußten, sogar auf die Straße. Auf einem großen Leiterwagen brachten wir die Hauptdarsteller von der Oper zur Gedächtniskirche und veranstalteten vor diesem Mahnmal Gespräche mit den Passanten. Einem von ihnen paßte das allerdings gar nicht; geradezu aggressiv stellte er mich zur Rede. Die Oper, so meinte er, werde aus der nötigen Feierlichkeit herausgerissen und zum Straßenspektakel umfunktioniert. Die typische Einstellung vieler Opernbesucher in aller Welt, die Oper nur genießen können, wenn sie ernst und feierlich, am liebsten auch traurig, dargeboten wird.

Eine meiner wichtigsten Berliner Premieren, am 12. März 1973, war Wagners »Die Meistersinger von Nürnberg« unter der musikalischen Leitung von Eugen Jochum. Auch da sollte – ich konnte es nicht lassen – nach Möglichkeit ein im Opernbetrieb noch nicht verbrauchter Regisseur gefunden werden. Ich gewann Peter Beauvais, der sich mit seinen Fernsehinszenierungen bereits einen Namen gemacht hatte. Er schuf, mit Dietrich Fischer-Dieskau als Hans Sachs, eine imponierende, gültige Inszenierung mit den Kostümen von Barbara Bilabel und im Bühnenbild Jan Schlubachs.

Ich suchte nicht nur für die Regieaufgaben unverbrauchte Leute. Auch für den musikalischen Sektor, der in erster Linie von Lorin Maazel, Heinrich Hollreiser und Karl Böhm betreut wurde, war es notwendig, neue Künstler zu engagieren. Der jetzige Generalmusikdirektor Jesus Lopez Cobos war der erste, den ich verpflichtete, Miguel Gomez Martinez der zweite; beide kamen wie Zubin Mehta, Claudio Abbado und Giuseppe Sinopoli aus der sagenhaften Wiener Schule Hans Swarowskys. Eine der wichtigsten Neuerwerbungen für Berlin war Gerd Albrecht, der einen Teil des Repertoires, aber auch Premieren und vor allem die konzertanten Aufführungen leitete, die während meiner Intendantenzeit eingeführt wurden.

Zusammenfassend kann ich sagen, daß das Ensemble der Deutschen Oper Berlin in den vier Jahren, die ich Generalintendant war, sein Profil verändert hat. Ich versuchte, diese Eingriffe sehr vorsichtig vorzunehmen und Neuengagements nur zu tätigen, wo es unbedingt notwendig war.

Unser Ensemble war besonders für die moderne Oper geeignet; das ging noch auf die Zeit Sellners zurück, in der viele neue Werke des Musiktheaters zur Diskussion gestellt worden waren. Ich nützte diese Vorzüge und wir brachten – lukullisches Theater hin, lukullisches Theater her – eine Reihe beachteter Ur- und Erstaufführungen: Wolfgang Fortners »Elisabeth Tudor« am 23. Oktober 1972, Nikolas Nabokovs »Love's Labour's Lost« im Frühjahr 1973, Toshiro Majuzumis »Kinkakuji« nach der Erzählung »Der Tempelbrand« von Yukio Mishima, aus der Claus H. Henneberg

32/33   *Wiener Staatsoper. Die Antrittsrede am 22. März 1976*

34–36   Mit Agnes Baltsa, mit Otto Schenk und dem unvergessenen Karl Böhm

37 Im Kreis der lieben und der guten Freunde: die Herren Manfred Mautner Markhof, Albert Moser, Gottfried von Einem, Paul Schöffler, deren Gattinnen und Hilde Güden, neben ihr Didi Tarbuk-Sensenhorst

38 Abschied in Wien

das Libretto geformt hatte, und »Fettklößchen« des Berliner Komponisten Karl Heinz Wahren nach der Novelle »Boule de suif« von Guy de Maupassant – auch hier schuf Henneberg das Libretto – im Theatersaal der Hochschule der Künste in der Fasanenstraße. Sogar die kontinentale Erstaufführung von Benjamin Brittens »Tod in Venedig« konnte in Berlin stattfinden. Zu meinem großen Kummer war Britten nicht mehr in der Lage, nach Berlin zu reisen, er war bereits vom Tode gezeichnet, verfolgte jedoch noch mit großem Interesse den Pressewiderhall der Berliner Aufführung am 24. September 1974, die Colin Graham inszeniert hatte.

Die Uraufführung von »Love's Labour's Lost« fand als Gastspiel der Deutschen Oper in Brüssel statt; der rege »Niki« hatte das arrangiert. Nicolas Nabokov, ein Cousin des »Lolita«-Autors und Intimus Strawinskis, war eine bedeutendere Persönlichkeit als ein erfinderischer Tonsetzer. Er hatte frühe Erfolge gehabt und sich dann, kosmopolitisch und vielseitig interessiert wie er war, zersplittert. Während meiner Berliner Zeit war er Berater der Regierung für die Festwochen, die er dank seiner internationalen Kontakte, quasi im Handumdrehen, für ein paar Jahre zu dem wohl umfassendsten und interessantesten europäischen Festival machte.

Es war mir klar, daß die Berliner Oper eine Heimstätte der neuen Musik sein mußte und möglichst alle bedeutsamen Komponisten unserer Zeit in Berlin zu Wort kommen sollten. Sehr erstaunlich war es, daß Wolfgang Fortner nach dem großen Erfolg mit der »Bluthochzeit« in Berlin nicht aufgeführt worden war. Fortner bot mir die Uraufführung seiner damals neuesten Oper »Elisabeth Tudor« nach dem Drama von Matthias Braun an. Ich entschied mich schnell für dieses Werk. Das Buch war wirkungsvoll, und ich wußte auch, daß ich von der feinen Musikalität Fortners eine interessante Oper erwarten konnte. Tatsächlich war dann die Aufführung, mit Helga Dernesch und Colette Lorand, ein großer Erfolg. Fortner ist ein Komponist, der trotz seiner unbestreitbaren Bedeutung in Deutschland leider nie übermäßig populär wurde. Er gehörte immer zu den Geheimtips, und es gab Erfolgsschübe – wie eben die »Bluthochzeit« –, aber da sich seine Musik nie nach der neuesten Tendenz richtete, war sie den Avantgardisten zu altmodisch und den Konservativen zu »kakophonisch«.

Ich hätte gewünscht, daß »Elisabeth Tudor« mehr nachgespielt worden wäre. Meine Kontakte mit Fortner waren freundschaftlich, so kam es dazu, daß er mir eines Tages die gemeinsame Miete eines wunderschönen Hauses bei Berchtesgaden anbot, das einem verstorbenen Freund von ihm gehört hatte. Der Erfolg dieser gemeinsamen Unternehmung war dann allerdings nur der, daß ich in der Person der Wirtschafterin des ehemaligen Besitzers die ideale Haushälterin für mein Berliner Domizil fand, die dann auch die Leiden der Übersiedlung von Berlin nach Wien mit mir teilte.

Schon zur Zeit Sellners hatte ich engen Kontakt mit dem meiner Ansicht nach hervorragendsten jungen Komponisten unserer Jahre: Aribert Reimann, dem Sohn eines Berliner Organisten. Er hatte für die Deutsche Oper Berlin »Undine« nach einem Libretto von Claus Henneberg komponiert. Ich versuchte, die Berliner Erstaufführung seines »König Lear« herauszubringen, aber durch eine Verkettung unglücklicher Umstände gelang mir das nicht und sollte mir später in Wien abermals nicht gelingen, denn unsere Verhandlungen, die Ur-Inszenierung, die Everding in München herausgebracht hatte, zu übernehmen, scheiterten an Terminnot und zu hohen Kosten. Reimann ist nicht nur ein überaus begabter Komponist, sondern auch ein sehr guter Pianist, was nicht für alle Komponisten gilt; als Begleiter von Fischer-Dieskau hatte er Anteil an besonders eindrucksvollen Liederabenden.

Die Moderne allein schien mir nicht das Grundproblem der Opernhäuser in Deutschland im allgemeinen und der Deutschen Oper Berlin im besonderen lösen zu können, nämlich das Problem, was aus der Oper werden solle, wenn es nicht gelänge, den Spielplan interessanter zu gestalten. Es bestand die Gefahr, daß man immer mehr zum Stagionetheater überging, daß die Spielpläne immer enger auf jene paar Werke schrumpften, die im Repertoire aller Opernhäuser stehen. Es gibt ja heute im Grunde genommen nur vierzig bis fünfzig Werke, die gespielt werden; alles übrige liegt in den Tresoren der Verlage oder Bibliotheken, und nur ganz selten nimmt sich irgendein Musikgelehrter vor, ein verschollenes Werk nach möglichst eigener, tantiementrächtiger Bearbeitung zu propagieren.

Ich habe deshalb immer die Ansicht vertreten, man solle das Repertoire der Opernhäuser ab 1820 durchackern und insbesondere die ungeheure Fülle an italienischen Opern, die in Deutschland so gut wie unbekannt sind, berücksichtigen. Die meistgespielte Oper in Wien war z. B. bis 1924 nachweisbar Gounods »Romeo und Julia«; über 400 Vorstellungen dieses Werkes wurden gegeben – und plötzlich unverständlicherweise keine einzige Aufführung mehr. Ich konnte diese Oper zwar nicht herausbringen, weil ich einfach in Berlin in vier Jahren nicht genug Zeit hatte, um alles zu spielen, was ich für spielenswert hielt, aber der Fall hat mich immer stutzig gemacht und ich habe mir nie vorstellen können, daß ein Werk, das so sehr im Publikum verankert gewesen ist, binnen kurzer Zeit jede Qualität verloren haben sollte.

Ich habe in Berlin planmäßig versucht, »neue« Werke zu finden, und der erste Versuch in dieser Richtung war Verdis »Attila«. Ein bis dahin in Berlin unbekannter Regisseur, Tito Capobianco, der im Teatro Colon große Erfolge gehabt hatte, inszenierte, sehr in Tradition befangen. Dennoch, oder vielleicht gerade deshalb, hatte das Werk mit van Dam in der Titelrolle und Gundula Janowitz als Odabella außerordentlichen Erfolg. Die Oper wurde in der Kritik, aber auch in der Publikumsmeinung plötzlich neben Verdis »Schlager« gestellt, und niemand konnte verstehen, weshalb dieses Stück, das mit lebendigster Musik geradezu angefüllt ist, in Berlin nie gespielt worden war.

Der zweite Versuch brachte einen vielleicht noch durchschlagenderen Erfolg: die Ausgrabung von Amilcare Ponchiellis »La Gioconda« mit der wunderbaren, intensiven Leonie Rysanek in der Titelrolle. Filippo Sanjust inszenierte und stattete aus. Dieser bedeutende italienische Theatermann, der an der Deutschen Oper Berlin als Ausstatter der Uraufführung von Henzes »Der junge Lord« debütiert hatte, viele geschmackvolle, witzige, stets »richtige« Ausstattungen lieferte und bald selbst zu inszenieren begann, hatte die Idee, von »Scenografica Camillo Parravicini, Roma« die Originaldekorationen der zweiten Inszenierung nach der Uraufführung, der zeitgenössischen Aufführung in Rom, zu erwerben und unverändert, nur gebrauchsfähig gemacht, zu verwenden. Diese Wiederherstellung einer Opernaufführung aus der Entstehungszeit des Werkes wirkte wie eine Bombe. Die Inszenierung hatte eine überaus starke Ausstrahlung.

Auch Ponchiellis Musik kam an, und wiederum wollte man nicht recht glauben, daß das Stück seit undenklicher Zeit in Berlin nicht mehr aufgeführt worden war. Das Besetzungsproblem bei diesem Werk ist allerdings groß. Man braucht zwei außergewöhnliche Protagonistinnen, einen erstklassigen Mezzo, einen glaubwürdigen Tenor, einen sehr guten Bariton und einen hervorragenden Baß. Das waren, neben Leonie Rysanek, Eva Randova, Vera Little, Franco Tagliavini, Kostas Paskalis und Peter Lagger.

Bei den Operndirektoren ist dieses Werk vielleicht deshalb so in Mißkredit, weil das berühmte Ballett »Tanz der Stunden« aus dieser Oper weitgehend in die U-Musik eingegangen ist, ähnlich dem Gefangenenchor aus Verdis »Nabucco«. Sicherlich aber kann man »La Gioconda« nur in italienischer Sprache aufführen. Auf Deutsch wären Chordamen, die sich als Schiffsjungen verkleiden und behaupten, die »Eichhörnchen der Meere« zu sein, wirklich schwer zu ertragen.

Zu diesen beiden szenischen Ausgrabungen kamen noch unter Gerd Albrecht konzertante Aufführungen von Hugo Wolfs »Corregidor« mit Dietrich Fischer-Dieskau und – ganz besonders erfolgreich – Mercadantes »Il Giuramento« mit Agnes Baltsa und José Carreras, beide damals an der Schwelle zum Weltruhm. Besonders dieses Werk bewies, daß der vergessene, von Verdi aus dem Spielplan vertriebene Komponist der Vergangenheit entrissen werden sollte.

196

Generalintendant der Deutschen Oper

Auch »Titus« von Mozart, der 1974 noch nicht so oft gespielt
wurde wie heutzutage, hatte ich auf den Spielplan gesetzt. Die Inszenierung von Winfried Bauernfeind war eine Apotheose Leo-
polds II., die Bühnenbilder von Günter Walbeck waren Wiener
Barock-Veduten, das brennende Forum etwa die Karlskirche. Diese
Inszenierung – die Berliner Premiere fand unter der bewunderns-
werten Leitung von Eugen Jochum am 25. Oktober 1974 statt –
hätte ich gerne in Wien gezeigt, wenn nicht gerade zu dieser Zeit
von den Wiener Festwochen eine Inszenierung geplant und durchgeführt worden wäre, die ganz anderen Überlegungen entsprang als
unsere, und bei der Wiener Kritik ein so positives Echo fand, daß
ich mich später notgedrungen entschloß, sie aus dem Theater an
der Wien in die Staatsoper zu transferieren.

Das Puccini-Repertoire der Deutschen Oper Berlin schien mir
gleichfalls zu beschränkt, und so plante ich sein »Trittico«, von
dem meist nur »Der Mantel« (»Il Tabarro«) und »Gianni Schicchi« gegeben werden, weil man sich heutzutage offenbar davor
scheut, überirdische religiöse Erscheinungen auf der Bühne darzu-
stellen, wie das »Schwester Angelica« erfordert. Dabei war gerade
diese Oper Puccinis Lieblingswerk. Ich hoffe, daß das Berliner und
später das Wiener Beispiel gezeigt hat, daß man keine Scheu vor
den Schwierigkeiten des kompletten »Trittico« zu haben braucht.
Die drei Opern bilden, obwohl nicht zusammenhängend komponiert, letzten Endes doch eine dramaturgische Einheit. Das zu beweisen ist Filippo Sanjust in Berlin als Regisseur und Ausstatter
restlos gelungen. Wir haben in Berlin allerdings ein Experiment
gemacht und »Der Mantel« und »Schwester Angelica« in der italienischen Originalsprache gespielt, »Gianni Schicchi« hingegen in
Honolkas deutscher Fassung. Ich glaube nämlich, daß das Singen
in der Originalsprache an sich richtig und wichtig ist und bei der
Rezeption einer Oper oft auch hilft, daß dies aber nicht für komische Opern gilt; da geht viel Witz verloren – es wird entweder zu
übertrieben gespielt oder nicht viel gelacht.

In Berlin war José van Dam ein hervorragender Gianni Schicchi,

Pilar Lorengar eine herzergreifende Schwester Angelica, und Annabelle Bernard und Ingvar Wixell faszinierten in der Gruselge-
schichte des „Mantel". Die Premiere am 15. Juni 1975 wurde be-
jubelt.

Ich hätte gerne auch noch »Das Mädchen aus dem Goldenen
Westen« in den Spielplan genommen. Zubin Mehta und der Regisseur Piero Faggioni waren schon engagiert, alles war vorbereitet –
aber Mehta sagte ab, und ohne ihn wollte ich dieses Werk, das unbedingt eine hervorragende Besetzung benötigt, nicht spielen; unsere Protagonistin allein hätte den Abend nicht zu tragen vermocht.

Das berührt eine Grundfrage. Wie soll sich ein Operndirektor
verhalten, wenn er Absagen zur Kenntnis nehmen muß, die die
Qualität einer Unternehmung in Frage stellen? Meiner Meinung
nach ist es immer besser, man nimmt die große Peinlichkeit des
Absetzens in Kauf, als sich von vornherein mit schlechterer Qualität abzufinden. Ich wurde damals allerdings sehr angegriffen; es
wurde prompt von verschwendeten Steuergeldern gesprochen, obwohl wir uns durch die Absage Mehtas viel Geld erspart hatten.
Der Schaden war jedenfalls geringer, als es eine nicht überzeugende
Aufführung gewesen wäre.

Auch Absagen von Star-Sängern bringen solche Probleme mit
sich. Hier wird die Sache dadurch kompliziert, daß bei Besetzungs-
änderungen das Eintrittsgeld nicht zurückgegeben werden darf. In
Berlin setzte ich durch, daß bei Absagen von Stars, für deren Auftreten die Menschen sich nach stundenlangem Anstellen Karten
gekauft hatten, die Billetts zurückgenommen werden konnten.

Obwohl mein Spielplan vom Berliner Publikum zum großen
Teil mit Zustimmung aufgenommen wurde, gab es einige Kriti-
ker, denen er nicht modern genug war. Das hatte man auch schon
Sellners Spielplan vorgeworfen, obwohl er sehr viele modernste
Werke umfaßte. Ich hatte verabsäumt, Werke etwa von Cage oder
Ligeti auf den Spielplan zu setzen; erstens, weil es wenige gab, und
zweitens, weil ich das Publikum nie als Quantité négligeable, son-

Generalintendant der Deutschen Oper

dern immer als wichtigen Faktor bei der Gestaltung des Spielplans
ansah. Und das Opernpublikum ist nun einmal konservativ. Aufführungen wie Haubenstock-Ramatis »Amerika« brachten pro
Abend hundert bis hundertzwanzig zahlende Zuschauer, zweifellos
unter dem tragbaren Minimum. Mit diesen Einnahmen konnte
man nicht einmal die Löhne der Garderoberinnen bestreiten.

Als Lukulliker wurde ich nicht nur privat bezeichnet – es hatte
sich ja schnell in Berlin herumgesprochen, daß ich immer auf der
Suche nach guten Lokalen war, deren es leider nicht viele gab –,
lukullisch nannte man auch meinen Spielplan; ein Vorwurf, der
aber wirklich nicht gerechtfertigt war. In der Oper geht es mir
nicht darum, daß etwas nur gefällt; in der Oper muß mehr dahin-
terstecken, wenn man ein Werk auf den Spielplan bringt. Ich habe
mir oft überlegt, warum gerade in Berlin und gerade zu dieser Zeit
alle meine Bemühungen, den Menschen klarzumachen, daß ich
eine ganz andere Auffassung von der Oper habe als der selige Lu-
kullus vom Essen, scheiterten. Ich glaube, die Inszenierungen Otto
Schenks von »Fledermaus« und »Cosi fan tutte« haben dazu beigetragen. Beide sind für Berliner Augen außerordentlich spektakulär,
sie gehen in keiner Weise in die Richtung der Nüchternheit, die
die Berliner im Theater schätzen. Die Verspieltheit dieser Inszenierungen wurde vom Publikum jubelnd gefeiert. »Die Fledermaus«,
die wir am Silvesterabend 1972 in glanzvoller Besetzung mit Gundula Janowitz, Brigitte Fassbaender, Renate Holm, Hans Beirer
u. a. herausbrachten, war geradezu triumphal und wurde später in
München und Wien mit dem gleichen Erfolg gespielt, aber man
war in Berlin immer anderes Theater gewöhnt gewesen.

Ein besonderes Problem war in Berlin, schon zu Zeiten Sellners,
das Ballett. Sellner war genau so wie ich davon überzeugt, daß der
Tanz in einem großen Opernhaus volle Gültigkeit haben muß und
daß man den Ruf des Berliner Balletts steuern müsse. Es wurde
immer gegen das Stuttgarter, manchmal auch gegen das Hamburger Ballett ausgespielt. Das war darauf zurückzuführen, daß die
größte Ballett-Dame, die Deutschland nach dem Krieg hatte, Tat-

jana Gsovsky, an der Deutschen Oper absolute Herrscherin war und von allen bekämpft wurde, die gerne die Größen des internationalen Balletts in Berlin gehabt hätten. Die Gsovsky, Meisterin und Lehrerin der berühmtesten deutschen Tänzer ihrer Zeit, wollte aber ihre Truppe geschlossen erhalten. Seit der Gründung der Städtischen Oper nach dem Krieg war Tatjana Gsovsky mit ihrer eigenen Truppe der Kern des Opernballettes; auch dann noch, als ich in die Oper kam. Versuche, etwa mit John Taras und mit Kenneth Macmillan, scheiterten, obwohl sie Impulse brachten und letztlich dem neuen Leiter des Balletts, dem renommierten Tänzer Gert Reinholm, eine Basis für den Aufbau und die willige Wiederherstellung des Rufs des Balletts gaben. Reinholm, auch er ein Schüler von Tatjana Gsovsky, war lange Jahre *der* deutsche Tänzer, und erst als seine technischen Möglichkeiten nachließen, nahm er sich der Leitung des Balletts an und verstand es mit Energie und oft auch Schläue, die ständigen Schwierigkeiten, mit denen jede Ballett-Truppe zu kämpfen hat, zu überwinden.

Es gab eine Krise besonderer Art, die mit der Absicht, Reinholm zu stürzen, entfacht worden war. Sie stand auch im Zusammenhang mit der politischen Situation. Eine Reihe der wichtigsten Tänzer setzten revolutionäre Aktionen gegen die Oper, verteilten vor dem Gebäude und im Hausinneren Flugblätter, die eine Demokratisierung der Ballettleitung forderten. Das war damals »in«. Die »Schaubühne am Halleschen Ufer«, die in dem Ruf stand, ein demokratisch geführtes Theater zu sein, galt als das Berliner Theater schlechthin.

Trotz aller Wirren und Unruhen konsolidierte sich jedoch das Ballett immer mehr, und schließlich wurde es zu einer auch von der Tanzkritik anerkannten Truppe, die sich heute neben John Neumeiers Hamburger Kompanie behauptet.

Ein Ereignis gab mir sehr zu denken. Es ging darum, »Raymonda« von Glazunow herauszubringen. Unserer Meinung nach gab es niemanden besseren für diese Aufgabe als Tatjana Gsovsky. Sie hatte in den letzten Jahren, verbittert von schlechten Kritiken und einer richtigen Kampagne gegen sie, kaum mehr choreographiert. Sie anzusetzen war ein Wagnis. Aber da sie so lange nicht an die Öffentlichkeit getreten war, war sie plötzlich wieder en vogue und wurde als Mutter des deutschen Balletts geehrt. Wir konnten sie bewegen, wieder zu arbeiten – und sie wurde gefeiert. Es war in Berlin – genauso, wie später in Wien – sehr schwer, genug Abende für das Ballett freizuhalten. Beide Theater sind ja als Opernhäuser konzipiert, und das Ballett war lediglich als Hilfe für die Oper gedacht. Nur hie und da – das war historische Gepflogenheit – sollte das Ballett auch mit eigenen Abenden herausgestellt werden. In Wien war, unter Clemens Krauss, Margarethe Wallmann die erste, die versuchte, dem Ballett Eigenleben zu geben, allerdings mit showartigem Stil. In Berlin drang Tatjana Gsovsky darauf, dem Ballett die Bedeutung zu geben, die es verdient, und die es heute langsam, aber sicherlich noch nicht in ausreichendem Maß im Rahmen der Opernhäuser einnimmt. Für eine Truppe sind sechzig Abende während einer Spielzeit ein Minimum, aber so viele Abende kann ein Opernhaus nicht bereitstellen, ohne den Opernspielplan und das Sängerensemble zu schädigen.

So wird – will man nicht in die Bedeutungslosigkeit des Balletts der New Yorker Metropolitan sinken und strebt man nicht vollkommene Autonomie an wie die des Royal Ballet in Covent Garden – ein Kompromiß unvermeidlich sein, mit allen Fehlern, die einem Kompromiß anhaften. Dabei darf eines nicht übersehen werden: Die Schwierigkeiten auf diesem Gebiet entstehen hauptsächlich dadurch, daß es sich bei den Tänzern um Menschen handelt, die in einer unerhörten Weise, viel mehr als andere Künstler, körperlich arbeiten müssen und ihre Form nur halten können, wenn sie dem Ballett mit Leib und Seele zur Verfügung stehen. Diese schwere berufliche Belastung bringt es mit sich, daß sehr oft Streitigkeiten entstehen – die sogenannten Ballett-Intrigen –, die aber schnell wieder beigelegt werden können.

Meine Zeit an der Deutschen Oper Berlin war durch große Reisefreundlichkeit des Instituts gekennzeichnet. Während der Intendanz Gustav Rudolf Sellners, der sehr davon angetan war, die Deutsche Oper Berlin als Aushängeschild für das Kulturleben der Bundesrepublik der Welt zu zeigen, waren wir dreimal in Japan. Wir haben eine große Anzahl von Opern zur japanischen Erstaufführung gebracht, von »Fidelio« bis zu Schönbergs »Moses und Aaron«, und Berlin und Deutschland in Japan eigentlich erst richtig populär gemacht.

»Deutze Oper Berlin« war geradezu ein Markenzeichen. Das japanische Publikum ist das aufgeschlossenste, im wahrsten Sinne des Wortes hingebungsvollste, das man sich denken kann.

Bei unserem ersten Gastspiel, mit dem wir das prunkvolle, mit vielen modernen Kunstwerken ersten Ranges angefüllte Nissei-Theater eröffneten, haben wir in Japan zum ersten Mal gezeigt, was man bei uns unter einer Opernaufführung versteht.

Natürlich gab es in Japan schon vorher Opernvorstellungen, aber nur schlecht und recht von kleinen Truppen japanischer Sänger realisiert, oder Gastspiele ad hoc zusammengestellter italienischer Kompanien. Auch einzelne Sänger der Wiener Staatsoper hatten unter Josef Krips Mozart dargeboten, aber eine in sich geschlossene, sorgsam erarbeitete Ensembleaufführung, wie sie bei uns gang und gäbe ist, hatte man in Japan noch nicht gehört und gesehen.

Die Eröffnungsvorstellung im Nissei-Theater fand in Anwesenheit des Kaiserpaares statt; es war Gast des deutschen Bundespräsidenten Lübke, der nicht zufällig gerade zu dieser Zeit in Japan weilte und den wir auch auf seinem Staatsbesuch nach Südkorea begleiteten. Der Eindruck dieser ersten Aufführung war für uns alle außerordentlich, weil für uns die Haltung der Japaner – sie sitzen bereits eine halbe Stunde vor Beginn der Vorstellung auf ihren Plätzen und konzentrieren sich andächtig – neu war. Die Veränderung, die mit den sonst lautstark konversierenden Menschen vor sich geht, wenn sie das Theater betreten, ist ein Phänomen, das ich nur mit einem Kirchenbesuch bei uns vergleichen kann.

Wir wurden in Japan wie alte Freunde begrüßt und gefeiert, bei

unserer Ankunft wurden wir von einer Schar junger Mädchen in
Kimonos empfangen, die ein Transparent aufrollten, auf dem
stand: »Die Deutsche Oper – willkommen«. Geschenke wurden
verteilt, wie es ja überhaupt in Japan üblich ist, daß man als Zeichen des Dankes kleinere oder größere Gaben bekommt.

Diese japanischen Reisen, die natürlich dem Betrieb ungeheure
zusätzliche Arbeit brachten und auf die ich stolz war, weil sie meiner Initiative zu danken waren, sind folgendermaßen zustande gekommen: Hidekazu Yoshida, ein berühmter japanischer Musik-
schriftsteller und Professor an der Universität Tokio, besuchte mich
beim Musikfest 1961 in Wien und fragte, ob es nicht möglich
wäre, mit der Wiener Oper nach Japan zu kommen. Ich sagte ihm,
daß das sehr schwierig wäre, da es in Wien für Gastspiele kein or-
dentliches Budget gebe. Obendrein könne ich nicht mehr viel dazu
sagen, da ich als stellvertretender Generalintendant an die Deutsche
Oper nach Berlin gehe. Es wäre aber doch eine gute Idee – und ich
glaube, man könnte das durchsetzen –, die Deutsche Oper Berlin
nach Japan zu bringen. Damit war Yoshida einverstanden. Ich
sprach mit Sellner, und wir versuchten dann, das nötige Geld – die
Japaner trugen damals nur einen, allerdings großen, Teil der Kosten – von der Stadt Berlin und vom Bund zu erhalten. Ich fuhr
nach Bonn, und es gelang mir nach langen Verhandlungen, das
nötige Geld bewilligt zu bekommen. So sind wir mit vierhundert
Menschen nach Japan gefahren.

Der Organisator in Japan war der sehr gute Schauspielregisseur
Assari. Mit ihm konnten wir bei insgesamt drei Gastspielen zusammenarbeiten, obwohl die Schwierigkeiten jedesmal größer wurden.
Vor allem das Geld, das wir brauchten, war immer schwerer aufzu-
treiben. Es stellte sich auch heraus, daß das Interesse des japanischen Publikums bei jedem Gastspiel geringer wurde. Dennoch
waren immer wieder alle Vorstellungen ausverkauft, nur waren
Karten leichter zu bekommen. Wir konnten auch unsere Leistungen nicht so steigern, wie sich die japanischen Partner vorgestellt
hatten. Die Japaner glauben immer, es müsse jedes Mal etwas noch

Besseres gebracht werden, und das war eben nicht realistisch. Eines aber muß man mit Befriedigung feststellen: Die Gastspiele der Deutschen Oper Berlin haben das japanische Musikleben nachhaltig beeinflußt.

Unser Vertrag sah auch vor, daß die Vorstellungen vom japanischen Fernsehen, in das sich verschiedene Gesellschaften teilen, übertragen werden sollten. Beinahe alle Aufführungen wurden live gesendet. Ich erinnere mich an die Proben für die Aufnahme von Wieland Wagners »Lohengrin«-Inszenierung. Mit freiem Auge konnte man in manchen Szenen wegen des typisch Wielandschen Dunkels kaum etwas sehen, und ich hatte große Bedenken, aber siehe da, auf den Monitoren trat alles wunderbar in den schönsten Farben zutage; zum Teil in Farben, die man auf der Bühne gar nicht wahrnahm. Zum ersten Mal wurde mir damals klar, wie man mit den Mitteln der modernen Elektronentechnik alles umfunktionieren kann – zum Guten wie zum Schlechten.

Die Deutsche Oper Berlin hatte mit dem Fernsehen bis dahin sehr wenig zu tun gehabt. Einmal hatten wir anläßlich eines Gastspiels von Renata Tebaldi einen »Otello« in aller Eile hervorgezaubert, aber das war eine im Grunde künstlerisch nicht zu vertretende Angelegenheit gewesen, zu der wir uns hinreißen ließen, weil die Sängerin nur unter dieser Bedingung nach Berlin gebracht werden konnte. Die Inszenierung wurde innerhalb von zwei, drei Tagen – denn das Stück war damals nicht im Repertoire der Oper – zusammengebastelt, mit Vorhängen und improvisierten Dekorationsteilen.

Außer den Japan-Reisen hat die Deutsche Oper Berlin mit größtem Erfolg anläßlich der Olympiade 1966 in Mexiko gastiert.

Dieses Unternehmen war von vielen Aufregungen begleitet. Die mexikanische Mentalität kann mit der Gattung Oper, wie wir sie kennen, überhaupt nichts anfangen. Das deutsche Opern-Repertoire – Mozart, Wagner, Richard Strauss – ist in Mexiko gänzlich unbekannt, und gerade mit solchen Werken waren wir eingeladen worden. Aber alles in allem war die Reise ein großes Erlebnis, be-

sonders Guadalajara, wo es für die Organisatorin, eine Dame der
Gesellschaft, am wichtigsten war, daß während der Pause von
»Figaros Hochzeit« ein prunkvolles Diner vonstatten ging. Unangenehm war nur, daß der sehr schöne Raum unter der Bühne für
dieses Diner reserviert war und daß es während des ersten Teils der
Vorstellung vorbereitet und nach der Pause abgeräumt werden
mußte. Der Lärm des Servierpersonals war so groß, daß man zeitweise nicht viel von der Vorstellung hörte. Aber das Ensemble war
guter Dinge. Das Hotel, in dem wir in Guadalajara wohnten, war
wunderschön, es war herrliches Wetter, alles war wie im Traum,
und darum hat der Zwischenfall niemanden sehr gestört, am aller-
wenigsten das Publikum. Wir alle sahen dieses Gastspiel mehr als
eine Vergnügungsreise denn als ein künstlerisches Ereignis an. Es
gab allerdings auch einen ernsten Zwischenfall. Die Höhe in Mexico City machte einigen Sängern große Schwierigkeiten. So wurde
Erika Köth während der Traurigkeits-Arie in der »Entführung« immer trauriger und schließlich, zu aller Schrecken, ohnmächtig. Sie
mußte gelabt werden, aber nach einer halben Stunde konnte die
Vorstellung weitergehen. Alle Künstler, die höhenempfindlich
sind, seien davor gewarnt, in Mexico City, ohne vorherigen länge-
ren Aufenthalt dort, zu singen.

Die Deutsche Oper Berlin gastierte außer in Japan und Mittel-
amerika in Washington, im Kennedy Center, in Belgrad, Zagreb,
Amsterdam, den Haag, in Brüssel, beim Edinburgh-Festival, in
Hamburg mit »Il Trovatore« unter Karajan, in Athen und in Rom.

In Rom waren wir zur Weihnachtszeit, mit »Moses und Aaron«
und der »Entführung aus dem Serail« unter Eugen Jochum. Es war
für alle ein großes Ereignis, auch für die kessesten Vertreter der
Berliner Schnauze, als wir von Papst Paul VI. in Privataudienz
empfangen wurden. Bei dieser Gelegenheit hatte ein gläubiger
evangelischer Sänger, dem ich gesagt hatte, wir müßten niederknien, wenn der Papst uns den Segen gibt, ein Problem. Er meinte:
»Dann komme ich nicht mit, denn ich knie nicht vor einem Menschen.« Ich versuchte, mit Erfolg, ihm klarzumachen, daß er das

Niederknien als eine Formsache ansehen solle, genau so wie das Verbeugen vor der englischen Königin. Diesem lieben evangelischen Freund wurde dann alles erspart. Als Paul VI. eintrat, hob er die Arme und sagte:»Bitte nicht knien!«Jochum und ich konnten uns gerade noch stoppen. Der Papst machte auf alle, auch die Nichtkatholiken, großen Eindruck; sie wurden sämtlich in den Bann dieses durchgeistigt wirkenden Stellvertreters Gottes auf Erden gezogen.

Die Gastspiele der Deutschen Oper Berlin hatten eine besonders positive Nebenwirkung, eigentlich schon mehr als eine bloße Nebenwirkung: Sie schweißten das Ensemble zusammen. Auf Reisen waren plötzlich alle Freunde, die sich sonst privat kaum kannten. Neben der großen Propaganda-Wirkung, die solche Gastspielreisen für Berlin hatten, gab es einen sozialen und einen gesellschaftspolitischen Effekt durch das Zusammenwirken einer großen Gruppe von Menschen, vom Bühnenarbeiter bis zur Diva, die sonst ihrer Mentalität nach eher auseinanderstreben.

1974 brachte eine schmerzliche Zäsur in mein Leben.

Meine Mutter starb am 27. Jänner, einen Tag nach ihrem 82. Geburtstag. Ich hatte seit dem Tod meines Vaters – er stürzte 1946 im Garten von einem Nußbaum und starb wenig später im Krankenhaus – mit einer Unterbrechung von vier Jahren mit ihr zusammengelebt.

Meine Mutter war 1907 Vollwaise geworden. 1911, als sie achtzehn war, holte sie mein Vater aus dem klösterlichen Budapester Mädchenpensionat »Notre Dame de Sion« und machte die um achtzehn Jahre Jüngere zu seiner Frau. Sie hatte keine unbeschwert fröhliche Jungmädchenzeit erlebt, bevor sie in die Ehe eintrat.

Mein Vater liebte meine Mutter sehr, doch ihr Verhältnis zu diesem starken, dominierenden, sie in allem leitenden Mann war eher von Angst bestimmt. Mein Vater war ein großer Erotiker, und das Sexuelle spielte in seinem Leben eine wichtige Rolle. Einen größeren Gegensatz zu meiner scheuen, introvertierten Mutter hätte man sich kaum denken können. So wie er mein Leben durch seine starke Persönlichkeit bestimmte, wirkte sie durch Verständnis, Güte und Diskretion auf meinen Weg ein. Sie war immer ganz selbstverständlich da, wenn ich sie brauchte, sie zog sich immer im rechten Augenblick zurück und verstand es, ohne je Vorwürfe auszusprechen, einfach durch ihr Da-Sein korrigierend zu wirken. Meine Mutter hatte fast Angst vor fremden Menschen, und es dauerte sehr lange, bis sie jemanden akzeptierte oder in den inneren Kreis aufnahm. Ich kann mich erinnern, wie wir sie alle hänselten, als Bundeskanzler Dollfuß nach einem Abendessen in der Türkenschanzstraße, bei dem meine Mutter seine Tischdame gewesen war, Vater fragte, ob seine Frau Deutsch könne, denn sie habe außer Ja oder Nein kein Wort gesagt. Solche Repräsentationsaufgaben haßte sie, nahm sie aber mit Geduld auf sich, weil sie wußte, daß sie zur Tätigkeit meines Vaters gehörten. Im Laufe meines Lebens werde ich ihr in dieser Hinsicht immer ähnlicher. Gesellschaftliche Verpflichtungen, deren Erfüllung mir in jüngeren Jahren ausgesprochen angenehm und interessant war, werden mir mehr und mehr zur Last.

Bis zu ihrem achtzigsten Geburtstag rauchte meine Mutter, seit ich denken kann, pro Tag mindestens eine Packung Players Navy Cut ohne Filter. Eine Angewohnheit, die sich auf meine Schwestern übertrug, die alle drei Kettenraucherinnen wurden. In unserer Familie rauchten nur die Damen, mein Vater und ich haben nie eine Zigarette, Zigarre oder Pfeife angerührt.

Einmal hörte ich, ohne es zu wollen und doch wie angewurzelt, eine Auseinandersetzung zwischen meinen Eltern. Wieder einmal, wie seine ganze Ehe hindurch, hatte mein sehr viriler Vater meine Mutter betrogen; diesmal war sie ihm auf die Schliche gekommen und machte ihm Vorwürfe. Nie werde ich vergessen, wie er ihr klarzumachen versuchte, es sei doch gerade sein Liebesbeweis, daß er nie daran denke, sie zugunsten einer anderen Frau zu verlassen. Meine Mutter hatte für diese Argumentation – an der ja durchaus etwas dran war – kein Verständnis.

Wirklich glücklich waren die beiden erst miteinander, als im Alter die Sexualität bei meinem Vater eine weniger wichtige Rolle zu spielen begann und meine Mutter zudem durchsetzen konnte, daß das gemeinsame Schlafzimmer aufgegeben wurde. Denn sie liebte es, im Bett noch bis Mitternacht zu lesen, während mein Vater, wann immer es ihm möglich war, um neun Uhr zu Bett ging und eine Viertelstunde später tief schnarchte. Es war dies eine bemerkenswerte Eigenschaft von ihm – in der Zeit seiner Berufstätigkeit konnte er nach dem Mittagessen exakt von drei bis Viertel vier tief schlafen, erfrischt erwachen und wieder ins Büro fahren.

Bis zu ihrem achtzigsten Geburtstag reiste meine Mutter allein, leitete unseren Berliner Haushalt und kochte zu Mittag. Sie liebte es, in die Stadt zu fahren und im Kaufhaus des Westens »Window shopping« zu machen. Das abendliche Fernsehen fand nur ihren Beifall, wenn alte Filme mit Greta Garbo und Katherine Hepburn zu sehen waren – oder neue mit Ruth Leuwerick oder Deborah Kerr, die einzigen Darstellerinnen, von denen sie mit merkbarem innerem Engagement sprach, so daß man fast glauben konnte, sie liebe sie.

Meine Mutter war schon im Winter 1973 in die Klinik eingeliefert worden, sie konnte nichts mehr essen und starb schließlich an Magendurchbruch. Es war die ersten Wochen schrecklich für mich, sie nicht mehr den langen Korridor von meinen Zimmern zu ihren Wohnräumen hinuntergehen zu sehen, zart und in einen der Kimonos gehüllt, die ich ihr aus Japan mitgebracht hatte. Den Korridor hatte ich nach ihrem Vornamen »Rue Charlotte« genannt. Meine kleine Mutter!

Sie sollte in Wien im Familiengrab am Neustifter Friedhof begraben werden. Daß die Formalitäten lange dauern würden, hatte man mir amtlicherseits angekündigt. Zunächst müsse meine Mutter kremiert werden, dann werde die Urne nach Wien gesandt. Wochenlang hörte ich nichts, dann wandte ich mich an die, wie ich dachte, zuständige Institution, um doch etwas zu drängen, und erhielt die Auskunft: »Da müssen Sie sich an die Aschenversandabteilung wenden.« Ja, die Berliner Sachlichkeit. Pietät und Takt im

Todesfall sind doch mehr eine Wienerische Angelegenheit. Im Mai, vier Monate nach dem Tod meiner Mutter, fand das Begräbnis in Wien statt. Sie hatte nicht mehr erlebt, daß ich in meine Heimatstadt zurückberufen wurde, doch sie war mir dorthin vorausgegangen.

X

Direktor der Wiener Staatsoper

Es schien 1974/75, als seien meine Berliner Tage noch nicht gezählt. Ich hatte 1971 einen Vertrag auf fünf Jahre ab der Spielzeit 72/73 abgeschlossen, und es sah so aus, als ob er verlängert würde, trotz mancher Angriffe, die hier und da gegen den »Lukulliker« gerichtet wurden. Jedenfalls hatte ich den Eindruck, man sei mit meiner Tätigkeit zufrieden, soweit dies Behörden eben sein können. Nun kam, sehr unerwartet, eine Anfrage aus Wien.

Wie oft eigentlich war ich bis dahin schon vor den Toren der Wiener Staatsoperndirektion gestanden? Dreimal auf jeden Fall: einmal, als ich dann mit Böhm in die Direktion einzog, das zweitemal, als Karajan nach seinem Ausscheiden aus der Wiener Staatsoper mit André Mattoni in Berlin zu mir in die Lyckallee kam und fragte, ob ich nicht Operndirektor in Wien werden wolle. Seine Bedingung wäre gewesen, keinen Generalmusikdirektor zu ernennen; unter diesen Umständen sei er bereit, auch weiterhin an der Wiener Staatsoper zu dirigieren. Das dritte Mal, als Heinrich Reif-Gintl abgelöst werden sollte und bevor Rudolf Gamsjäger ernannt wurde.

Was sollte ich von Anfragen aus Wien halten? Zu oft waren meine Erwartungen enttäuscht worden. Allerdings hatte ich mich auch niemals um die Wiener Staatsoper direkt beworben – wie es überhaupt zu meinen Prinzipien gehört, in eigener Sache keine Hand zu rühren und auf Gott zu vertrauen. Mit diesem Grundsatz habe ich immer Glück gehabt und meinen Weg bis zum Erreichen des erträumten Zieles zurückgelegt.

Nun aber kam aus Wien ein Anruf von Generalsekretär Robert

Jungbluth, ob er mit mir rechnen und mit mir in Berlin sprechen könne. Hier muß ich einfügen, daß natürlich oft Wiener Freunde in Berlin waren; Freunde, die auch engen Kontakt zu Bundeskanzler Kreisky hatten und die mir berichteten, daß gewisse Möglichkeiten für meine Rückkehr nach Wien bestünden. Aber ich hatte wegen der vielen Enttäuschungen keinen rechten Glauben mehr daran, daß ich meine Karriere in Wien beenden könnte und war vielmehr fest entschlossen, nach Auslaufen meines Berliner Vertrages in Österreich der mehr oder weniger verdienten Ruhe und Muße zu pflegen.

Nun aber Jungbluths Anruf. Er ließ zwar alles offen, aber ich konnte mir natürlich vorstellen, daß es um die Operndirektion ging.

Wie kommt es eigentlich zur Berufung eines neuen Wiener Direktors? Man sollte nicht vergessen, daß die großen Opernhäuser zwar meist Staatsbühnen, aber doch Theater und keine Ämter sind. Und zu einem Theater gehört nun einmal das Direktoren-Nachfolgespiel, und es gehört eben dazu, daß alle, die das Theater besonders lieben, ihre Hände im Spiel haben, daß Figuren wie auf einem Schachbrett hin und her geschoben werden und gleichzeitig auch ein Preisschießen stattfindet, bei dem man nie weiß, wie es ausgeht. Man sollte vor allem nicht vergessen, daß im Theater auch das Ernsteste zum Spiel wird. Anders ist kaum zu erklären, weshalb man nach vier, fünf Jahren jeden Operndirektor satthat und einen anderen haben möchte. Wenn derselbe Direktor zu lange in seiner Loge zu sehen ist, scheint das die Kritik, das Publikum und auch die zuständigen Behörden zu langweilen. Theater ist Veränderung, Theater ist Spiel, und aus diesem Grund war es offenbar notwendig, daß anstelle von Rudolf Gamsjäger ein anderer Direktor in Erscheinung trete. Daß ich das gewesen bin, geht vielleicht einfach darauf zurück, daß ich seit Kriegsende eigentlich stets zu den »Papabili« gehört hatte, zu den auf den Sessel des Staatsoperndirektors Wählbaren.

Nun, Robert Jungbluth kam im Frühling 1975 nach Berlin.

211

Wir trafen einander in meiner letzten Berliner Wohnung, in der Olympischen Straße 10. Er sagte mir ohne Umschweife auf den Kopf zu, daß der Bundeskanzler und der zuständige Minister für Unterricht und Kunst interessiert seien, mich als Nachfolger Gamsjägers zu sehen. Ich sagte sofort, ich sei natürlich interessiert, es gebe aber gewiß Komplikationen, da ich ja bis 1977 einen Vertrag hätte, der schwerlich vor der Zeit zu lösen sei. Jungbluth meinte, es werde sich Bundeskanzler Kreisky einschalten und er selbst werde unmittelbar nach unserem Gespräch mit dem Senator für Kultur, Professor Stein, Rücksprache halten. Jungbluths Gesprächspartner war dann aber Senatsrat Wilke. Stein sagte mir später, daß eine Intervention Kreiskys beim Regierenden Bürgermeister von Berlin, Ernst Schütz, notwendig sei, damit er mich freigeben könne. Man müsse sich ja auch den Kopf zerbrechen, was in diesem Fall in Berlin geschehen solle.

Nach einigem Hin und Her wurde ein Einverständnis erzielt, Jungbluth teilte mir telephonisch mit, daß wir während der Salzburger Festspiele 1975 – ich war zu dieser Zeit Präsident des von der IMZ in Salzburg veranstalteten TV-Opern-Wettbewerbs – den Vertragstext besprechen würden. Bei einer der festlichen Veranstaltungen des Wettbewerbs wurde es so eingerichtet, daß ich mit Minister Fred Sinowatz zusammentraf. Ich saß bei einem Essen neben ihm. Schon diese erste Begegnung war von Sympathie gezeichnet. Sinowatz sagte mir auf den Kopf zu: »Das ist schon gut mit Ihnen, denn mir sind dicke Leute wie Sie sympathisch. Ich gehöre ja auch nicht zu den Leichtgewichtigen.«

Der Abschluß meines Vertrages mit Wien wurde vom Berliner Senat nur unter der Bedingung genehmigt, daß ich auf meine Pension, die ich erst nach einer fünfjährigen Tätigkeit als Generalintendant erhalten hätte, verzichtete, was ich tat.

Am 1. September 1975 wurde mit der Vorbereitung meiner Direktionszeit begonnen. Der alte Freund Dr. Gotthard Böhm, damals Kulturredakteur und Theaterkritiker der »Presse«, wurde zu meinem persönlichen Referenten bestellt und nahm seine Tätigkeit in einem Zimmer des ersten Stocks im Hanusch-Hof, dem Sitz des Bundestheaterverbandes, auf. Ich selbst konnte ja vorerst in Wien kaum tätig werden, da ich noch vollauf mit den fast eineinhalb Spielzeiten in Berlin beschäftigt war. Herbert von Strohmer, der Stellvertreter meines Vorgängers, der aus Gründen der Kontinuität auch als der meine fungierte, kümmerte sich um die Realisierung meiner Anordnungen. Es ging zunächst darum, das Programm ab 1. September 1976 festzulegen und Künstlerverträge abzuschließen. Eines meiner wichtigsten Direktionsvorhaben war die Rückkehr Herbert von Karajans an die Wiener Staatsoper. Es war für mich selbstverständlich, daß er nicht nach Wien geholt werden konnte, ohne daß er selbst von aller Welt als der Initiator seiner Rückkehr erkannt wurde. Zur Zeit meines Vertragsabschlusses kam es im Salzburger Hotel Europa zu einem Gespräch zwischen Robert Jungbluth und Herbert von Karajan, in dem sich der Maestro bereit erklärte, unter gewissen Bedingungen an der Wiener Staatsoper zu dirigieren. Soviel ich erfuhr, war er bereit, unter meiner Direktion zu dirigieren, obwohl ich überzeugt bin, daß es auch noch andere gegeben hätte, die für sich die Ehre hätten in Anspruch nehmen können, mit Karajan auf dem Schild die Direktion der Wiener Staatsoper anzutreten.

Karajan wollte, womit ich einverstanden war, im Mai eines jeden Jahres in Wien tätig sein und nach Möglichkeit 21 Abende dirigieren. Auch das übrige Programm für den Mai sollte mit ihm abgestimmt werden. Er wollte aber unter keinen Umständen, daß mir die Direktionsgeschäfte jeden Mai sozusagen entzogen würden. Es kam zum Abschluß des Vertrages und zur Rückkehr Herbert von Karajans, der dann vier Jahre lang im Mai jeweils einige Abende dirigierte. Zu einem richtigen Karajan-Monat ist es aber nie gekommen. Herbert von Karajan sah keine Möglichkeit, so viele Vorstellungen nach seinen Intentionen, was Proben und Besetzungen betraf, zu dirigieren.

Nicht zum ersten Male

HERBERT von GESSLER

Tragikkomödie in viel zu vielen Aufzügen

Ort der Handlung: Wiener Staatsoper

Mitwirkende: Egon Teichfellner
Robert Altblut
Fred Sine-Witz
Leo Tempel

Karikatur zur vorübergehenden Wiederkehr Herbert von Karajans an die Wiener Staatsoper unter der Direktion Seefehlner

Am 22. März 1976 hielt ich, mit dem kollegialen Einverständnis meines damals noch amtierenden Vorgängers Rudolf Gamsjäger, im Zuschauerraum der Wiener Oper eine Antrittsrede, in der ich meine Vorstellungen darlegte.

»Da ich heute hier in diesem Haus vor Ihnen stehen darf, um über die Belange der Wiener Staatsoper in den nächsten Jahren zu sprechen, bin ich zutiefst ergriffen, und wohl niemand von Ihnen dürfte sich darüber wundern. Nach einer langen Reise bin ich nun wieder heimgekehrt in diese Stadt, die mich niemals losgelassen hat und die mir alles gegeben hat, was ich zu meiner Arbeit in Berlin gebraucht habe. Und ich bin heimgekehrt in dieses Haus, wo ich meine ersten künstlerischen Eindrücke gewonnen habe, wo mir zum ersten Male bewußt wurde, was Kunst, Musik und vor allem Oper für mich bedeuten. In diesem Haus wurde mein künstlerischer Sinn geformt, ohne den ich nicht das geworden wäre, was ich nun bin, und ohne den ich einfach hilflos gewesen wäre in den Positionen, die ich einnehmen durfte. Ich bin ergriffen, weil ich – und das scheint mir das Wichtigste – dieses herrliche, aber auch furchterregende Haus liebe, ohne jede Einschränkung. Diese Liebe scheint mir notwendig als Voraussetzung für den Erfolg eines Theaterleiters. Man kann kein Theater führen, ohne die Absurditäten, die Unzulänglichkeiten, die es in einem Theater gibt, in diese Liebe einzuschließen. Dies gilt im besonderen Maße für den Leiter der Wiener Oper.

Ich erwähnte nicht nur wegen der theaterüblichen Unzulänglichkeiten die Wiener Oper als furchterregendes Haus, sondern auch, und vor allem deshalb, weil es furchtbar ist, belastet zu sein mit Vorgängern wie Gustav Mahler, Richard Strauss, Franz Schalk, Clemens Krauss, Karl Böhm und Herbert von Karajan. Es ist eine furchterregende Verantwortung, die man hier tragen muß. Es ist von vornherein klar, daß in dieser Reihe nur bestehen kann, wer nach anderen Maßstäben gemessen wird. Nur dann, wenn man sich bewußt ist, daß man überhaupt nicht in Konkurrenz zu diesen Künstlern treten kann, und nur dann, wenn man voll von Ehrfurcht anerkennt, was diese für den Ruf und den Rang der Wiener Oper bedeutet haben: nur dann kann man seinen bescheidenen Anteil zur Geschichte dieses Hauses beitragen. Es ist die Schwäche eines nicht künstlerisch tätigen Direktors, daß er keine künstlerischen Leistungen aus eigener Kraft vollbringen kann. Seine Aufgabe muß es sein, diese künstlerischen Leistungen zusammenzutragen und ohne jede Eitelkeit in den Dienst des Begriffes Wiener Staatsoper zu stellen, um auf diese Weise Profil für das Haus zu gewinnen.

Ich habe vielleicht schon zu ausführlich meine Position als zukünftiger Staatsoperndirektor erörtert. Es mußte aber sein, um zu bekunden, woher ich den Mut nehme, dieses außerordentlich schwierige Unternehmen zu beginnen. Ich nehme mir den Mut aus Liebe zu diesem Haus und aus Demut vor den Künstlern, die dieses Haus geschaffen haben. Liebe aber versetzt – wie man ja sagt – Berge, und darauf vertraue ich.

Ich habe es für wünschenswert gehalten, meine Gedanken und meine Einstellung zur Oper nicht allein vor der Presse, sondern in erster Linie vor meinen lieben zukünftigen Mitarbeitern auszubreiten, weil ich der Meinung bin, daß die Mitarbeiter vor allem das Recht haben, zu wissen, was sie erwartet und mit wem sie in Zukunft zu tun haben werden. Das schien mir aber auch deshalb notwendig, weil wir uns in einem Augenblick befinden, der irgendwie krisenhaft für die Bundestheater und im besonderen für die Oper zu sein scheint. Ich glaube, ich habe einige Worte über die Lage, in der wir uns befinden, zu sagen.

Vorausschicken möchte ich, daß wir in Wien mit diesen Erscheinungen nicht allein sind. Überall in der Welt wird die Oper zur Diskussion gestellt. Überall in der Welt wird, im Zusammenhang mit den wirtschaftlichen Schwierigkeiten, von einem Skandal in Anbetracht der hohen Kosten der Theater gesprochen. Und überall dort, wo der Staat seine Pflicht wahrnimmt und die Kunst in den Theatern und Opernhäusern großzügig fördert, wird diese Großzügigkeit angegriffen. Wir sind diesbezüglich in Wien nicht allein.

Direktor der Wiener Staatsoper

Hier in Wien erscheint dies aber besonders schockierend, weil es bisher keine Existenzprobleme für die Bundestheater gegeben hat. Hier war man immer stolz darauf, daß man diese Theater hatte. Man war stolz darauf, daß man im Verhältnis zu der Größe des Landes beträchtliche Summen aufbrachte, um die Theater auf hohem Niveau zu halten. Natürlich kostet die Oper enormes Geld, aber sie kostet überall sehr viel Geld, und wir bilden da nicht die geringste Ausnahme.

Wenn wir aber bedenken, was die Oper für Wien und Österreich bedeutet, so ist dieses investierte Geld gut angelegt. Die Oper muß viel Geld kosten, wenn sie gut sein soll. Überlegen wir doch einmal, wie viele Menschen in der Oper beschäftigt sein müssen, um künstlerisch gültige Vorstellungen zustande zu bringen. Das Orchester, der Chor, das Ballett, die technischen Mitarbeiter und die Verwaltung kosten viel Geld, aber nicht mehr Geld als irgendwo anders. Und wenn wir hier Kürzungen durchführen müßten, würden wir sofort den Rang verlieren, den wir nun einmal haben, würden wir heruntersinken auf das Niveau eines Provinztheaters. Diese Provinztheater sind aber – bei angemessener künstlerischer Leistung – auch im Verhältnis zu dem Publikumskreis, den sie ansprechen, enorm teuer, vielleicht sogar teurer als unser Institut. Ich habe den Eindruck, daß die Bedeutung dieser im Theater arbeitenden Gruppen von der Allgemeinheit anerkannt und akzeptiert wird, obwohl diese Gruppen den Hauptanteil der sogenannten skandalösen Kosten benötigen.

Anders ist es bei den Dirigenten, Regisseuren, Choreographen und Solisten. Auf diese Gruppe wird immer mit dem Finger hingezeigt, und diese Gruppe wird mit besonderer Vorliebe zum Sündenbock für den sogenannten ›Skandal Oper‹ herangezogen. Man lästert über die tatsächlich oder auch nur angeblich hohen Gagen, ohne dabei zu bedenken, daß diese Gagen nicht in Wien, sondern draußen in der Welt gemacht werden, und daß diese Gagen nur in außerordentlich seltenen Fällen nicht den Leistungen, für die sie gezahlt werden, entsprechen. Die künstlerischen Vorstände und

Solisten, die den Charakter und den Rang unseres Hauses wesentlich bestimmen, machen nur einen sehr geringen Teil des Etats aus. Das sollte einmal zur Kenntnis genommen werden. Es sollte auch zur Kenntnis genommen werden, daß die Spitzengagen, die heute gezahlt werden, in keinem Verhältnis zu den Spitzengagen der Vergangenheit stehen. Caruso zum Beispiel hatte eine Gage von 12.000 Dollar. 12.000 Dollar zur Zeit von Caruso: Das ist fast zehnmal soviel wie vergleichbare heutige Gagen. Man sollte also, wenn man der Oper nicht absichtlich schaden will, aufhören, so zu tun, als ob die Direktoren, Sänger, Intendanten, Dirigenten, Regisseure, Bühnenbildner schuld wären an den finanziellen Schwierigkeiten, in welche die Opernhäuser der Welt gekommen sind. Die Kosten der Oper sind ebenso gestiegen wie alle übrigen Kosten, und man darf von der Oper nicht erwarten, daß sie sich aus den Krisen der nationalen und internationalen Wirtschaft heraushalten kann. Wir müssen, wenn wir die Staatsoper in ihrem Rang erhalten und womöglich noch ausbauen wollen, das erforderliche Geld aufbringen. Wir dürfen stolz sein in Österreich, daß wir dieses Geld unter sicherlich bedeutenden Opfern der Allgemeinheit bisher aufgebracht haben. Und wir sollten in diesem Zusammenhang nicht von Skandal sprechen. Ein Skandal wäre, wenn wir dieses Geld nicht mehr aufbringen wollten.

Die Bundestheater sind eine großartige Institution. Die Fehler in der Konstruktion und die Mißstände, die hie und da in Erscheinung treten, können und müssen geändert werden. Aber Fehler und Mißstände: Wo gibt es die nicht? Gibt es in den Zeitungen zum Beispiel keine Druckfehler, keine fehlerhaften Nachrichten? Natürlich müssen wir so sparsam wie nur möglich vorgehen, und natürlich sollen wir dort Reformen durchführen, wo wir in Mißkredit gekommen sind – darüber gibt es überhaupt keine Diskussion. Wir sollten aber – und darum muß ich auch meine lieben zukünftigen Mitarbeiter bitten – alles daransetzen, das Kind nicht mit dem Bade auszuschütten.

Ich glaube, Sie erwarten nun von mir nach all dem eine Erklärung, warum wir eigentlich Anspruch darauf haben, sozusagen bevorzugt in Österreich behandelt zu werden. Was ist denn Oper überhaupt? Oper ist die Synthese von allen Kunstgattungen zu einer neuen Kunstform. Oper ist das Zusammenwirken von Musik, Dichtung, bildender Kunst, Theater und Tanz. Die Oper ist demnach, so sie allgemeine Gültigkeit erlangt, eine gleichsam alles umfassende Kunstform, mit keiner anderen vergleichbar. Wir in Österreich und in Wien haben diese Kunstform zu einer besonderen Vollendung gebracht. Die Wiener Oper ist nicht nur den österreichischen Opernkomponisten, sondern auch den italienischen, französischen, deutschen und slawischen Opernkomponisten zur hervorragenden Pflegestätte geworden. Sie ist also eine international erstrangige Kulturstätte. Wenn man heute oft davon reden hört, daß die Oper eine abgetane, bestenfalls museale Angelegenheit geworden ist, stimmt dies einfach nicht. Man könnte darüber streiten, wie in Zukunft die Synthese der Künste am besten sich manifestieren solle, aber man kann nicht darüber streiten, ob – solange die Menschen die Kunst in irgendeiner Form zu ihrer Existenz brauchen – auch die Oper benötigt wird. Wenn es keine Oper mehr geben darf, würde dies bedeuten, daß auch das Musikleben überhaupt in furchtbarer Weise verstümmelt wäre.

Die Oper ist nicht einfachhin als veraltete Kunstform abzutun. Die Oper ist nach wie vor ein Teil unseres Lebens, denn zu unserem Leben gehört die Kunst, gehört die Musik, gehört das Schauspiel, gehört der Tanz und gehört die all dies umfassende Oper, die in diesem Haus eine künstlerisch führende, eine uns allen ans Herz gewachsene Oper ist.

Die Wiener Oper ist nicht ein Institut, mit dem wir nur repräsentieren können, sie ist sicherlich auch nicht mehr ein Treffpunkt der eitlen Gesellschaft. Diese Oper ist schlicht und einfach ein Teil unseres Selbst geworden. Ohne die Wiener Oper, ohne unsere Musik, ohne die Wiener Philharmoniker wären wir für etwa 80 Prozent der Menschen in der Welt – ich sage das aus eigener Erfahrung – nicht einmal vorhanden. Wenn man in Indien zum Beispiel über

Austria spricht, dann wird dies – eine schon bekannte Geschichte – sofort mit Australien verwechselt, und erst der Hinweis, man sei aus Vienna, zeigt ein Wissen um die Stadt der Walzer. In Japan ist dies nicht viel anders. Nur weiß man dort auch noch etwas von den Wiener Philharmonikern und der Wiener Staatsoper. Wer also unsere Oper schädigt, schädigt damit das ganze Land. Das sollten alle jene bedenken, die ohne jede Rücksicht die Axt anlegen an das, wovon wir leben.

Die Oper als solche ist somit zweifellos und notwendig außerhalb der Diskussion. Fraglich bleibt, wie wir heute Oper spielen können, und wie die Wiener Staatsoper mit den mannigfachen Problemen fertig wird, die sich einem modernen Opernhaus stellen. Für mich ist es klar, daß man nur dann gültige Aufführungen zustande bringt, wenn man ein Ensemble einzusetzen hat. Natürlich ist das Ensemble heute nicht mehr so strukturiert wie früher. Aber eines, glaube ich, sollte man zur Regel machen: Man sollte nicht willkürlich Vorstellungen mit Dirigenten und Künstlern ausstatten, die nicht zueinander passen und die nicht gewillt sind, diesem Haus für längere Zeit zur Verfügung zu stehen. Ich bin für ein Ensembletheater, und ich glaube auch, daß man dieses Prinzip nach wie vor durchsetzen kann. Natürlich muß man so ein Ensemble von unten aufbauen. Man muß junge Künstler engagieren, durch langfristige Verträge an das Haus binden, und so eine innere Beziehung zu diesem Haus erwecken. Automatisch werden dann diese Künstler, wenn sie später einmal Weltkarriere gemacht haben, der Wiener Staatsoper verbunden bleiben. Man sollte allerdings diese Künstler nicht deshalb, weil sie ›nur‹ Wiener Staatsopern-Künstler sind, schlechter behandeln als Weltstars, die erst am Höhepunkt ihrer Karriere zu uns fliegen und hier einige Male tätig sind. Freilich dürfen wir aber auf die Beschäftigung internationaler Stars nicht verzichten. Wir sollten nur versuchen, auch sie zu echten Staatsopernsängern zu machen. Auch sie sollten sozusagen Ensemblemitglieder werden.

Ich halte es prinzipiell für falsch, die gleichen Opern immer wieder neu zu inszenieren. Neuinszenierungen können nur dann verantwortet werden, wenn die im Spielplan stehenden Produktionen dekorativ oder inszenatorisch verfallen sind. Es können natürlich mitunter sich anbietende Kombinationen bedeutender Künstler so interessant sein, daß die Neuinszenierung auch eines viel gespielten Werkes im Sinne neuer wichtiger künstlerischer Erkenntnisse gerechtfertigt erscheint. Grundsätzlich möchte ich aber bei der Auswahl von Neuinszenierungen beziehungsweise Premieren lange oder überhaupt nicht gespielten Opern den Vorzug geben. Ich halte es für wichtig, daß im Premierenvorhaben auch moderne Werke vorkommen. Wir müssen bemüht sein, das Repertoire der Oper zu erweitern, sowohl in die Richtung der Moderne als auch in jene der Vergangenheit.

Ich halte außerordentlich viel davon, daß die Wiener Staatsoper in den Bundesländern präsent wird, und daß auf diese Weise der finanzielle, aber auch moralische Beitrag, den die Bundesländer für die Wiener Staatsoper leisten, honoriert wird. Eine möglichst enge Zusammenarbeit mit anderen Institutionen, wie den Salzburger Festspielen und den Bregenzer Festspielen, scheint mir unerläßlich. Auch hier ist es selbstverständlich, daß diese Zusammenarbeit nur bei höchster gegenseitiger Loyalität möglich ist.

Das gleiche gilt für die Zusammenarbeit mit der Wiener Volksoper. Für mich wird es eine Pflicht sein, dafür zu sorgen, daß die Volksoper jede mögliche Unterstützung erhält, aber auch gleichzeitig dafür zu sorgen, daß die Effektivität dieser Zusammenarbeit im künstlerischen Niveau ihren Niederschlag findet. Das erste weithin sichtbare Zeichen für diese Zusammenarbeit ist eine Ballettpremiere der Staatsoper in der Volksoper.

Außer der Ausweitung des Repertoires nach der kleinen Form zu scheint mir die Einrichtung eines Opernstudios von größter Wichtigkeit. In diesem Opernstudio sollen dann absolvierte Studenten auf ihre berufliche Tätigkeit in der Oper vorbereitet werden. Sie sollen bei uns die Möglichkeit erhalten, von hochqualifizierten Persönlichkeiten der Oper instruiert zu werden und außerdem in kleinen Partien aufzutreten. Die Mitgliedschaft zu diesem Studio ist auf maximal zwei Jahre beschränkt. Nach Ablauf des zweiten Jahres wird darüber entschieden werden, ob die solcherart ausgebildeten jungen Sänger Mitglieder der Staatsoper werden oder nicht. Schließlich halte ich außer den Gastspielen in den Bundesländern Gastspiele im Ausland für besonders wichtig. Wir haben eine große Anzahl von Einladungen bereits vorliegen. Es müssen Mittel und Wege gefunden werden, diesen Einladungen auch Folge leisten zu können. Wir wären im Ausland enorm wirksame Botschafter und könnten dazu beitragen, daß Österreich in einem noch größeren Ausmaß als bisher in das Bewußtsein der Menschen eintritt.

Alle diese Vorhaben können von mir nur dann durchgeführt werden, wenn ich mich auf einen loyalen Mitarbeiterstab stützen kann, der mir mit Rat und Tat zur Seite steht. Ich lege überhaupt keinen Wert darauf, Macht zu haben. Ich möchte nur in der Lage sein, das, was ich für richtig halte, durchzusetzen. Das kann ich nur, wenn meine Mitarbeiter die Ansicht teilen, daß das, was wir für die Wiener Oper tun, richtig ist. Kritik an meinen Plänen ist erwünscht, wenn ich fühle, daß sie von der Sorge getragen wird, etwas Schädliches zu vermeiden.«

Meine Wiener Tätigkeit begann am 1. September 1976 mit einer Gala-Vorstellung von Verdis »Don Carlos«. Es sangen Montserrat Caballé, Josephine Veasey, Giacomo Arragall, Piero Cappuccilli und Nicolai Ghiaurov. An diesem Abend dirigierte Miguel Gomez Martinez, ein für Wien neuer Mann. Die Vorstellung, die aufgrund der Sachlage nicht sehr probiert und schon gar nicht neu sein konnte, da ja die Wiener Philharmoniker noch am Vortag in Salzburg beschäftigt waren, machte dennoch Furore, denn bisher waren die ersten Tage der Spielzeit meist sehr mager ausgefallen und alles war immer nur sehr langsam in Trab gekommen. Durch die Einführung einer Galavorstellung am 1. September hatte Wien sowohl ein künstlerisches als auch ein gesellschaftliches Ereignis zu verzeichnen – vergleichbar der Saisoneröffnung der Mailänder Scala oder der Met. Diese Ereignisse hatten immer großen Eindruck auf mich gemacht und ich dachte, es sei unerläßlich, auch in Wien die Spielzeit nach zwei opernlosen Monaten würdig zu eröffnen.

Vor allem aber galt es, unter weit schwierigeren Bedingungen als in Berlin, den Spielplan aufzubauen. Die Wiener Staatsoper hatte damals ein sehr großes Ensemble, das nur schwer oder gar nicht auszuwechseln war. Es gab aus der Vergangenheit noch immer viele sehr bekannte Sänger, die zwar nicht mehr dieselbe Kraft hatten wie einst, aber beschäftigt werden mußten, wenn man nicht mit dem Rechnungshof, dem Finanzministerium oder der Gewerkschaft in Konflikt geraten wollte. Andererseits war es unbedingt notwendig, strengere Maßstäbe als in Berlin anzulegen. Ein gutes Ensemble allein genügte nicht; man mußte einfach Stars haben. Das erwartete das Publikum, vor allem seit der stargesättigten Zeit der Direktion Karajan. Ich stand also vor dem Problem, wie meine Vorstellung vom Ensembletheater und der Wunsch nach Startheater auf einen Nenner zu bringen seien. Da gab es nur eine Möglichkeit: Die vorhandenen Kräfte mußten bestmöglich eingesetzt, und neue, junge Sänger mußten engagiert und in Wien aufgebaut werden.

Es gab auch Sänger, wie etwa Edita Gruberova und Sona Ghazarian, die im Ensemble nicht recht zur Geltung kamen und so plaziert werden mußten, daß ihr Können vom Publikum zur Kenntnis genommen werden konnte. Ein ähnlicher Fall war Agnes Baltsa. Sie hatte unter meinem Vorgänger bereits an der Staatsoper gesungen, sich inzwischen aber in Berlin zusätzlich zu ihrem Mozart- und Strauss-Repertoire in Richtung auf das bravouröse Fach entwickelt. Ich holte sie nach Wien zurück, wo sie bald ihren internationalen Durchbruch hatte. Die heikle Tenor-Frage konnte durch die Engagements von Thomas Moser, Yordi Ramiro, Corneliu Murgu und vor allem Peter Dvorsky entschärft werden. Mit einem Wort – neben den großen internationalen Stars bereicherten neue, junge Kräfte das Ensemble.

Die internationalen Stars wie Montserrat Caballé, Mirella Freni,

223

Placido Domingo, Luciano Pavarotti, José Carreras, Piero Cappuccilli und Nicolai Ghiaurov konnten mit größeren Abendverträgen gebunden werden, was heute von einem Operndirektor geradezu als Selbstverständlichkeit erwartet wird.

Innerhalb meiner ersten drei Jahre erreichten wir langsam eine gewisse Stabilität des Ensembles.

Für die Auswahl der Premieren ließ ich das gleiche Prinzip gelten, das ich in Berlin angewandt hatte: Möglichst viele selten aufgeführte Opern sollten herausgebracht werden, zugleich mußte ich aber vermeiden, daß mein Wiener Spielplan ein Abklatsch des Berliner Repertoires wurde.

Ich wußte, daß die französische Oper in Wien sehr schlecht behandelt wurde und daß zum Beispiel Hector Berlioz mit seinen großen Werken fast unbekannt war. Es gab aber auch italienische Opern, die lange nicht gespielt worden waren.

So bot sich, was den Spielplan betraf, eine Fülle von Möglichkeiten – allerdings mußten sie auch besetzungsmäßig realisierbar sein. Ich bin davon überzeugt, daß man das Repertoire nicht einseitig nach dem Interesse an aufzuführenden Werken gestalten darf, sondern mit genau derselben Umsicht feststellen muß, ob man eine Oper auch richtig besetzen kann – viele Werke waren ja in Wien deshalb nicht gegeben worden, weil die geeigneten Stimmen für sie mangelten.

Auf Grund aller dieser Überlegungen habe ich meine erste Spielzeit mit der österreichischen Erstaufführung eines Hauptwerks der Musikgeschichte eröffnet, nämlich mit beiden Teilen von Hector Berlioz' »Die Trojaner«. Für die szenische Realisierung engagierte ich zum Schrecken vieler Wiener Opernfreunde ein Musical-Team vom Broadway. Ich hatte Tom O'Horgans Londoner Inszenierung von »Jesus Christ Superstar« in den Bühnenbildern von Robin Wagner und mit den Kostümen von Randy Barcelo gesehen und war sehr beeindruckt gewesen. Tatsächlich schuf dieses Team eine Inszenierung, die auch Besucher, die sie für eine Geschmacksverirrung hielten, dank ihrer Bildhaftigkeit kaum vergessen werden.

Direktor der Wiener Staatsoper

Das Trojanische Pferd im ersten Teil und vielleicht noch mehr die riesige Mondscheibe, vor der Dido und Äneas im zweiten Teil ihr großes Liebesduett sangen, sind in die Geschichte der Bühnengestaltungen der Wiener Staatsoper eingegangen. Allerdings erwies sich Berlioz' Riesenwerk tatsächlich als Festspiel, es war im Repertoire nicht zu halten. Zwar verfügten wir über wunderbare Künstlerinnen für die Gestaltung der Dido – wie Christa Ludwig, Agnes Baltsa, auch Dunja Vejzovic –, hatten jedoch Schwierigkeiten mit der Äneas-Besetzung.

Vincenzo Bellinis »Norma« war meine zweite Wiener Ausgrabung. Die Gesangskunst Montserrat Caballés schien mir Garantie für das Gelingen. Als Adalgisa stand uns Fiorenza Cossotto zur Verfügung, als Pollione Carlo Cossutta, als Oroveso Luigi Roni und als Dirigent Riccardo Muti. Regie führte Piero Faggioni, der sich als Bühnenbildner Ezio Frigerio wünschte. Frigerio entwarf wunderbare, romantisch-heroische Dekorationen und Podeste, die ganz auf die darstellerischen Möglichkeiten der Caballé zugeschnitten waren. So weit so gut. Leider aber kümmerte sich Frigerio nicht selbst um die Kostüme; seine Mitarbeiterin Franca Sqarciapino entschied sich dafür, die Druidenpriester in Federkostüme zu stecken (wer weiß, vielleicht war das historisch gar nicht so falsch), die nicht jedermanns Sache waren.

All das aber war nicht der Grund für die laue Aufnahme des Werks. Daran war vielmehr eine verpatzte Generalprobe schuld, die einem die Wiener nie verzeihen. Wir hatten als Norma-Cover Liliana Molnar-Talajic engagiert. Muti aber weigerte sich, mit ihr zu probieren, erklärte auch, er werde nur dirigieren, wenn die Caballé singe, und zwang uns, die letzte Hauptprobe von ihr statt, wie vorgesehen, von Frau Molnar-Talajic singen zu lassen. Die Folge davon war, daß Frau Caballé bei der öffentlichen Generalprobe nicht aussang, ihre Kollegen ihr folgten und wir abbrechen mußten. Diese Tatsache verbreitete sich wie ein Lauffeuer in der »Stadt« – und die Premiere wurde zwar kein Skandal, aber auch kein Erfolg. Muti hielt dann eine musikalische Probe mit Liliana Molnar-Talajic ab, doch da war es schon zu spät. Unsere »Norma« hat sich von diesem mißlungenen Start eigentlich nie so richtig erholt.

Ich ließ mich aber nicht abschrecken – und so galt auch die erste Premiere meiner zweiten Spielzeit Bellini, diesmal seiner herrlichen Romeo und Julia-Oper »I Capuleti ed i Montecchi«. Romeo schien mir die richtige Partie für Agnes Baltsa zu sein. Sowohl ihre stimmlichen Mittel als auch ihr Äußeres prädestinierten sie geradezu für diese Partie, dasselbe galt für Sona Ghazarian als Julia. Filippo Sanjust entwarf Bühnenbilder, die der Verona-Sicht der Bellini-Zeit entsprachen, und inszenierte vor allem die Liebesszenen berührend, Giuseppe Patané dirigierte mit dem ihm eigenen Brio. Das Publikum nahm die Aufführung zögernd an, erst im Lauf der Jahre, als der internationale Ruhm Agnes Baltsas wuchs, »ging« sie. Ein Beweis mehr dafür, daß man gewisse Werke durchsetzen kann, wenn man nicht zu schnell die Geduld verliert.

»Lucia di Lammermoor«, ein Dauererfolg in Italien, durch die unvergessene Interpretation der Callas allerdings schwer belastet, war in Wien an der Staatsoper seit dem triumphalen Scala-Gastspiel unter Karajan nicht mehr zu hören gewesen. Der sensationelle Erfolg Edita Gruberovas als Zerbinetta bestärkte mich in der Idee, dieses Werk für sie anzusetzen – und wir hatten einen Publikumserfolg, der der Aufführung treublieb und von dem noch einige meiner Nachfolger zehren können. Die Inszenierung – Regie führte Boleslaw Barlog, das Bühnenbild entwarf Pantelis Dessyllas und die Kostüme Silvia Strahammer – ist im besten Sinne konservativ und daher dem Alterungsprozeß weniger ausgesetzt als ein Modeerfolg es wäre. Auch diese musikalische Einstudierung hatte Giuseppe Patané besorgt.

Puccinis »Trittico« stand auch in Wien auf meinem Programm; diesmal in einer Inszenierung von Otto Schenk, in Bühnenbildern von Rolf Glittenberg und mit Kostümen von Milena Canonero. Gerne hätte ich wieder »Gianni Schicchi« in deutscher Sprache gegeben, getraute mich aber nicht so recht. In Wien sang wie in Berlin Pilar Lorengar die Schwester Angelica, dieses Stück placierten wir zwischen »Mantel« und »Gianni Schicchi«, weil Otto Schenk es als Anfangsstück für zu heikel hielt. Als Weihnachtspremiere brachten wir 1980 Verdis »Attila« heraus. Nicolai Ghiaurov sang die Titelrolle, Piero Cappuccilli den Ezio – er mußte seine große Arie wiederholen, heutzutage ein rarer Fall! –, Piero Visconti den Foresto und Mara Zampieri die Odabella. Ich hatte sie, vom Agenten Joan Holender aufmerksam gemacht, in Triest gehört und war sofort von dieser ungemein direkt, mit »Attacke« singenden jungen Künstlerin beeindruckt gewesen. In Mercadantes »Il Giuramento«, das wir konzertant unter Gerd Albrecht mit Agnes Baltsa herausbrachten, probierte ich die Wirkung der Zampieri auf das Wiener Publikum aus – und sie kam an. Das eigentliche Ereignis der Aufführung war allerdings die Tatsache gewesen, daß Placido Domingo für den erkrankten Peter Dvorsky als Viscardo einsprang – ein Fest für die Wiener!

Mara Zampieris Leistung als Odabella bestimmte mich, sie gegen die Meinung einiger meiner Mitarbeiter – allerdings erst, nachdem ich mich mit dem Dirigenten Giuseppe Sinopoli verbündet hatte, der auch »Attila« mit nachdrücklichem, schier sensationellem Erfolg dirigiert hatte – als Lady Macbeth in Verdis »Macbeth« einzusetzen. Die Premiere am 7. Februar 1982 war vielleicht, nach »Lucia«, der größte Triumph meiner Direktionszeit. Mara Zampieri hatte einen überwältigenden Publikumserfolg, der fast den von Renato Bruson in der Titelrolle in den Schatten stellte. Nicolai Ghiaurov sang den Banquo, Peter Dvorsky den Macduff. Die Inszenierung erarbeitete der bedeutende englische Regisseur Peter Wood, das Bühnenbild stammte von Carl Toms, die Kostüme entwarf Bruce Snyder. Die nachtumschattete Szenerie, in der Tudor-Zeit angesiedelt, war ungemein eindrucksvoll, das Problem der schnellen Verwandlungen, die diese frühe Verdi-Dramaturgie noch erfordert, klaglos und phantasievoll gelöst.

Zu den in Wien selten gespielten Opern, die ich herausbrachte, gehörten noch Donizettis »Liebestrank« mit Peter Dvorsky und Ileana Cotrubas und Rossinis »La Cenerentola« mit Agnes Baltsa

und Francisco Araiza. In beiden Inszenierungen – die erste von
Otto Schenk, die zweite von Gian Carlo Menotti – sang der herrliche Giuseppe Taddei die komische Partie des Baßbaritons. Außer
diesen Erweiterungen des Donizetti- und Rossini-Repertoires setzte
ich auch wieder ein Lieblingsstück der Wiener, das seit der Karajan-
Zeit nicht mehr gespielt worden war, auf den Spielplan: »André
Chénier« von Umberto Giordano, mit Placido Domingo in der Titelrolle, Piero Cappuccilli alternierend mit Giorgio Zancanaro als
Gérard und Gabriele Beňačková-Čáp als Madeleine, in einer schönen, wirkungsvollen Inszenierung von Otto Schenk, wieder mit
Bühnenbildern von Rolf Glittenberg und in Kostümen von Milena Canonero. Nello Santi dirigierte.

Halévys »La Juive«, als »Die Jüdin« bis in die dreißiger Jahre
hinein ein Repertoirestück der Staatsoper, stellten wir in einer konzertanten Aufführung unter der Leitung von Gerd Albrecht vor, zu
der Marcel Prawy die Bilddokumentation zusammengetragen
hatte. Ilona Tokody, Sona Ghazarian, José Carreras und Cesare
Siepi, der lange nicht in Wien gesungen hatte, wurden gefeiert.

Vielgespielte Werke immer wieder neu zu inszenieren, habe ich
in meiner Wiener Direktionszeit vermieden, soweit es ging.
Manchmal ließ es sich nicht vermeiden, so, wenn Herbert von Karajan den Wunsch hatte, seine Salzburger »Don Carlos«-Inszenie-
rung in Wien zu zeigen, oder weil Franco Zeffirelli, Carlos Kleiber
und Placido Domingo fest entschlossen waren, »Carmen« miteinander zu realisieren, wo immer es auch sei, und ich natürlich zu-
griff, um so mehr, als ihr Wunsch, eine solche Produktion auch
verfilmt zu sehen, vom Österreichischen Rundfunk/Fernsehen mit
Begeisterung aufgenommen wurde. Zudem war die vorhandene
»Carmen«-Inszenierung aus der Zeit Egon Hilberts in keinem gültigen Zustand mehr.

Leonard Bernstein war bereit, seine alte, immer noch überzeugende, mit Otto Schenk ursprünglich im Theater an der Wien erarbeitete Produktion von Beethovens »Fidelio« wiederaufzunehmen
(nachdem unser Plan, mit ihm eine neue »Aida« herauszubringen,

Direktor der Wiener Staatsoper

an seinem Wunsch nach einer hinreißend singenden, hinreißend schönen und jungen schwarzen Sängerin für die Titelrolle trotz intensivster Forschung auf dem Sängermarkt gescheitert war). Allerdings unter der Conditio sine qua non, daß sie im Fernsehen weltweit übertragen werde. Bis heute kann ich mich des Gefühls nicht erwehren, daß Herbert von Karajan enttäuscht war, nicht der erste zu sein, der eine derartige Fernsehübertragung aus der Wiener Staatsoper abwickelte, sein »Troubadour« war vielleicht als solches Debüt gedacht. Wie dem auch sei, eine diesbezügliche Abmachung war mit mir nie getroffen worden und so kam Leonard Bernstein in diesem Punkt Karajan zuvor.

Der Spielplan der Wiener Staatsoper wäre in meiner Spielzeit nicht so abwechslungsreich geworden, hätten wir nicht mit Nachdruck Wiederaufnahmen von Inszenierungen betrieben, deren Ausstattungen längere Zeit in den Depots geschlummert hatten. Ich sah es als meine Aufgabe an, das Werk meines Direktionsvorgängers Richard Strauss möglichst komplett im Spielplan zu präsentieren. So begann meine Direktion noch vor der ersten Premiere schon am 12. September 1976 mit einer Wiederaufnahme von »Arabella« unter der Leitung Heinrich Hollreisers. In Gundula Janowitz und Lucia Popp hatten wir eine Arabella und eine Zdenka, die nach ihrem Duett im ersten Akt das Publikum zu einem wahren Beifallsorkan hinrissen, wie man ihn in Wien bei diesem Werk in früheren Jahren selten erlebt hatte.

Insbesondere lag mir die Wiederaufnahme von Herbert von Karajans Inszenierung der »Frau ohne Schatten« am Herzen, für die ich Karl Böhm leicht hatte interessieren können, nachdem ich ihm mitgeteilt hatte, daß Herbert von Karajan, seit dessen Abgang aus Wien die Inszenierung als gesperrt galt, gegen eine Wiederaufnahme nichts einzuwenden hatte. Es war nicht leicht, diese Produktion mit den Wünschen Böhms auf einen Nenner zu bringen, denn Karajans Umstellungen und Striche paßten ihm nicht, aber in Zusammenarbeit mit dem Oberspielleiter Helge Thoma gelang es, die von Böhm überall auf der Welt dirigierte musikalische Fassung in den vorhandenen Dekorationen von Günther Schneider-Siemssen zu realisieren. Die Sensation der Besetzung war neben der von Böhm so geliebten Leonie Rysanek-Gausmann als Kaiserin die in dieser Partie für Wien neue Birgit Nilsson als Färberin. Walter Berry war immer noch ein berührender Barak, Ruth Hesse eine intensive Amme und der neuentdeckte Finne Matti Kastu als Kaiser statuarisch wie fast alle seine Rollenvorgänger, aber stimmlich frisch.

»Die schweigsame Frau« wiederaufzunehmen, lag nach dem bereits eimal erwähnten Sensationserfolg Edita Gruberovas als Zerbinetta in »Ariadne auf Naxos« nahe. Dieses sehr diffizile Werk leitete Heinrich Hollreiser mit feinem Wissen und großer Umsicht. Als Sir Morosus hatten wir den ostdeutschen Sänger Siegfried Vogel geholt, alle übrigen Rollen konnten wir erstklassig aus dem Haus besetzen, und diese Vorstellung sollte uns einige Male bei raschen Umdispositionen zugute kommen. »Die schweigsame Frau« als Einspring-Stück – das war wohl nur an der Wiener Staatsoper möglich, deren Orchester eben die Wiener Philharmoniker sind.

Ähnliches gilt für »Capriccio«, dessen Wiederaufnahme Horst Stein musikalisch betreute. Gundula Janowitz als Gräfin, Christa Ludwig als Clairon, Edita Gruberova als italienische Sängerin – welches Haus hat solche Ensemblemitglieder? Bei der Wiederaufnahme sang Gerhard Stolze die bezaubernde »Einlage« des Souffleurs Monsieur Taupe – eine Rolle, die später zu einer Glanzpartie Waldemar Kmentts wurde – Oskar Czerwenka war LaRoche, der Theaterdirektor; Hans Helm, Waldemar Kmentt und Gottfried Hornik, den ich aus Graz geholt hatte und der sich zu einem unentbehrlichen Ensemblemitglied entwickeln sollte, waren Graf, Flamand und Olivier.

Um das slawische Repertoire der Wiener Staatsoper war es schlecht bestellt, und so nahmen wir Otto Schenks gültige Inszenierung von Leoš Janáčeks »Jenufa« 1978, anläßlich des 50. Todestages des Komponisten, wieder in den Spielplan auf. Endlich konnte eine Sängerin am Ring debütieren, die ich schon seit 1975 beobachtet hatte, die junge Tschechin Gabriela Beňačková-Čáp. Die herrliche Jenufa der Vergangenheit, die berührende Sena Jurinac, sang die Küsterin überaus beeindruckend, Gerd Albrecht dirigierte. Der künstlerische Erfolg war groß – doch das Publikum, das uns bei Strauss so dankbar gefolgt war und Werke, die nie Zugstücke gewesen waren, zu solchen gemacht hatte, ließ uns im Stich. Das einzige Werk des großen Janáček, das in Wien überhaupt »geht«, »geht« nicht.

Auch das moderne Repertoire konnten wir durch Wiederaufnahmen verbreitern, zunächst durch die Neueinstudierung von Otto Schenks Modellinszenierung der Einem-Oper »Der Besuch der alten Dame«. Hier folgte uns, vielleicht auch wegen der großartigen Gestaltung der Claire Zachanassian durch Christa Ludwig, das Publikum zahlreicher als erhofft.

Ein sensationelles Echo, wie es noch wenige Jahre zuvor in Wien nicht möglich gewesen wäre, hatte die Neueinstudierung von Alban Bergs »Wozzeck«, die Oscar Fritz Schuh besorgte. Seine gemeinsam mit Caspar Neher schon nach dem Krieg für die Salzburger Festspiele geschaffene Inszenierung dieses Meisterwerks ist, man muß es mit Nestroys Melchior sagen, »klassisch«. Daran etwas zu ändern, wäre mir als Sakrileg erschienen – und die einstimmig begeisterte Aufnahme durch die Kritik gab mir recht. Diese Aufführung ist von einer Geschlossenheit, wie sie nur selten gelingt. Sie entspricht dem Dichter Büchner ebenso wie dem Komponisten Berg. Mit Heinrich Hollreiser am Pult konnten wir eine Sternstunde feiern. Unsere Marie war Karajans neue Kundry, Dunja Vejsovic, Wozzeck immer noch – und immer noch vollgültig nicht nur durch seine kreatürliche Gestaltung – Walter Berry.

Zweimal war hier bereits die Rede von Edita Gruberova als Zerbinetta. Ihr Erfolg stellte sich schon bei der zweiten Premiere meiner ersten Spielzeit ein. Ein historisches Datum durch die Gruberova: 20. November 1976. Es hätte sich aber bereits früher einstellen können, wenn meine ursprüngliche Planung Wirklichkeit geworden wäre. Ich wollte nämlich meine Wiener Tätigkeit mit einer Neuinszenierung der »Ariadne auf Naxos« von Richard Strauss unter Karl Böhm beginnen. Wegen Terminschwierigkeiten Böhms rückte dieses Projekt aufs zweite Premierendatum, wodurch ich um einen sicheren Einstandserfolg gebracht war, den ja »Die Trojaner« nicht gebracht hatten. »Ariadne auf Naxos« aber war eine Sensation und blieb während meiner ganzen Direktionszeit ein Dauererfolg, der uns auch auf unseren ausgedehnten Gastspielreisen treu blieb. Die Inszenierung Filippo Sanjusts in seiner eigenen Ausstattung, die unvergeßliche Interpretation der Musik von Strauss, die hier so nahe an den Geist Mozarts herankommt, durch Karl Böhm, das mustergültige Ensemble – und die Gruberova als Zerbinetta trugen ihn. Wo immer dieses Koloraturwunder diese Rolle singt, droht die Vorstellung nicht weiterzugehen, so endlos ist der Jubel.

Dabei war es gar nicht so leicht, ja geradezu schwer gewesen, Karl Böhm zu dieser Besetzung zu überreden. Er war ja von ungeheurem Mißtrauen gegenüber Sängern, die er nicht kannte. Nichts galt ihm mehr als jahrelange Zusammenarbeit – man denke nur an Leonie Rysanek als Kaiserin in der »Frau ohne Schatten« –, die ihm erst wirklich reife Leistungen zu garantieren schien. »Was willst mir denn da wieder einreden«, meinte er auf meinen Vorschlag, »ka Mensch hat von der schon was g'hört, die Thea« – seine Frau und Ratgeberin – »a net!« Dann allerdings war er begeistert und hat bis zu seinem Ende dieses Werk mit keiner anderen Zerbinetta dirigiert. Ähnlich ging es uns mit Trudeliese Schmidt, unserer Zweitbesetzung für den Komponisten nach Agnes Baltsa. Als Frau Schmidt dann einmal doch singen mußte, was Böhms »Grant« gewaltig anheizte, warteten wir alle bang hinter den Kulissen, was er wohl sagen würde. Mein persönlicher Referent Gotthard Böhm war der erste, der sich getraute, ihn anzusprechen. Er sagte: »Herr Doktor, war die Schmidt nicht gut?« Antwort: »Die war net gut, die war hervorragend.« Von da an war das Eis gebrochen und Trudeliese Schmidt gehörte zu den von Karl Böhm Akzeptierten.

Direktor der Wiener Staatsoper

Die Strauss-Pflege der Wiener Staatsoper war durch »Ariadne« und die bereits erwähnten Wiederaufnahmen international vorbildlich geworden. Nicht einmal München – wo allerdings zeitweise auch »Daphne« und »Feuersnot« auf dem Programm standen – konnte auf derlei verweisen. Richard Strauss' Schwiegertochter, die Witwe von Dr. Franz Strauss, übergab mir als Dank für den Einsatz für das Strauss-Werk eine Skizze zu »Capriccio« von der Hand des Komponisten und sagte mir, daß sie sich freuen würde, wenn in München, seiner Heimatstadt, ähnliches Engagement für den Komponisten zu verzeichnen wäre.

Nun war ja Richard Strauss eigentlich ein Wahlwiener. Er hatte sich in Wien nicht nur ein Haus gebaut und war nicht nur Direktor der Wiener Staatsoper, sondern liebte die Wiener Philharmoniker und als Interpreten seiner Werke österreichische Dirigenten, nämlich Clemens Krauss und Karl Böhm. Es ist in diesem Zusammenhang anzumerken, daß alle Strauss-Werke, mit Ausnahme des »Rosenkavalier« und der »Salome«, in meiner Jugend zwar immer wieder angesetzt wurden, aber niemals sehr gut besucht, geschweige denn ausverkauft gewesen sind. Hier – und bei vielen anderen Werken – hat sich herausgestellt, daß die Zeit große Änderungen mit sich bringt. Heute ist »Wozzeck«, der noch vor wenigen Jahren vom Publikum gänzlich im Stich gelassen wurde, geradezu zum Publikumsschlager geworden. Es gibt anscheinend einen Trend, der sich von oft gespielten Werken zugunsten vernachlässigter Opern etwas abwendet. Das gilt auch für Hans Pfitzners »Palestrina«, eines meiner Lieblingswerke, das wir wiederaufgenommen haben und neu einstudieren ließen. Auch dieses Werk ist heute sehr gut besucht, kann aber wegen seines festspielhaften Charakters nur selten angesetzt werden, denn der Aufwand an Sängern übersteigt fast die Möglichkeiten auch eines großen Hauses. Wir waren in der glücklichen Lage, alle Rollen gültig besetzen zu können.

Verdis »Otello« in der alten Inszenierung Herbert von Karajans und in den Bühnenbildern Wilhelm Reinkings, eine Produktion,

233

die sich als ebenso unverwüstlich erwiesen hat wie Margarethe Wallmanns »Tosca«-Inszenierung in den Bildern von Benois jr., konnten wir zweimal wieder aufnehmen. Einmal unter der musikalischen Leitung des jungen Adam Fischer mit Wladimir Atlantow als Otello, Giuseppe Taddei als Jago und der für Wien neuen, wunderbaren Kiri te Kanawa als Desdemona und einmal unter der Leitung von James Levine – sein Debüt an der Wiener Staatsoper – mit Placido Domingo, Cornell MacNeil und Mirella Freni im letzten Monat meiner Direktionszeit, im Juni 1982.

Mit Neuinszenierungen von »Parsifal« und »Ring des Nibelungen« sollte das gängige Repertoire erneuert werden. Insbesondere »Parsifal« war eine von jenen alten Inszenierungen, deren Dekorationen beim Bühnenaufbau den Arbeitern fast unter den Händen zerfielen. Auch der »Ring«, der mir ein großes Anliegen war, konnte in der bisher gezeigten Inszenierung nicht mehr mit gutem Gewissen herausgebracht werden.

Die Inszenierung von »Parsifal« war, wie jede Inszenierung eines Wagner-Werkes heute, ein besonderes Problem. Die Tendenzen bei den Inszenierungen von Wagner-Werken beruhen auf einer im Grunde antiwagnerischen Haltung der meisten Regisseure, die für sie herangezogen werden. Die zweifellos vorhandene Monumentalität, nicht immer frei von Pomp, die eine Wagner-Inszene verlangt, liegt den meisten Regisseuren nicht. Die gesellschaftliche Haltung, die Wagner eingenommen hat, sein Einmengen in politische Probleme, ist auch nicht gerade besonders sympathisch, und darum wollen die meisten namhaften und erfolgreichen Regisseure, die sich seines Werkes heute annehmen, den Komponisten in ihrem Sinne deuten. Sie suchen im Phänomen Wagner alle nur erdenklichen gesellschaftskritischen Tendenzen und wollen sie in den Vordergrund stellen. Sie können mit dem Historismus und dem Germanismus Wagners nichts anfangen und versuchen mit allen experimentellen Möglichkeiten, Wagner zu einem »modernen« Komponisten und besonders zu einem »modernen« Dichter umzufunktionieren. Sie verstehen auch die Grundhaltung Wagners nur zum Teil und können sich nicht damit abfinden, daß Wagner ja in erster Linie Ästhet war. Seine persönliche Haltung, seine Liebe zu schönen Gegenden und Städten, seine Liebe zu Italien überhaupt, seine Vorliebe für Samt und Seide – alles das wird heute mißachtet, weil es einfach all denen, die da aufgerufen sind, ein Wagner-Werk zu inszenieren, zuwider ist.

So kommt es, daß man bei Wagner – und ganz besonders beim »Ring« – die Grausamkeiten, die Perversionen, die zweifellos auch vorhanden sind, überbewertet und zur Hauptsache macht. Ich hätte gerne »Parsifal« und »Ring« so herausgebracht, wie ich mir eine Wagner-Inszenierung vorstelle. Meiner Meinung nach wäre eine solche zeitgemäß, wenn man Wagners Tendenz zum Ästhetischen besonders herauskehrt. Ich kann mich eines Gesprächs mit Oscar Fritz Schuh vor dreißig Jahren erinnern, in dem er mir sagte, man müßte »Tannhäuser« so inszenieren wie die Auslagen des Pariser »Hermès«-Ladens. Jeder, der »Hermès« kennt, weiß, was damit gemeint war. Sicherlich darf man den Zeitgeist bei der Interpretation eines Werkes nicht außer acht lassen, man muß unter allen Umständen eine Verbindung zur Zeit des Komponisten herstellen. Es geht nicht an, einfach Vorschriften Wagners damit abzutun, daß man behauptet, derlei gelte heute nicht mehr; ebenso kann man die szenischen wie die musikalischen Anmerkungen und die vielen anderen Äußerungen Wagners zu seinen Werken nicht in jeder Weise negieren oder mißinterpretieren.

Ich bin mir bewußt, daß es heute sehr schwer ist, einen halbwegs richtigen Weg zu finden. Die berühmte »Ring«-Inszenierung Chéreaus in Bayreuth ist ein Beispiel dafür, wie man sich mit einem solchen Werk aueinandersetzen kann. Natürlich war auch da manches sehr anfechtbar, aber Chéreau ist es in Zusammenarbeit mit Boulez gelungen, eine äußerst beachtenswerte Inszenierung herauszubringen, auch dann, wenn man manches ganz anders sieht.

Die Inszenierung Chéreaus war schon vorhanden, als ich mir die Aufgabe stellte, einen neuen »Ring« an der Wiener Staatsoper zu planen. Ich zerbrach mir lange den Kopf, wer für diese Arbeit in

Frage käme und in der Lage wäre, etwas anderes als Chéreau zu schaffen, unter Wahrung der Vorschriften, die Wagner formuliert hatte. Mein erster Gedanke war es, Otto Schenk, der ja mit der Wiener Staatsoper so sehr verbunden war, zu fragen, ob er sich an »Parsifal« oder »Ring« heranwagen würde. Er wehrte ab. Erst in einem späteren Stadium, als die Würfel schon anders gefallen waren, schien er mir plötzlich nicht mehr so abgeneigt. Mein zweiter Versuch galt dem Engagement Rudolf Noeltes. Noelte war von der Idee hingerissen. Er kam nach Wien und machte Vorschläge. Seine Besetzungswünsche waren vor allem dramaturgisch begründet, aber im Prinzip durchführbar. Er beschäftigte sich dann mit dem Riesenwerk näher und gab mir schließlich grünes Licht für die Presse: Noelte inszeniert den neuen Wiener »Ring«. Das gab eine gewisse Sensation. Ein »Ring« unter Noelte wäre sehr beachtet worden. Dann aber bekam ich einen Brief, in dem mir Noelte mitteilte, daß er nach langer Überlegung mit Rücksicht auf die heutigen Verhältnisse in den Opernhäusern, den Mangel an Probenmöglichkeiten und die Schwierigkeit, die Künstler langfristig und kontinuierlich zur Verfügung zu halten, doch nicht zusagen könne – es sei denn, ich sähe eine Möglichkeit, die Wiener Probenzeiten und -gepflogenheiten von Grund auf zu ändern.

Seine Forderungen waren nicht erfüllbar. Ich übergab diesen Brief der Presse, um zu dokumentieren, daß ich nicht voreilig etwas als Faktum bekanntgegeben hatte, was dann einige Tage später in Nichts zerrann. Noelte war mir deshalb, vielleicht verständlicherweise, weil ich seine Zeilen nicht als Fait accompli hätte akzeptieren, sondern noch mit ihm verhandeln sollen, sehr böse und behauptete, der Brief sei keine Absage gewesen. Meine Bitte durch Mittelsmänner, sich mit mir auszusprechen, ließ er unerfüllt.

Nach dem Scheitern des Noelte-Engagements schien mir der junge ostdeutsche, sehr begabte Regisseur Harry Kupfer eine interessante Lösung. Ich fuhr nach Ostberlin, um seine »Parsifal«-Inszenierung zu sehen. Eine sehr eigenwillige Arbeit, die zwar im Westen auf Ablehnung gestoßen wäre, weil das religiöse Element des Werkes, dem man allerdings kritisch gegenüberstehen sollte, geradezu in eine antichristliche Polemik verkehrt war. Ich mußte aber bedenken, daß es im Falle des in der DDR lange nicht gespielten »Parsifal« für Kupfer kaum eine andere Interpretationsmöglichkeit gegeben hätte. Ich konnte annehmen, daß er außerhalb der Grenzen seiner Heimat auf marxistisch-leninistische Polemik verzichten würde. Kupfer hat dann auch eine vielbeachtete Inszenierung von Rimski-Korsakows »Der goldene Hahn« gemacht, und mein Entschluß reifte.

Bei unseren ersten Gesprächen wegen des »Rings« bat ich ihn, darauf Rücksicht zu nehmen, daß die Wiener Staatsoper nicht mit der Ost-Berliner Staatsoper zu vergleichen sei und daß manches, was man dort machen könne oder müsse, bei uns nicht erwünscht wäre. Kupfer, der sich sehr zugänglich zeigte, sagte das prinzipiell zu und erklärte sich bereit, die Entwürfe mit seinem Bühnenbildner Sykora abzusprechen und sie für alle Stücke des »Ring« gleichzeitig und rechtzeitig vorzulegen. Leider kamen die Entwürfe – und nur für »Walküre« – ein halbes Jahr zu spät, so daß wir das Werk nur unter hohen zusätzlichen Kosten – wir hätten große Teile der Ausstattung außer Haus geben müssen – termingerecht hätten aufführen können. Das war auf den ersten Blick zu sehen. Auf den zweiten Blick zeigte sich überdies, daß wir das regieliche Konzept Harry Kupfers für diese »Walküre« nur mit sicherem Skandal hätten realisieren können.

Ich wollte allerdings die Verantwortung nicht allein tragen und zog für die Beratungen der technischen Realisierung Generalsekretär Robert Jungbluth und für die Prüfung des Konzepts meinen Chefdramaturgen Marcel Prawy zu. Jungbluth sah weder eine finanzielle noch eine organisatorische Möglichkeit zur Herstellung der Dekorationen. Das gab den Ausschlag für die Bitte an Kupfer, der zu Änderungen nicht bereit war, vom Projekt zurückzutreten. Er tat es ohne Zögern.

Es erhebt sich natürlich die Frage, wieweit sich der Direktor eines Hauses in einer solchen künstlerischen Frage einmischen soll oder nicht.

Besonders kompliziert und besonders teuer wäre die Inszenierung deshalb geworden, weil sie für jeden Akt zwei gänzlich verschiedene Bühnenbilder verlangte. Insbesondere hätte für den zweiten Akt eine technische Lösung gefunden werden müssen, die niemand liefern konnte. Fricka in ihrem Widdergespann sollte während ihres Gespräches mit Wotan ihm durch die Luft nachjagen.

Für mich entscheidend aber war der dritte Akt, in dem die blutbesudelten Walküren die toten Helden vom Schlachtfeld auf die Bühne geschleppt hätten, die aussah wie ein Leichenschauhaus der Wilhelminischen Ära. Hinter einer riesigen Glasscheibe sollte man die Hinterbühne sehen, auf der die bereits gewaschenen toten Helden, der Figur des amerikanischen Filmpreises »Oscar« fatal ähnlich, auf ihre Erweckung zur letzten Schlacht warteten.

Ich habe das Scheitern des Vorhabens um so mehr bedauert, als ich Harry Kupfer – und das nach wie vor – für einen großen Regisseur halte.

Da ich, schon im Hinblick auf das Wagner-Jahr 1983, das Projekt eines neuen, spielbaren »Rings« nicht aufgeben zu dürfen meinte, bat ich Filippo Sanjust, der in meiner Berliner Zeit eine allgemein anerkannte, sehr interessante Inszenierung des »Parsifal« erarbeitet hatte, die heikle und gewiß undankbare Aufgabe zu übernehmen. Was er auch tat – zu einem Zeitpunkt, da schon klar war, daß seine Arbeit von der Kritik, die uns die Lösung des Kupfer-Vertrages nicht verzeihen wollte, abgelehnt werden würde, um so mehr, als er gewillt war, einen malerischen, romantischen »Ring« im Sinne von Wagners Forderungen zu machen. Seine Realisierung von »Rheingold« und »Walküre« wurde dann auch von einem großen Teil der Rezensenten abgelehnt – ebenso die musikalische Leitung Zubin Mehtas, der keine Lust zeigte, sich gerade in Wien, der Stadt, in der er bei Hans Swarowsky ausgebildet worden war, ausbuhen zu lassen. Folglich teilte er meinem Nachfolger mit, daß er nicht weiter am »Ring« arbeiten wolle. So kam es zur Absage des

Projekts durch Lorin Maazel. Leider muß ich sagen: zum Schaden des Publikums.

Die Wiener Staatsoper wird von der österreichischen Bevölkerung bezahlt, und zwar von jedem einzelnen Staatsbürger, von der ungarischen bis zur schweizerischen, von der italienischen bis zur deutschen und tschechischen Grenze. Daraus ergab sich für mich die Verpflichtung, einerseits, soweit das möglich ist, auf Tour in die Bundesländer zu gehen und andererseits dem Fernsehen die Tore der Staatsoper zu öffnen.

Darüber hinaus aber muß dieses von allen Österreichern bezahlte Juwel in der ganzen Welt bekannt gemacht werden. Es müssen alle Möglichkeiten ausgenützt werden, in fernen Ländern zu zeigen, was es in Wien an Schätzen gibt und damit den Anreiz zu bieten, die Stadt zu besuchen. Die wichtigste und, wie sich gezeigt hat, effektivste Art, das zu erreichen, sind Gesamtgastspiele im Ausland.

Was die österreichischen Bundesländer betrifft, kam uns ein Angebot der Arbeiterkammer entgegen, die bereit war, Gastspiele der Staatsoper mitzufinanzieren. Wir wollten überall, wo die Räumlichkeiten gegeben waren, spielen, klammerten aber Städte mit eigenen Opernensembles aus, um ihnen nicht Konkurrenz zu machen. Außerdem schien uns ein Publikum, das bisher nie oder nur selten eine Opernaufführung gesehen hatte, wichtiger.

So zeigten wir zwischen dem 1. April 1977 und dem 17. Mai 1982 23 Vorstellungen von Gaetano Donizettis »Don Pasquale« und 24 Vorstellungen von Mozarts »Die Hochzeit des Figaro« in 29 österreichischen Orten. Beide Werke wurden, auf begreiflichen Wunsch der Arbeiterkammer, in deutscher Sprache gespielt, und beide Aufführungen inszenierte Oberspielleiter Helge Thoma. Eine schwierige Aufgabe, vor allem bei Mozart, weil die Inszenierung so angelegt sein mußte, daß die Dekorationsteile leicht transportierbar waren und auf Bühnen von sehr unterschiedlicher Größe paßten.

Unsere – permanente – Bundesländertournee stieß natürlich

Seefehlner / Kapitel X

nicht überall und in allen Lagern auf Zustimmung. So betrachtete
sie etwa mein Freund Marcel Prawy als ausgesprochen unsinnig
und sagte immer, diese Gastspiele kämen ihm so vor, als ob man
den Stephansturm abtrage, um ihn in Bregenz wieder aufzurichten.
Immerhin können wir rückblickend sagen, daß Tausende Österreicher zum erstenmal eine Vorstellung der Wiener Staatsoper mit
den Wiener Philharmonikern im Orchestergraben – der freilich
nicht immer ein solcher war – zu hören bekamen.

Als ich verkündete, daß wir nun, nach langer Gastspiel-Pause,
wieder mehr auf Reisen gehen würden, vor allem in die USA und
nach Japan, war durchaus nicht jedermann dafür. Insbesondere im
eigenen Haus gab es viele Leute, die Angst vor diesen Riesenunter-
nehmungen hatten, die wußten, daß sie viel zusätzliche Arbeit mit
sich bringen würden und Schwierigkeiten aller Art. Die Kritiker,
die doch eigentlich hätten erkennen müssen, wie wichtig diese großen Gesamtgastspiele für den Fremdenverkehr und für die Vertre-
tung eines kleinen Landes in der weiten Welt waren und wie wirkungsvoll es sein werde, in einem Land mit einer ungeheuren indu-
striellen Kapazität wie Japan aufzutreten, haben uns vorgeworfen,
daß nun die Wiener Bevölkerung einige Wochen der Oper beraubt
sein werde und daß es nicht unsere Aufgabe sei, Österreich-Propa-
ganda im Ausland zu machen, sondern in Wien für gute Oper zu
sorgen. Der Erfolg unseres Gastspiels in Japan, der, vom Fremdenverkehr ganz abgesehen, eine geradezu enorme Auswirkung auf die
Handelsverbindungen zwischen dem Land der aufgehenden Sonne
und Österreich hatte, bewies, daß es sich gelohnt hat und daß wir
recht gehabt hatten.

Schon ein Jahr vorher, Oktober/November 1979, hatte unser
Gastspiel in Washington und New York Aufsehen erregt. Es war
unter schwierigeren Bedingungen als das Japan-Gastspiel zustande
gekommen. Martin Feinstein, ein Schüler und ehemaliger Mitarbeiter des großen Agenten Sol Hurok, Leiter des Kennedy Center
in Washington, hatte sich in den Kopf gesetzt, die Wiener Staatsoper wenigstens für ein Gastspiel seinem Imperium einzuverleiben.

240

Direktor der Wiener Staatsoper

Daß er nicht die Gesamtkosten übernehmen konnte, bereitete ihm kein Kopfzerbrechen. Wohl aber mir, und immer wieder schien es so, als ob das Gastspiel aus Geldmangel österreichischerseits nicht zustande kommen würde. Aber Feinstein ließ sich nicht entmutigen, und nachdem es ihm gelungen war, eine inoffizielle Intervention des ehemaligen US-Außenministers Henry Kissinger beim damaligen österreichischen Finanzminister Hannes Androsch zu arrangieren, beschloß der Ministerrat, sein Plazet zu geben. Bundeskanzler Kreisky richtete es dann so ein, daß er zur Zeit unseres Gastspiels Präsident Jimmy Carter in Washington besuchte.

Carter kam in eine Vorstellung von »Salome«. Ihn schreckte nicht der gewaltsame Tod des Propheten als böses Omen für seine Präsidentschaft. Um so weniger, als der für seine Voraussagen bekannt-berüchtigte Kammersänger Hans Beirer, der den Herodes gesungen hatte, nach der Vorstellung auf der Bühne aus Carters Hand las, er werde die nächste Präsidentschaftswahl gewinnen – was dann, wie das bei Wahrsagungen oft so ist, nicht eintraf.

Leonard Bernstein jedenfalls, der als Dirigent von Beethovens »Fidelio« an unserem Gastspiel vor allem deshalb teilnahm, weil es sein Ziel war, diese in den Staaten keineswegs populäre Oper endgültig durchzusetzen, war leicht verärgert darüber, daß sein Präsident, dem er ja Wahlhilfe geleistet hatte, die »Salome« dem »Fidelio« vorzog. Daß dabei auch die Kürze der »Salome« eine Rolle gespielt haben könnte, wollte er keineswegs gelten lassen.

Vor allem mit »Figaros Hochzeit« und »Ariadne auf Naxos« unter Karl Böhm hatten wir uneingeschränkten Erfolg, ungeachtet der Nähe der Metropolitan Opera in New York. In einem Riesenland, dessen kulturelle Aktivitäten vielfältig und bewundernswert sind, wurde von der Kritik anerkannt, daß vor allem wegen ihres herrlichen Orchesters, aber auch wegen ihrer Ensemblekultur die Wiener Staatsoper an der Spitze der Opernhäuser der Welt steht; eine Feststellung, die einem Teil der Wiener Kritik, die ja gerne ihr eigenes Nest beschmutzt, gar nicht paßte.

Der ungeheure Jubel um Karl Böhm in Washington – er beglei-

241

tete uns nicht nach New York, wo Leonard Bernstein eine konzertante Aufführung von »Fidelio« in der Avery Fisher Hall und zwei Konzerte in der Carnegie Hall dirigierte – zeigte einmal mehr, daß es unbedingt nötig war, den greisen Dirigenten dazu zu bewegen, uns im Jahr darauf auch nach Japan zu begleiten. Zunächst wollte er sich nicht recht darauf einlassen, obwohl er wußte, wie sehr ihn das japanische Publikum liebte und wie sehr uns deshalb Herr Sasaki, der unser Gastspiel in Tokio, Osaka und Yokohama veranstaltete, drängte, eine Zusage von Böhm zu erhalten. Schließlich gab er nach und unterzeichnete den Vertrag. Neben seine Signatur schrieb er: »Wenn der liebe Gott es will.« Ich weiß nicht, ob mich in meiner langen Zeit im Dienst der Musik jemals etwas mehr gerührt hat.

Es wurden dann alle Anstrengungen unternommen, Karl Böhm die Reise und den Aufenthalt so angenehm wie möglich zu machen. Im Flugzeug waren für ihn und Frau Thea Betten reserviert, und am Flugplatz Haneda bei Tokio wartete ein Salonbus mit allen Schikanen auf den Abgott des japanischen Publikums. Nach jeder Vorstellung wurde Böhm in einem Maß gefeiert, das ans Beängstigende grenzte.

Aber es ging alles gut. Es kam zu keinem Zwischenfall wie einst nach einem von Böhm dirigierten Konzert der Deutschen Oper Berlin. Damals stürmte ein junger Japaner aufs Podium, küßte Böhms Füße und umarmte seine Beine. Der Dirigent bekam es mit der Angst zu tun, denn der Enthusiast wollte ihn nicht mehr loslassen. Nachher erzählte er uns, man habe doch davon gehört, daß fanatische Japaner aus Eifersucht schöne Dinge dem Anblick eines anderen durch Zerstörung entziehen. »Ich hab' schon g'laubt, er will mich umbringen, damit mich niemand mehr dirigieren sieht!«

Es war alles getan worden, Böhm nicht zu überanstrengen, und notgedrungen hatten wir auch akzeptiert, daß er nicht alle Vorstellungen »seiner« Stücke wie »Figaro«, »Ariadne« und »Entführung« dirigieren wollte. Nach dem Gastspiel fragte ihn ein Journalist, warum er denn nicht die ganze Serie dirigiert habe. Darauf

Böhm: »Ja, ich weiß auch net, warum s' mi net lassen haben!« So war er eben.

Ich habe bereits an anderer Stelle erwähnt, daß für die Japaner der Besuch von Konzerten, Opern- und Theateraufführungen eine religiöse Handlung zu sein scheint. Was sich aber bei den Vorstellungen der Wiener Staatsoper abspielte, kann einfach nicht geschildert werden. Zu Böhms Popularität, die an Vergötterung grenzte, trug auch bei, daß der Japaner einen Greis, einen bejahrten Meister, von vornherein ehrerbietig behandelt und ihn mehr schätzt als einen jungen Künstler.

Das Problem von Opernübertragungen live im Fernsehen war in meiner Direktionszeit von Anfang an virulent, denn es war klargeworden, daß dieses Medium für viele der Großen auf dem Opernsektor, seien es Dirigenten, Regisseure oder Gesangstars, überaus interessant geworden war. Noch zu meiner Zeit mit Karajan in Wien war das ganz anders gewesen. Damals war Karajan nicht zu bewegen, mit diesem Medium in Kontakt zu treten, nun war seine Rückkehr an die Wiener Staatsoper geradezu untrennbar mit dem Projekt von Fernsehaufnahmen verbunden.

Bis dahin hatte es Meinungsverschiedenheiten zwischen ORF, Generalsekretariat und vor allem der Personalvertretung der Staatsoper gegeben, die unerfüllbare Honorarforderungen stellte. Nun war das Signal für neuerliche Verhandlungen, zum neuerlichen Überdenken der Problematik gegeben. In schwierigen und zähen Gesprächen einigte man sich, und es wurde möglich, »Fidelio« unter Bernstein im Jänner 1978, »Carmen« unter Carlos Kleiber im Dezember desselben Jahres, »Il Trovatore« unter Herbert von Karajan im Mai 1979, »Die Fledermaus« unter Theodor Guschlbauer im Dezember 1979, »André Chénier« unter Nello Santi im April 1981, »Baal« unter Christoph von Dohnanyi im September 1981 und »Die verkaufte Braut« unter Adam Fischer im April 1982 aufzuzeichnen, beziehungsweise live zu übertragen. Dabei schoß Regisseur Otto Schenk den Vogel ab: Auf Grund seiner Fernseherfahrung schien er ideal geeignet, die Bildregie der Über-

243

tragungen selbst zu leiten, und so werkte er bei fünf dieser sieben großen Unternehmen im Übertragungswagen.

Alle diese Fernsehübertragungen gingen reibungslos vonstatten, auch die der ungemein anspruchsvollen »Carmen«-Inszenierung von Franco Zeffirelli, die dieser nicht nur als Bühnen-, sondern auch als Filmregisseur weltberühmte Visconti-Schüler ebenfalls selbst leitete.

Bei der Arbeit zur Übertragung von Herbert von Karajans »Troubadour«-Inszenierung, die der Maestro mit Akribie leitete, kam es allerdings zu einem Zwischenfall. Karajan hatte die Besetzung seines triumphalen Einzugs in die Staatsoper vom Jahr zuvor der Fernsehoptik zuliebe geändert, statt Leontyne Price sang Katia Kabaiwanska, statt Luciano Pavarotti war Franco Bonisolli angesetzt. Mit ihm hatte der Maestro schon bei den Kameraproben seine liebe Not. Bonisolli wollte nicht einsehen, daß er bei einem Liebesduett nicht in die Kamera, sondern in die Augen seiner Partnerin sehen sollte, das war er in üblicher Tenor-Tradition nicht gewohnt. Karajan machte ihn zu seinem Ärger immer wieder darauf aufmerksam. Bei der Generalprobe kam es dann zum Eklat: Anstatt die Stretta zu singen, warf Manrico seinen Degen vor den Souffleurkasten und ging ab.

An eine Verständigung zwischen Bonisolli und Herbert von Karajan, der Sängern gegenüber toleranter ist, als man glaubt, allerdings unerbittlich, wenn es um Disziplin geht, war nicht zu denken. Wer aber würde bei der Premiere, die via Fernsehen um die Welt gehen sollte, singen? Für Karajan, aber auch für uns, kam nur einer in Frage: Placido Domingo. Der aber saß in Spanien und hatte Vorstellung. Was an Interventionen nötig war, daß er dann doch in Wien, vor den Fernsehkameras und dem freudig erregten Publikum auftrat, erspare man mir zu schildern.

Placido Domingo – gewiß der berühmteste Sänger, der in der Wiener Staatsoper je für einen Kollegen eingesprungen ist. Und das dreimal. »Troubadour«, »Il Giuramento« – aber auch unsere große UNICEF-Gala am 1. September 1979 gaben ihm dazu Gele-

genheit, denn sein Kollege José Carreras fand in einer ihm angeblich nicht mitgeteilten Änderung der Auftrittsreihenfolge den
Grund zum Verlassen des Hauses. So sang Domingo an seiner
Stelle die Arie des Eleazar aus Halévys »La Juive«. Bei der konzertanten Aufführung des Werkes im Jänner 1981 holte Carreras
dann die Arie mit Erfolg nach. Ich werde nie vergessen, wie eine als
kompliziert verschriene Diva, mit der auch wir schon unsere Probleme gehabt hatten, sich an diesem kritischen Gala-Abend als
loyale Streiterin für die Direktion erwies: Montserrat Caballé ließ
nichts unversucht, um ihren Landsmann Carreras zu beruhigen
und zu bewegen, doch aufzutreten. Leider vergebens.

Ich war der Oper im Fernsehen eigentlich immer skeptisch ge-
genübergestanden, weil ich der Ansicht war, daß das Fernsehen
eine rein optische Sache sei und die akustischen Eindrücke bei diesem Medium im Hintergrund stünden. Aber unsere Übertragun-
gen straften mich Lügen. Inzwischen hatte sich allerdings die Ton-
technik der TV-Apparate gebessert, und es war auch die Möglichkeit vorhanden, zum Fernsehton noch den stereophonen Hörfunk-
ton zu schalten. Daß die Direktübertragung einer Opernaufführung durch das Fernsehen viele Schwierigkeiten mit sich bringt,
liegt auf der Hand. Die Kameras und die Scheinwerfer stören das
Publikum, aber der Eindruck einer Übertragung direkt von der
Bühne ist natürlich unvergleichlich lebendiger als der einer Stu-
dioaufnahme oder gar von Aufnahmetechniken, die das Playback-
verfahren notwendig machen.

Wie sich der Sachkomplex Fernsehübertragung aus der Oper
entwickeln wird, ist schwer vorauszusagen. Die Kosten sind wegen
der Forderungen der Personalvertretung enorm hoch, und für den
ORF lohnt sich ein solches Unternehmen nur, wenn er das Produkt
weltweit anbieten kann. Nun bahnt sich, scheint's, seit einiger Zeit
ein Umdenken an. Herbert von Karajan wird wohl wieder der erste
sein, der mit seinem untrüglichen Gespür für technische Möglichkeiten neue Wege geht. Es hat sich gezeigt, daß vom MAZ-Band
keine Kopien gezogen werden können, die der Qualität des Origi-

nals entsprechen und daß im Laufe der Jahre auch die des Originals leidet. Der Trend könnte also in zwei Richtungen gehen: auf der einen Seite wären Live-Übertragungen nur für Österreich möglich, für die von der Personalvertretung auch ein Verzicht auf Honorar zu erreichen wäre. Auf der anderen Seite stünde eine Aufnahmemöglichkeit, die unbegrenzte Haltbarkeit und brillante Qualität des Bildträgers ermöglicht und wie ein Kinofilm ausgewertet werden könnte, aber auch wie ein solcher produziert werden müßte, also außerhalb der Oper und nicht live. Wir werden erleben, wie es weitergeht.

Zu den Neben-Aktivitäten meiner Direktionszeit gehörten die volksbildnerischen Aufgaben. In Wien hatte man bisher immer viel für die Oper getan, nur war alles zu selbstverständlich. Man war der Meinung, jeder, der Lust dazu habe, komme in die Oper und studiere vorher das Textbuch; aber auch in Wien, wo das Interesse für die Oper ungleich größer ist als irgendwo sonst, ist das keineswegs der Fall. Ich fand es daher nötig, Einführungsvorträge anzuregen.

So etwas kann allerdings sehr langweilig sein, und darum war es ein Glück, daß die Wiener Staatsoper als Chefdramaturgen eine Persönlichkeit zur Verfügung hatte, die schon bisher solche Einführungen, allerdings im Fernsehen, mit sensationellem Echo durchgeführt hatte: Marcel Prawy.

Er legte selbst größten Wert darauf, diese Einführungsmatineen zum festen Bestandteil, man kann fast sagen, unseres Repertoires zu machen, und so hatten wir von Anfang an vor jeder Premiere einen Vortrag, zu dem die Protagonisten aus früheren Aufführungen der betreffenden Werke kamen. Das schätzte das Publikum besonders und nahm jede Gelegenheit wahr, seine Lieblinge von gestern und heute, denn auch die Mitwirkenden der jeweiligen Premieren erschienen in den Logen, zu bejubeln.

Marcel Prawys Erfolgsgeheimnis beruhte darauf, daß das Publikum zwar immer wußte, womit es rechnen durfte, daß er aber dennoch immer eine Überraschung, etwas Unvorhergesehenes parat

hatte. Seine Matineen, deren Zugkraft ich am Anfang unter-
schätzte, wurden ein Riesenerfolg. Jede von ihnen war ausverkauft;
anderswo müßte man derlei gratis bieten.

Wenn man mit Prawy durch die Kärntner Straße geht, wird er
von den Leuten wie ein Filmstar bestaunt, und ich war ihm für die
Hilfe bei meiner Arbeit immer sehr dankbar.

Prawy war auch für die Ausstellungen zuständig, die wir im
Gobelinsaal veranstalteten und die auch von der historischen Rück-
schau her ein Eindringen in die Welt der Oper ermöglichten. Ich
habe immer bedauert, daß die Wiener Staatsoper im Gegensatz zu
Scala, Met oder Covent Garden nicht über eigene Museumsräume
verfügt, aber selbst meine Bemühungen, wenigstens eine Ehren-
galerie in der Staatsoper einzurichten, scheiterten.

In einem Rückblick auf meine Tätigkeit in der Wiener Staatsoper zwischen 1976 und 1982 darf ein eigener Abschnitt über die
Pflege der zeitgenössischen Oper nicht fehlen. Er beginnt mit dem
Bekenntnis, daß ich ungemein bedauere, in meiner Zeit nicht die
von Friedrich Cerha komplettierte »Lulu« Alban Bergs herausgebracht zu haben.

Ich muß gestehen, daß ich Rolf Liebermann um die Rechte für
die Uraufführung beneidete, die er allerdings schon erworben
hatte, als ich noch nicht ahnen konnte, in Wien Direktor zu werden.

Die Sachlage um die dreiaktige »Lulu« war ja sehr kompliziert.
Der Verlag, die Universal Edition, die Friedrich Cerha den Auftrag
zur Vollendung des dritten Aktes nach Bergs Aufzeichnungen hinter dem Rücken Helene Bergs, der Witwe und Rechtsnachfolgerin
Alban Bergs, gegeben hatte, konnte den Willen dieser bedeutenden
Frau, die sich dezidiert gegen diese Komplettierung gestellt und
versucht hatte, eine Aufführung zu verhindern, auch nach ihrem
Tod nicht völlig negieren. Auf Grund der Differenzen mit der Alban Berg-Stiftung, deren Präsident Gottfried von Einem war, und
die versuchte, den Willen der Verstorbenen durchzusetzen, konnte
die Universal Edition nicht daran denken, die Neufassung in Wien

uraufführen zu lassen. Und so ist es – wenigstens scheint mir das heute so – auf dem Rücken der Wiener Staatsoper und ihres Direktors Seefehlner zu einem Waffenstillstand zwischen Verlag und Berg-Stiftung dadurch gekommen, daß die Rechte der österreichischen Erstaufführung an Graz gingen. An uns stellte der Verlag so exorbitante Forderungen, daß wir Graz nicht mehr ausbooten konnten. Der Vorwurf, ich, bei manchen eine nicht ganz vergessene Galionsfigur der Moderne nach dem Krieg in Wien, hätte als Staatsoperndirektor zu wenig für die moderne Musik getan, schmerzt mich und scheint mir auch nicht ganz gerecht.

Außer den Wiederaufnahmen von Schönbergs »Moses und Aaron« gleich in meiner ersten Spielzeit, von Einems »Der Besuch der alten Dame« und Alban Bergs »Wozzeck« brachten wir als Uraufführungen heraus: »Kabale und Liebe« von Gottfried von Einem, ein Werk, das wir auch beim Maggio Musicale Fiorentino zeigten, »Valse triste« von Bruno Liberda in der Choreographie von Fred Howald und »Ulysses« von Roman Haubenstock-Ramati in der Choreographie von Rudi van Dantzig. Dazu kamen die Erstaufführungen an der Staatsoper von Schönbergs »Pelléas und Melisande« in der Choreographie von Erich Walter, die österreichische Erstaufführung von Hans Werner Henzes »Der junge Lord« auf ein Libretto von Ingeborg Bachmann, in der Inszenierung von Gustav Rudolf Sellner mit der Ausstattung Federico Pallavicinis, die österreichische Erstaufführung von Gian-Carlo Menottis »Hilfe, hilfe, die Globolinks!« zusammen mit »Amahl und die nächtlichen Besucher« desselben Komponisten in dessen eigener Inszenierung, die Erstaufführung in deutscher Sprache von Leonard Bernsteins »Mass« und die Wiener Erstaufführung von Friedrich Cerhas »Baal«, die wir gemeinsam mit den Salzburger Festspielen produziert hatten.

Gerne hätte ich Gottfried von Einems »Dantons Tod« neu herausgebracht, denn diese Choroper halte ich für das einzige echte Repertoire-Stück, das seit Ende des Zweiten Weltkriegs komponiert worden ist.

Direktor der Wiener Staatsoper

Es war für mich immer einer der unangenehmsten Gedanken, ich könnte einmal weggeschickt werden. Deshalb habe ich mir von dem Moment an, in dem man mich nach Wien zurückgeholt hatte, den Kopf darüber zerbrochen, wie ich das Schicksal der Wiener Operndirektoren vermeiden könnte, entweder in den Sielen zu sterben, im Krach zu gehen oder hinausgeschmissen zu werden.

So entschloß ich mich nach der ersten Verlängerung meines Vertrages, klar und deutlich auszusprechen, daß ich nicht länger als bis zu meinem siebzigsten Geburtstag tätig sein wolle. Selbstverständlich sei ich bereit, wenn es Schwierigkeiten mit der Nachfolge gebe, noch ein Ehrenjahr zu dienen.

Ich wollte niemanden unter Druck setzen, aber auch selbst nicht unter Druck gesetzt werden. So begann ich im dritten Jahr meiner Tätigkeit als Staatsoperndirektor die zuständigen Stellen darauf hinzuweisen, daß man sich rechtzeitig um einen Nachfolger für mich umsehen müsse.

Unverbindliche Gespräche mit deutschen und österreichischen Kandidaten hatten zur Folge, daß Spekulationen über meine Nachfolge plötzlich zu früh in den Medien angestellt wurden.

Das war mir natürlich sehr unangenehm, weil es den Eindruck erweckte, als ob man mich, früher als vertraglich fixiert, los sein wolle. Nun war gerade das eingetroffen, was ich unter gar keinen Umständen hatte haben wollen. Deshalb bat ich, schnellstens einen Nachfolger zu bestellen und der Öffentlichkeit bekanntzugeben, gleichzeitig aber festzuhalten, daß ich bis zum Ende der Spielzeit 1981/82 im Amt bleiben werde. Erstmals sollte ein designierter Wiener Direktor dadurch die Chance haben, sich drei Jahre auf sein Amt vorzubereiten und die Übernahme harmonisch durchführen zu können.

Ich erklärte mich bereit, mit dem einen oder anderen möglichen Nachfolger zu sprechen und herauszufinden, ob Interesse an einer Berufung bestehe.

Schon immer hatte ich den Standpunkt vertreten, daß der beste Direktor für die Wiener Staatsoper ein direktorial begabter Musiker sei. Zu lange, seit Egon Hilbert, hatten Manager diese Position innegehabt, das Haus brauchte wieder einen Künstler an der Spitze.

Meiner Meinung nach war Clemens Krauss der beste Operndirektor gewesen, den ich in Wien erlebt hatte. Er hatte der Staatsoper ein eigenes Gesicht gegeben, hatte ein glänzendes Ensemble zusammengestellt und dem Haus einen homogenen Stil verschafft. Herbert von Karajan hat dann später etwas Ähnliches, doch auf internationaler Basis, geschaffen – die Zeiten von Krauss waren aber vorbei. Heute, da New York in sechs Stunden zu erreichen ist und ein Tenor am Vormittag in München ein Konzert und am Abend irgendwo sonst in Europa eine Opernvorstellung singen kann, ist es für einen Direktor einfach nicht mehr möglich, sich nur auf eine Handvoll hervorragender Sänger zu stützen und zu hoffen, daß sie dem Haus treu sein werden. Es kann sich auch kein namhafter Dirigent leisten, seine internationalen Chancen nicht wahrzunehmen; ohne Engagements in der ganzen Welt würde heute kein Dirigent in Wien anerkannt. Karajan hat das sehr genau gewußt und hat darum das einzig richtige getan, nämlich den Stempel seiner großen, in aller Welt gefeierten Persönlichkeit der Staatsoper aufzudrücken und sie so international führend zu machen. Er hat zwar immer betont, daß er das Ensemble im alten Sinne für tot halte, hat aber doch ein Ensemble geschaffen, indem er immer wieder dieselben ersten Sänger holte.

Ein international bekannter Dirigent also sollte meiner Meinung nach mein Nachfolger sein, und ich fand mit dieser Idee bei den Zuständigen Anklang.

Lorin Maazel war nicht der einzige Dirigent von Rang, den ich fragte, aber die anderen, deren Namen ich hier nicht nennen will, hatten sich entweder ihrer Direktionsgeschäfte eben erst entledigt und wollten nicht wieder ins Joch, oder sie hatten erst vor kurzem eine neue Position angetreten.

Lorin Maazel, mit dem ich seit so langen Jahren immer wieder eng zusammengearbeitet hatte, zeigte hingegen Interesse. So wurde er mein Nachfolger.

Direktor der Wiener Staatsoper

Das offizielle Österreich hatte mich mit Ehrungen zum Abschied reich bedacht. Der Bundespräsident hatte mir das Goldene Ehrenzeichen für Verdienste um die Republik verliehen, und mein Ressortminister, Vizekanzler Fred Sinowatz, hatte es mir nach einer sehr persönlich gehaltenen Laudatio überreicht. Ich war Ehrenmitglied der Staatsoper geworden und hatte den Ehrenring der Staatsoper erhalten. Die Stadt Wien hatte mir durch Stadtrat Zilk ihren selten verliehenen Ehrenring überreichen lassen, und anläßlich meines 70. Geburtstages hatten mich meine Mitarbeiter, meine Freunde und das kulturelle Wien im Gobelinsaal der Staatsoper rührend verabschiedet. Eine von Karin Mai geschaffene Büste, die meine Mitarbeiter finanziert hatten, wurde von Marcel Prawy enthüllt, er sprach launige Worte, und nachher gab es im Marmorsaal, spartanisch, aber erfrischend – es war ein sehr heißer Junitag –, Würstel und Bier.

Meine Kollegen von der Deutschen Opernkonferenz beschlossen, für den letzten Monat meiner Tätigkeit eine Sitzung in Wien anzuberaumen und verabschiedeten mich auf rührende Weise. Beim Schlußempfang, der, wie könnte es in Wien anders sein, in einer Buschenschank stattfand, hielt August Everding mir die Abschiedsrede:
»Sehr zu verehrender Hofrat,
sehr zu ehrender Direktor, Professor, Doktor, Schriftsteller und Historiker,
geschätzter Kollege,
lieber Freund Egon,
    um erst gar keine unziemlichen Vergleiche aufkommen zu lassen, darf ich Dich gleich eingangs dessen versichern: Du paßt in keinen Rahmen; auf Dich trifft kein Vergleich zu, Du bist einmalig, ein Unikat, ein Unikum.
    Wenn man Dich sieht, wie Du Dich einer Gagenkonferenz-Sitzung näherst, erhaben, ruhig, lächelnd, allzu freundschaftlichen Umarmungen durch bewußte Körperlichkeit Distanz verleihend,

251

kann man nicht glauben, daß dieser Hofrat gleich danach in der Diskussion auf deutsch, englisch, französisch, »österreichisch« uns Kollegen quirlig und engagiert wie ein Twen-ager Mores lehrt, Rad schlägt, Ratschläge gibt. Mit den ehrlichsten Augen der Welt macht er uns glauben, daß in Wien natürlich weniger gezahlt wird als in – Sie wissen schon. Warum muß der Domingo überhaupt in Mannheim singen, der gehört mit Pavarotti nur in die Großstädte, wo es sich lohnt, zu singen, also nach Wien – und vielleicht früher einmal nach Berlin.

Egon, Du drohtest oft, jetzt nichts mehr zu sagen, wenn ein Newcomer in unserer Runde die Gagenliste neu diskutierte. Gott sei Dank hast Du die Drohung nie wahr gemacht und diesem Neuling gleich klar gemacht, nach wessen Pfeife zu tanzen, besser gesagt: zu singen sei.

Du warst stets jünger als wir alle, aufgeregter und beteiligter, bis dann das milde Lächeln des Erfahrenen Deine Züge überstrahlte und Du uns zum Essen einludst. Der Wodka auf Früchten löste Spannungen, und das Backhendl korrumpierte selbst Revolutionäre (falls es solche unter Intendanten überhaupt geben sollte). Egon, was Du als Intendant dem Berliner Haus, dann als Direktor der Wiener Staatsoper gegeben hast, wurde und wird andernorts gepriesen. Dabei ist der Ausdruck »gegeben hast« falsch – es müßte immer heißen: was Du diesen Häusern warst und bist. Ich darf für die deutschen Intendanten sprechen: Du bist uns ein Vorbild, weil Du ein Beispiel bist – keine Angst vor Fürstenthronen, Leidenschaft für unsere Aufgabe, Phantasie für das Machbare, Vernunft beim Unmachbaren. Getroffen von Ungerechtigkeit, sich einsetzend für die Großen und Kleinen, die Kleinen dabei oft väterlich zu Großen machend und den welkenden Ruhm manches Großen freundschaftlich begleitend . . .

Und dann noch eins: Danke für Deine Geschichten und Geschichtchen, danke für Deine Ausstrahlung und danke für Deinen Humor. Wenn hier und heute alle miteinstimmen würden in unseren Dankgesang, die bei Dir gesungen haben und die Du hast sin-

Direktor der Wiener Staatsoper

gen lassen und die bei Dir singen mußten, es gäbe ein gewaltiges Halleluja – in Dur – mit etlichen Akkorden in Moll, weil uns in einer Zeit, die mit Persönlichkeiten und Humor nicht gerade gesegnet ist, jemand sehr fehlen wird: *DU!*«

Ich glaube, wenn's auch andere so sahen, darf ich zufrieden sein.

ABC oder Was ich noch sagen wollte

»Eines weiß ich, Briefe kann der Seefehlner schreiben«, hat Herbert von Karajan einmal gesagt. Ob ich dagegen auch Bücher schreiben kann, weiß ich nicht so recht. Bei der Durchsicht des Manuskripts dieser Lebenserinnerungen habe ich mich jedenfalls immer wieder bei dem Gedanken ertappt: Darauf hast du vergessen, das hättest du auch noch erwähnen sollen, das hätte erläutert gehört. Deshalb versuche ich, nachstehend wenigstens einen Teil dessen aufzuzeichnen, was ich noch sagen wollte. Summarisch und unverbindlich von A bis Z.

Agenten

Agenten nennt man Angehörige eines Geheimdienstes, Spione also, aber auch Vermittler einer Ware. Irgendwo im Unterbewußtsein mag der Grund dafür zu suchen sein, daß man auch Künstleragenten sowohl der Spionage bezichtigt, wie auch der bloßen Warenvermittlung zeiht.

Ich muß dem entschieden entgegentreten. Die vielen Agenten, die ich im Laufe meiner langjährigen Tätigkeit kennengelernt habe, waren höchst anständige, sachkundige Menschen, die man oft nicht einmal als Geschäftsleute bezeichnen konnte – obwohl sie natürlich auch verdienen wollen, wie jedermann –, und zwar deshalb nicht, weil sie sich häufig und bewußt in kaum rentable Geschäfte einlassen. Sie setzen sich oft mit aller Energie für junge Künstler ein, und wenn diese dann durch die Anstrengungen des Agenten Karriere gemacht haben, sagen sie ihm Adieu. Sie wollen die zehn Prozent Vermittlungsgebühr (sie ist übrigens in vielen Fällen auch geringer) einfach nicht mehr berappen. Agenten wandern immer auf einem schmalen Grat. Einerseits müssen sie Vertrauen bei den Veranstaltern finden und dürfen deshalb niemals etwas anbieten, was sie nicht wirklich vertreten können, andererseits müssen sie die Künstler, mit denen sie in Verbindung stehen, anbieten. So genau weiß man ja in den ersten Jahren der Karriere eines Künstlers nicht, ob er den Anforderungen des Berufs auf längere Sicht genügen wird. Agenten werden immer unentbehrlicher in einer Zeit, in der es keine Ensembles mehr gibt und die Ansprüche des Publikums wachsen und wachsen. Denn einigermaßen adäquater Ersatz ist bei kurzfristigen Absagen ohne Einschaltung beziehungsreicher Agenten kaum zu finden.

Ich empfinde es als Pflicht, die großen Agentenpersönlichkeiten, die mir im Leben begegnet sind, darunter

Freunde wie Martin Taubmann und Alfred Dietz, mit denen ich vom Beginn meiner Tätigkeit im Konzerthaus an bis zu ihrem Tod zusammengearbeitet habe, ehrend zu nennen. Sie alle hatten eines gemeinsam: aufopfernde Liebe zur Musik.

Betriebsräte

Die Betriebsräte haben in der zweiten Hälfte dieses Jahrhunderts in den Theatern die Macht ergriffen. Es kommt auf ihre Kompetenz an, ob das Theater, gleichgültig ob Oper oder Schauspiel, eine Stätte der Kultur oder ein »Betrieb« wird. Es kommt auf die Betriebsräte an, ob die Gage der Mitglieder wichtiger wird als die Aussage, um derentwillen die Theater überhaupt existieren. Direktoren werden heute danach beurteilt, ob sie mit den Betriebsräten »können« oder nicht.

Der Star unter den Betriebsräten meines Lebens war Eberhard Wächter, der während meiner ganzen Direktionszeit an der Wiener Staatsoper ein verständnisvoller Streiter für Recht und gegen Unrecht im Betrieb war. Sicher hat sich selten ein Operndirektor mit einem Betriebsrat bei Auseinandersetzungen über zu hohe oder zu niedrige Gagen so gut unterhalten wie wir beide. Das Ergebnis war dann auch immer entsprechend ausgewogen.

Anders Ewald Vondrak. Er erreichte viel, indem er jahrelang die Direktoren »mit Zuckerbrot und Peitsche« behandelte. Aber nicht nur die Direktoren, sondern auch seine Schäfchen, die ihn gewählt hatten. Sicher war er unter den Betriebsräten der deutsch- und fremdsprachigen Opernhäuser ein Unikum. Auch eine Persönlichkeit wie er ist nur in Wien möglich. In Berlin war mein Gegenüber als Betriebsrat der hervorragende Charakterbariton Walter Dicks. Wir verstanden uns auf Anhieb und wußten immer gemeinschaftlich, wo man nachgeben und wo man hartbleiben mußte.

Beinahe hätte ich vergessen, daß in Wien mir auch Kammersänger Hans Braun jahrelang die betriebsrätlichen Unterredungen zwar nicht so amüsant wie Eberhard Wächter, aber doch erträglich und mit viel Verständnis leichter machte.

Die vielfältigen Probleme mit den recht selbständigen Wiener Philharmonikern, die ja in der Staatsoper schlicht Orchester der Wiener Staatsoper heißen, wurden auch dann gemeistert, wenn Urlaube für Konzertreisen den Betrieb lahmzulegen drohten, aber doch gegeben werden mußten, weil dies einfach für Österreich und die Musik wichtig war. Walter Blovsky, der Personalvertreter des Orchesters, war immer ein hartnäckiger Realist.

Das technische Personal, das in der Staatsoper an die dreihundert Mitarbeiter zählt und somit die Größenordnung eines mittleren Industriebetriebes hat, wurde in meiner Direktionszeit zuerst von Richard Röhlich, dann von Leopold Kraus und schließlich wieder von Herrn Röhlich vertreten.

Diesen beiden Herren ist es zu verdanken, daß ich in all den Jahren keinerlei nennenswerte Schwierigkeiten hatte oder daß es etwa gar zu Streiks gekommen wäre, wie das in manchen anderen Opernhäusern – man denke nur an Paris oder Mailand – immer wieder vorkommt. Das technische Personal war sich immer bewußt, daß es die Basis des künstlerischen Ranges der Wiener Staatsoper bildet.

Mein letzter Betriebsratsobmann vor dem Abtreten in den Ruhestand war Alexander Maly, mit dem die anstehenden Probleme in meinen letzten Direktionsjahren korrekt und zugleich mit Phantasie gelöst werden konnten.
Dafür sei ihm Dank.

Beirer

Hans und Terry Beirer müssen in meinem »Alphabet« stehen, nicht nur, weil sie beide meinen Weg als Operndirektor stimmgewaltig begleitet haben, sondern vor allem deshalb, weil sie zu den wenigen Vertretern der Opernwelt gehören, die mir besonders ans Herz gewachsen sind. Sie waren immer Freunde, auch wenn's Kummer gab. Sie haben Verständnis gehabt, wenn ich ihnen nicht genehme Entscheidungen über Beschäftigung und Rollen treffen zu müssen glaubte. Sie waren eben Freunde.

Cäsaren

Früher waren Operndirektoren Cäsaren, oft auch unglückliche, siehe Mahler. Heute sind sie nur mehr unglücklich und keine Cäsaren mehr.

Vom Cäsaren-Wahn können sie nicht mehr befallen werden, da eine Unzahl von Sicherheitsvorkehrungen getroffen ist, um das zu verhindern. Cäsarismus ist in unserer Zeit ein Anachronismus. Der Operndirektor muß mit allen Mitteln daran arbeiten, daß er überlebt, sowohl künstlerisch als auch finanziell. Das 20. Jahrhundert hat die Theater endgültig zum Eigentum des Volkes gemacht. Deshalb verstehen auch alle mehr vom Theater als seine – verhinderten – Cäsaren. Der einzige Cäsar in der Musik, an den ich mich persönlich erinnern kann, der aber niemals Direktor war, ist Arturo Toscanini. Mit seinem herrischen Blick, mit seinen diktatorischen Gesten und seinem schneidendem Zuruf ließ er niemals Zweifel darüber aufkommen, daß er der Cäsar unter den Dirigenten seiner Zeit war.

Dirigenten

Heute können Dirigenten von Format am ehesten noch die einstigen Cäsaren im Kulturbetrieb spielen. Große Dirigenten sind so nötig wie das tägliche Brot und können sich daher noch ziemlich selbstherrlich über alle Vorschriften des Sozialstaates hinwegsetzen. Weil sie das noch können und auch reichlich tun, werden sie geliebt und verehrt, wie dies zum Betrieb des musikalischen Theaters dazugehört. Sie sind dazu besonders geeignet, weil in jedem Dirigen-

257

ten der Cäsarismus latent vorhanden ist. Jeder Dirigent würde gern ein Alleinherrscher sein. Es gibt nur sehr wenige Ausnahmen. Diese sind dann – wenn ein Name genannt werden soll – wie Dimitri Mitropoulos heiligmäßige Mönche.

Essen

Das Essen, natürlich nicht das Fressen, ist eine hehre Kunst. Wer nichts vom Essen versteht, versteht nichts von der Kunst. Wer nichts vom Essen versteht, lebt nicht. Ein gutes Restaurant ist ein Kunstinstitut besonderer Art. Es wird mir nachgesagt, daß ich in jeder Stadt mit nachtwandlerischer Sicherheit zwar das teuerste, aber auch das beste Restaurant zu finden weiß. Dabei ist es gar nicht wichtig, ob man nach den Vorschriften des Bocuse oder nach den Traditionen des Stadtbeisls der Kunst des Essens frönt. Ich würde nie in ein Land auf Urlaub fahren, in dem ich damit rechnen muß, schlecht und dumm verpflegt zu werden, wozu dann womöglich noch ein inkompetentes Service kommt.

Finanzen

Kunst ohne Finanzen ist unmöglich. Niemand kann mir weismachen, daß er lieber ohne statt mit einer hohen Gage singt, dirigiert usw. Die Finanzen müssen in jedem Theater so weit in Ordnung sein, daß man sie durch Ideenfülle, durch Phantasie und durch Mut in Gegensatz zum Etat bringen kann. Die Finanzen sind das Rückgrat des Theaters und besonders der Oper, die künstlerisch ameisenartig arbeitenden Mitglieder sind das Fleisch und Fett im besonderen der staatlichen Bühnen. Trotz eines weitestgehend geordneten Etats muß es dem Direktor möglich sein, irrtümlich engagierte schlechte oder schlecht gewordene Künstler auszuzahlen, damit er den Besuchern nicht den Tort mangelhafter Leistungen antun muß. Ich war betrübt, gleichzeitig aber stolz, als man mich in Berlin wegen einer dem Vertrag nicht entsprechenden zu geringen Beschäftigung eines Mitglieds zur Bezahlung der für Nichtleistung geforderten Gage verdonnerte. Ich war versichert, die Versicherung schloß später solche Polizzen nicht mehr ab.

G'schaftlhuber

bedeutet Geschäftigtuer, auf deutsch für alle Leser, die nördlich des Main leben. G'schaftlhuber sind für Theaterangehörige, insbesondere für Opernleute, zwar lästig, aber von größter Wichtigkeit. Sie machen einen Großteil der begeisterten Anhänger, leider aber auch der inkompetenten Kritiker aus. G'schaftlhuber bevölkern die Gänge, die Vorzimmer und manchmal auch die Büros der Machtträger. Aber weit gefehlt, zu glauben, daß man nach Verlassen des Theaters Ruhe hätte. Die G'schaftlhuber bevölkern auch die Straßen und Plätze der Stadt und spielen überhaupt eine nicht zu unterschätzende Rolle im Kulturleben. Wir müssen froh sein, daß wir sie haben, denn sie beweisen am handgreiflichsten, daß wir notwendig sind, auch wenn plötzlich die Agrarpreise in Vorarlberg oder sonstwo zum Hauptgesprächsstoff im Parlament werden.

G'schaftlhuber sind auch meistens die Lobby einzelner Künstler, die sie auf ihren Schild heben und sehr zum Ärger der anderen G'schaftlhuber zum besten Künstler des Jahres erklären.

Haeusserman

Bei meinen ersten Burgtheaterbesuchen wurde der Name für mich zum Begriff. Dann kam der Augenblick, ab dem man unterscheiden mußte zwischen Häußermann und Häußermann, denn der unvergeßliche Ajaxerle Reinhold hatte in seinem Sohn Ernst einen Burgtheaterkollegen bekommen, der durch die Interpretation von Burschenrollen Furore machte. Sehr oft fuhren wir mit dem »41er« nachts nach den Vorstellungen (die er gespielt und ich besucht hatte) von der Innenstadt, genauer dem Schottentor, nach Währing, wo die Häußermanns wohnten. Für mich war er damals ein unerreichbarer Star. Nach dem Krieg lernte ich ihn kennen, und seit der Zeit geistern wir gemeinsam durch das Wiener Kulturleben, er im Schauspiel und ich auf dem musikali-

schen Sektor. Er ist wie ich an einem 3. Juni geboren, und darum vergessen wir auch nie, einander zu gratulieren.

Internationalisierung

Vor Einführung des Flugzeugs – und, noch früher, vor Einführung der Eisenbahn – war es selbstverständlich, daß jede Stadt *ihre* Künstler hatte und daß die reisenden Carusos und Schaljapins nur Ausnahmen waren. Die übrigen waren notgedrungen ortsgebunden und schufen je nach Vermögen des Direktors und je nach Qualität des Publikums ein interessantes, sehr eigenes Ensemble. Das Zusammenrücken der Städte, Länder und Kontinente, die ungeheure Verbreitung der Schallplatte und der Kunst durch das Fernsehen hat zu Gleichmachung geführt und die Kunst in einem bedenklichen Maß internationalisiert. Die Oper könnte an dieser Internationalisierung ersticken. Es wäre die Aufgabe jedes guten Theaterdirektors, dafür zu sorgen, daß er sein eigenes Ensemble in möglichst hoher Qualität besitzt und es wäre die von mir oft und oft formulierte Pflicht der Internationalen Opernkonferenz, daß sich ihre Mitglieder bei der Bildung eines eigenen Ensembles nicht konkurrenzieren, sondern gegenseitig unterstützen.

Jugend

Jugend ist gut. Ohne Jugend geht nichts. Die Jugend muß aber wissen, daß sie ein Übergang zum Alter ist. Die Jugend sollte daher nicht nur bei den Chinesen das Alter ehren und respektieren, sondern auch bei uns. Und das wiederum besonders in der Oper. Jugend ist schnell begeistert und heute leider auch noch schneller zum Verdammen bereit. Kein Junger sollte vergessen, daß man nichts richtig versteht, wenn man nicht zu den Wurzeln vorgestoßen ist. Wie kann ein junger Mensch beurteilen, ob eine Leistung gut ist oder nicht, wenn er es ablehnt, Maßstäbe anzulegen, die aus der Vergangenheit kommen und für die Gegenwart verbindlich sind. Jugend muß Demut vor der Kunst haben, Jugend muß Demut vor der Leistung haben, Jugend soll respektieren und nicht despektierlich sein. Diese Forderungen werden von einem alten Mann an die Jugend gestellt. Die Jugend allerdings wird sie erst dann erfüllen, wenn sie reif genug ist, um den Gang der Dinge zu verstehen. Also alt.

Karajan

Karajan, wie ihn die Presse sieht: fulminanter Dirigent, Beherrscher aller modernen Techniken, duldet keinen Widerspruch, regiert souverän sein Finanzimperium, ist ein Meister der Publicity und der Organisation seines Wirkens, liebt Segeln, Skifahren, Autos und Flugzeuge.
Karajan, wie ich ihn sehe: ein bescheidener Mensch, seinen Mitarbeitern treu, schiebt Verantwortung nie auf

andere ab, erträgt keinen Dilettantismus, Fremden gegenüber scheu, herzlich zu Vertrauten, in seiner Einmaligkeit einsam, übt äußerste Selbstdisziplin. Natürlich ist er *der* Dirigent unserer Tage.

Kritiker

Der Beruf des Kritikers ist etwas sehr Merkwürdiges. Der Kritiker wird dafür bezahlt, daß er das tut, wofür andere bezahlen müssen: daß er in Vorstellungen und Konzerte geht. Was anderen Menschen Vergnügen ist, muß er beruflich über sich ergehen lassen. Da er seinen Beruf ernst nimmt, meint er, daß das Vergnügen für ihn keines sein darf. Es wandelt sich in Pflicht. So ist es verständlich, aber nicht verzeihlich, daß Kritiker nach ihrer 50. Vorstellung von „Tosca" oder „Der fliegende Holländer" schlecht aufgelegt und darum auch häufig ungerecht sind. Diese Belastung im Beruf bewirkt auch sehr oft, daß Kritiker nicht genügend vorbereitet sein können, wenn sie komplizierte Kunstwerke zu begutachten haben. Es liegt mir ferne, Kritikern Ratschläge zu erteilen, nur glaube ich, kann es nicht schaden, wenn man auch Kritiker, die heute eine geradezu unanfechtbare Position haben, darauf hinweist, daß es kaum einen verantwortungsvolleren Beruf gibt als den ihren. Sie können mit einem Wort, das nur um des Wortes willen geschrieben wird, Menschen moralisch und sogar physisch vernichten. Diese Verantwortung kann von einem Menschen überhaupt nur getragen werden, wenn umfassendes Wissen hinter dem Urteil steht.

Natürlich müssen Kritiker auch perfekte Schreiber sein, denn sie müssen ja der Kunst, die sie beurteilen, Kunst entgegensetzen können. Sie müssen bedenken, daß eigene Fehler nicht klassifiziert werden (ein Kritiker kann sich nicht *irren*), daß sie aber den ganzen Stand in Verruf bringen. Man verliert nicht nur das Ansehen, sondern auch das Recht zur Kritik, wenn man Dinge, die so oder so ausgelegt werden können, beanstandet, effektive Fehler aber (wie sie in jeder Vorstellung vorkommen) nicht bemerkt.

Schockierend für mich war eine „Palestrina“-Aufführung in Berlin, wo der gesamte Choreinsatz beim Eintreffen des Papstes im 3. Akt durch ein Mißverständnis ausgeblieben war und keiner der anwesenden Kritiker das bemerkte. Hingegen werden Stimmtimbres mit rücksichtsloser Brutalität kritisert, obwohl diese doch nur äußerst selten indiskutabel und in der Regel Geschmackssache sind.

Lüge

In der Oper sollte wie im Leben, immer die Wahrheit gesagt werden. Das Gegenteil ist der Fall. Kein Opernhaus läßt sich ohne Lüge führen. Wie schrecklich wäre das Leben vieler Menschen, wenn ihnen über die Qualität ihrer Stimme, über ihre Fähigkeiten als Dirigent oder ihre physische Eignung zum Tanz immer die Wahrheit gesagt würde. Dieser Erkenntnis zum Trotz habe ich doch versucht, möglichst oft die Wahrheit zu sagen, sie aber dort zu verschweigen, wo sie kränkend gewesen wäre. Lügen soll man im Theater nicht, um sich die Situation zu erleichtern, sondern um überflüssige Kränkungen zu vermeiden. Es gibt Lügner, die um der Lüge willen leben und dadurch alles und alle durcheinander bringen. Ich möchte jedem Operndirektor den Rat geben, die Lüge als Zweckinstrument zu meiden, soweit sie sich eben vermeiden läßt.

Mautner Markhof

Manfred und Pussy Mautner Markhof waren die guten Geister, die mich in Wien begleitet haben. Sie haben meine Sache zu der ihren gemacht und allein durch ihre Existenz dafür gesorgt, daß es in einer Zeit, in der alles zu zerfließen drohte, ein musisches und gesellschaftliches Zentrum gab, das für mich fast eine Heimat wurde. Für ihre Geduld, ihre Anregungen, ihre große Unterstützung und ihre Freundschaft habe ich zu danken.

Minister

Der für mich wichtigste Minister war und ist Fred Sinowatz. Er hat meinen Vertrag als Direktor der Wiener Staatsoper unterschrieben. Er hat mit größtem Verständnis alles angehört, was ich ihm zu sagen hatte. Ich hatte den Eindruck, daß er sich immer bewußt war, daß die Oper ein österreichischer Schatz ist – dafür sollten ihm alle Österreicher dankbar sein. Er hat mir das Leben in der Wiener Staatsoper mit allen seinen »Haxlbeißereien« (auf Berlinerisch »Hickhack«) zur guten Zeit gemacht – dafür bin ich ihm dankbar.

Die Verbindung zum Minister hat Robert Jungbluth, der Generalsekretär des Österreichischen Bundestheaterverbandes, hergestellt. Jungbluth verwaltet die Bundestheater mit Dynamik, er macht es den Freunden des Theaters leicht, weil er sich nur dem Un-Theater verschließt und dem Theater in allen Erscheinungsformen seine Reverenz erweist.

Die Berliner Minister, die man Senatoren nennt und die mein Berliner Leben aufs stärkste beeinflußt haben, waren der der CDU nahestehende Professor Tiburtius und sein Nachfolger, der der SPD nahestehende Professor Werner Stein (der Autor des berühmten »Kultur-Fahrplans«).

Tiburtius liebte die Oper und rief mich täglich am Morgen an, wer denn da gestern abends so gut oder so schlecht gesungen habe. Er machte auch Besetzungsvorschläge und spielte überhaupt gerne Betriebsbüro in letzter Instanz. Eines Abends besuchte er Sellner und Carl Ebert in der Schwalbennestloge des Intendanten, um ihnen zu gratulieren, ging dann noch auf die Bühne, um allen Sän-

gern, mit denen er sich besonders verbunden fühlte, zu danken, fuhr nach Hause und erwachte am nächsten Morgen nicht mehr. Ein kunstverständiger Mann, wie er merkwürdigerweise unter Kunstministern selten anzutreffen ist.

Prof. Stein, ein korrekter Gelehrter von großem Verständnis für die Kulturbelange, machte nach Sellners Abgang aus dem Stellvertreter Seefehlner den Generalintendanten. Sein Jungbluth war Reinhard Wilke, der sicherlich viel dazu beigetragen hat, daß die Bedenken, hauptsächlich von Seiten des Finanzsenators, gegen meine Person, mein Ausländertum und meine Spendierfreudigkeit über die Grenzen des Budgets hinaus, überwunden werden konnten.

Mitarbeiter

Aus der ersten Wiener Periode ist vor allem Mimi Peham zu erwähnen. Sie war noch von Obersthofmeister Fürst Montenuovo an die Hofoper (als Telephonistin) engagiert worden und hatte das besondere Vertrauen von Clemens Krauss genossen. Es war ein Glück für mich, daß sie mir zugeteilt wurde und daß sie mir immer wieder sagte, es sei ihr nach Krauss keiner lieber als ich. Sie verstand es vorzüglich, wütende Petenten in lammfromme Bittsteller zu verwandeln, wenn sie sich zuhauf in ihrem Zimmer trafen, um mich als Klagemauer zu benützen. Zur gleichen Zeit war André von Mattoni, der persönliche Referent Karajans, mein Zimmernachbar. Mattoni war ein guter Freund und ein Phänomen in der Behandlung aller Probleme, die sich um den »Chef« ergaben. Er sorgte in vorbildlicher Weise dafür, daß Karajan alles erfuhr, was er wissen sollte, und gleichzeitig auch dafür, daß es keine Zwischenträgereien gab; zwischen Ernst August Schneider, Mattoni und mir herrschte bestes Einvernehmen.

In Berlin war es Siegfried Müßig, der seine Loyalität gegenüber Gustav Rudolf Sellner, dessen persönlicher Referent und späterer Betriebsbüroleiter er war, auf mich übertrug. Er wurde vom hervorragenden organisatorischen Mitarbeiter zum Freund fürs Leben.

Besonders schwer hatte es mit mir meine Sekretärin Hildegard Witte, einfach deshalb, weil ich ihrer Ansicht nach zu liederlich war und weil ich sie angeblich mit dem mir innewohnenden Sadismus bis aufs Blut quälte. Trotzdem mochten wir einander.

Die Wiener Oper ist seit den Zeiten Egon Hilberts ohne Friederike Mehskolitsch nicht vorstellbar. Sie stand mir in den ersten Jahren meiner Direktionszeit als Sekretärin und dann als Betriebsleiterin mit größtem Einsatz, man kann geradezu sagen mit Aufopferung, zur Seite. Daß in der Staatsoper immer der Vorhang aufging, ist im wesentlichen auf ihr Konto zu verbuchen und auf das des Betriebsbüros unter Hubert Deutsch, der sich auf Rottraud Beck und Irmgard Röschnar verlassen konnte. Friederike Mehskolitsch war in Wahrheit »Frederica Re-

gina« der Wiener Oper, Professor und letztendlich sogar Ehrenmitglied. Nach ihr wurde Helga Dinkel meine Sekretärin – vielgeplagt, weil sie auch unserem administrativen Betriebsbüro unter der Leitung von Georg Fritsch zur Verfügung stehen mußte. Fritsch, ohne dessen unermüdliche Tätigkeit manches unserer Gastspiele chaotisch verlaufen wäre, ist auch Komponist – wahrscheinlich der einzige komponierende Administrationschef der Welt. Eine besondere Vertrauensstellung hatte Gotthard Böhm als mein persönlicher Referent. Er sorgte dafür, daß Fallen, die mir gestellt wurden, rechtzeitig erkannt und gemieden werden konnten.

Nie

Ich habe gelernt, daß man im Leben niemals *nie* sagen darf, schon gar nicht im Theaterleben, denn es besteht vorwiegend aus Kompromissen. Radikale Verneinung würde fast immer in eine Sackgasse führen. Wenn man – von einem Dirigenten, Regisseur, Sänger oder Tänzer bis aufs Blut gereizt – ausruft: »Der kommt mir nie mehr ins Haus!« muß man meist, ehe noch der Tag um ist, alles zurücknehmen und froh sein, daß der Verwünschte die Gnade hat, wiederzukommen.

Opernsysteme

Seit es die Möglichkeit gibt, jeden Ort der Erde innerhalb weniger Stunden zu erreichen, ist das Repertoire-System mit einem ständigen Ensemble, wie es bis in die fünfziger Jahre unbestritten war, in Frage gestellt. Das Repertoiretheater, das dem Publikum im Lauf eines Jahres einen fast lückenlosen Überblick über die gängigen Opern ermöglichte und nur durch ein möglichst stabiles Ensemble getragen werden konnte, wird immer mehr durch die Stagione oder durch der Stagione ähnliche Formen ersetzt. Die Stagione kann nach meinem Dafürhalten nur kurze, wenige Wochen oder Monate während der Spielzeiten abdecken und daher auch keinen Bildungsauftrag erfüllen; es scheint mir also für ein von der Allgemeinheit getragenes Opernhaus, das dreihundert Vorstellungen im Jahr absolvieren muß, nicht geeignet. So bleibt nichts anderes übrig als ein Kompromiß. Er besteht darin, daß man ein möglichst breit gefächertes Ensemble ständig bereithält und dieses durch langfristig gebundene Stars attraktiv zu beleben versucht. Nur so kann der Bildungsauftrag des Staates, möglicht viele Meisterwerke der Opernliteratur in gültiger Form anzubieten, erfüllt werden. Meiner Erfahrung nach hat die Qualität einer Vorstellung nichts damit zu tun, ob sie im Rahmen einer Stagione oder im Repertoirebetrieb vor sich geht. Die Qualität hängt ausschließlich davon ab, ob die eingesetzten Künstler gut sind. Mittelmäßigen Kräften nützen auch viele Proben nichts.

Prawy

Marcello nennen ihn seine Freunde, Marcy seine intimsten Freunde. Er muß gleich nach dem Stichwort Publikum genannt werden, weil er der einzige Opern-»Macher« ist, der gleichzeitig Publikum blieb. Er geht, seit er denken kann, in die Oper und er wird hingehen, so lange er denken kann. Prawy ist darüber hinaus ein Phänomen an Opernwissen, ein höchst verläßlicher Freund und ein ungeheuer fleißiger Mensch. Wir haben einander gern, obwohl wir sehr häufig nicht dasselbe lieben.

Publikum

In den Jahren meiner Tätigkeit für die Oper sind mir immer wieder Direktoren, Intendanten und leitende Vorstände begegnet, die über alles Bescheid wußten, was hinter dem Vorhang vorging, aber nichts darüber, was die Leute vor dem Vorhang dachten und daß sie in erster Linie für dieses geheimnisvolle Wesen, das wir Publikum nennen, da sind. Geheimnisvoll, weil die Reaktionen des Publikums in den verschiedenen Städten verschieden sind, aber auch in ein und derselben Stadt verschieden sein können.

Das Publikum in Japan ist voll Ehrfurcht, das in England voll Gerechtigkeit, das in Italien voll Subjektivität. Das Publikum in Wien ist voll von Liebe, die sich rasch ins Gegenteil verkehren kann. Nur das Publikum in Wien hat eine beinahe mehr als familiäre Beziehung zu seiner Oper, und darum nimmt es sich auch das Recht heraus, die geliebten Kinder der Musik zu züchtigen. Dem Wiener Publikum ist ein Skandal in der Oper wichtiger als ein Skandal in der Politik, dem Berliner Publikum sind Skandale in der Oper in dem Augenblick »schnuppe«, in dem politische oder wirtschaftliche Probleme zur Diskussion stehen. Zum Wiener Publikum gehören alle Österreicher, zum Berliner Publikum nur jene Leute, die sich eine Karte gekauft oder eine Ehrenkarte geschenkt bekommen haben.

Querulanten

Sie halten sich für Verteidiger des Rechts, begehen aber gerade dadurch sehr oft Unrecht. Auf dem Gebiet der Oper sind sie genau so unangenehm wie im öffentlichen Leben. Da die Wiener Oper eine Einrichtung ist, die jedermann gehört, fühlt sich jeder verpflichtet, seine gutgemeinten Ratschläge, wie Recht und Gerechtigkeit am besten gewahrt werden könnten, meist durch anonyme, manchmal aber auch ganz offene, seitenlange Elaborate dem Operndirektor mitzuteilen. Nur selten haben sich solche Menschen belehren lassen. Ich glaube, sie wären unglücklich, wenn sie keinen Grund mehr zum Briefeschreiben und zum Querulieren hätten. Das Schlimme ist, daß man das Querulantentum nicht durch Ignorieren bekämpfen kann, sondern daß man sich Zeit nehmen muß, seine Absonderungen zu lesen, zu überdenken und zu beantworten.

Kein Außenstehender würde glauben, wie oft solche Briefe geschrieben werden und wie viele Zeitgenossen es gibt, die immer wieder, jahraus, jahrein, ihre Briefe versenden.

Regisseure

Es gab Zeiten – und das ist gar nicht so lange her – in denen der Regisseur am Abendzettel der Staatsoper nicht einmal genannt wurde. Der Wille des Dirigenten – man denke nur an Mahler – war maßgebend für das Geschehen auf der Bühne. Und es war auch eine Selbstverständlichkeit, daß der Wunsch des Komponisten maßgebend war – oder zumindest das, was man für ihn hielt. Je weniger neue Opernwerke im Laufe der Zeit dem Standardrepertoire einverleibt werden konnten, desto mehr mußte der Regisseur dafür sorgen, daß mit neuen Gesichtspunkten der Interpretation neuer Anreiz geweckt wurde. Diese Entwicklung hat außerordentliche künstlerische Bedeutung und sorgt dafür, daß die Opernhäuser unserer Tage bei dem äußerst geringen Angebot an neuen Werken attraktiv bleiben und die Unfruchtbarkeit unserer Zeit überleben. Es besteht allerdings auch die Gefahr, daß die regielose Zeit, die natürlich überwunden werden mußte, in eine Zeit mündet, in der die Regie überbetont wird. Denn nie sollte man vergessen, daß Oper *Musik*-Theater ist.

Rysanek

Die Wiener Primadonna meiner aktiven Opernzeit war Leonie Rysanek. Allerdings nicht behaftet mit den Allüren einer solchen. Leichte Anwandlungen waren zwar hier und da zu bemerken, aber ihre eminente Künstlerschaft und ihre Diszipliniertheit sorgten immer dafür, daß es bei ganz kurzen Anwandlungen blieb. Ihr überaus persönliches Timbre, die außerordentliche Sicherheit und Durchschlagskraft ihrer Höhe, ihre dramatische Begabung, Eigenschaften, die alle an die Jeritza erinnern, machen sie zu einer exzeptionellen Künstlerin. Daß ich ihren Weg von der ersten Vorstellung im Theater an der Wien bis in unsere Tage begleiten und manchmal beeinflussen konnte, macht mich stolz.

Sänger

Seitdem ich in den »wohlverdienten Ruhestand« getreten bin, wird mir oft die Frage gestellt, ob es nicht herrlich sei, befreit zu sein von den ständigen Querelen, denen ein Operndirektor von seiten der Sänger ausgesetzt sei. Darauf antworte ich immer wieder, daß ich eigentlich nur sehr, sehr selten Schwierigkeiten mit Sängern hatte und daß die meisten von ihnen hart arbeitende, bescheidene, künstlerisch interessierte, »normale« Menschen sind. Natürlich gibt es auch in diesem Beruf Ekel, die sind aber selten und meistens nicht wichtig, weil sie keine bedeutenden Künstler sind. Es drängt mich, diese Ehrenerklärung zugunsten der Sänger abzugeben, schon deshalb, weil ohne sie die Oper nicht möglich wäre.

Sellner

Gustav Rudolf Sellner, der mir das Abenteuer Berlin auf Vorschlag von Ferenc Fricsay ermöglicht hat, ist ein Magier des Theaters. Er betritt den Zuschauerraum zur ersten Probe und läßt Chor und Protagonisten auftreten. Sie kommen wenig geordnet von allen Seiten und erwarten nun seine Anweisungen. In kürzester Zeit hat er alles in der Hand und stellt die Szene. Dann geht er wieder in den Zuschauerraum, versammelt seine Assistenten um sich und läßt auf der Bühne nun alle spielen. Mit einigen treffenden Anweisungen bringt er alles dorthin, wo er es haben will. Diese erste Arbeit an einer Neuinszenierung entscheidet bei ihm die Qualität des Abends. Sellner ist aber ohne weiteres in der Lage, auch noch bei der Generalprobe wichtige, lange geprobte Szenen umzustoßen, und er weiß mit nachtwandlerischer Sicherheit, daß diese Änderungen richtig sind. Nach einem anstrengenden Probenvormittag kommt er dann in sein Büro und beginnt intensive Besprechungen über Spielplan, Ensemble und sonstige Probleme. Alles geschieht mit großer Präzision und fast immer mit guter Laune. Jeder Künstler, der gleichzeitig Leiter eines Theaters sein will, müßte können, was Sellner kann.

Theoretiker

Wenn es darum geht, die Probleme des Theaters, insbesondere der Oper von heute zu lösen, sollte man sich davor hüten, Theoretiker zu viel Einfluß nehmen zu lassen. Theoretiker stellen schnell und leicht eine Theorie auf, die sich in der Praxis dann als undurchführbar erweist. Das Theater von heute wie von gestern kann auf Improvisation nicht verzichten und kann nur erfolgreich sein, wenn die Praxis das entscheidende Wort hat und die Theoretiker ihr keine Fesseln anlegen.

Uraufführungen

Jeder Operndirektor sieht seinen höchsten Stolz darin, Uraufführungen herauszubringen. Kein geringerer als Paul Hindemith war über diese anerzogene Eitelkeit aller Opernleiter höchst ungehalten. Er meinte, daß es die Aufgabe der Direktoren sei, alle aufführenswerten Werke am Spielplan zu halten und nicht immer auf dem Uraufführungs-Auslug zu sitzen. Uraufführungen, die noch bis in unser Jahrhundert hinein das tägliche Brot der Opernhäuser waren, sind weitgehend zu einer Angelegenheit der Komponisten und Medien geworden und nicht mehr eine des Publikums. Damit neue Werke wieder allgemeines Interesse erwecken, müssen die zuständigen Leiter alles daran setzen, sie ins Repertoire zu nehmen. Natürlich ist es nicht leicht, Werke vom Schwierigkeitsgrad etwa von Schönbergs »Moses und Aaron«, Reimanns »Lear« oder Zimmermanns »Soldaten« bereit zu halten. Darum meine Forderung an die Komponisten, den Realitäten und Möglichkeiten des Theaterbetriebes mehr Augenmerk zuzuwenden.

Verleger

Sie stehen in einem ähnlichen Ruf wie die Agenten. Sie werden sowohl von den Theaterleitern als auch von den Komponisten und den Medien als Menschenhändler und Ausbeuter angesehen. Es wird dabei vergessen, daß sich kaum ein Komponist ohne die oft jahrzehntelange, opfervolle Arbeit und Unterstützung seines Verlages hätte durchsetzen können und in vielen Fällen geradezu physisch untergegangen wäre. Ohne die eminent wichtige kulturelle Leistung großer Verlage wie der Universal Edition in Wien, Schott in Deutschland und Ricordi in Italien wäre auch mancher große Komponist ohne Echo geblieben. Denn die Durchsetzung und Verbreitung von Meisterwerken ist ohne verlegerische Tätigkeit nicht möglich. Sie bedarf großen Wagemuts und wiederum unternehmerischer Persönlichkeiten vom Schlage Alfred Schlees oder Willi Streckers.

Wahlheimat

Ich kann es nicht in Abrede stellen, daß ich immer Wiener mit Leib und Seele war und es auch in Berlin geblieben bin, als diese faszinierende Stadt zweimal zu meiner Wahlheimat wurde. Das erstemal, als sie noch Hauptstadt des großdeutschen Reiches war, und das zweitemal, als sie eine Insel, geteilt durch die Mauer zwischen Ost und West, war. Ich müßte aber lügen, wenn ich sagen würde, daß ich diese an und für sich schreckliche Situation wirklich empfunden habe. Ich habe drei Jahre gebraucht, bis ich die Mauer, mit deren Errichtung am Tage meiner Ankunft begonnen worden war, besucht habe. Berlin ist eine vitale Stadt geblieben, die Berliner sind, gestählt durch die ständige Bedrohung, Menschen mit Lebensart geblieben, die Phantasie kommt im Vergleich mit Wien zu kurz, dafür ist die Verläßlichkeit stärker ausgebildet. Der Berliner mag Intrigen nicht und ist auch nicht so gut im Intrigieren wie der Wiener, das heißt aber nicht, daß die Intrige in Berlin abgeschafft ist. Berlin ist ein einmaliger Beobachtungsposten für die unterschiedliche Entwicklung, die Menschen in West und Ost nehmen können. Der Unterschied zwischen

West und Ost wird durch eine Anekdote deutlich. Ich hatte eine Vereinbarung mit Rudolf Wagner-Régeny an der Ostseite des Zonenübergangs Friedrichstraße; nach der Begrüßung meinte der Komponist: »Ach, ist das heute ein schlechtes Wetter!« Worauf ich antwortete, als sei ich aus einer ganz anderen Gegend gekommen: »Bei uns war es auch nicht besser.« Berlin ist eine tolerante Stadt, jeder kann dort nach seiner Fasson leben, muß aber dafür in Kauf nehmen, daß so etwas wie – manchmal vielleicht zu liebenswürdiger – »Wiener Charme« nicht aufkommt.

Ziel

Mit meiner Ernennung zum Direktor der Wiener Staatsoper war ich am Ziel meiner Wünsche angelangt. Heute stellt sich mir die Frage, ob das Ziel damit tatsächlich erreicht war, oder ob jedes Ziel nur provisorisch ist und durch neue Ziele, die im Reich der Phantasien und Träume liegen, immer wieder ersetzt wird.

Personenregister

269

Bildnachweis

Archiv des Autors: 1 bis 15, 18, 34, 35, 37, 38
Bild-Zeitung, Foto Ulf Schneider: 22
Ilse Buhs, Berlin: 24, 28
Crapich Photo: 27
Harry Croner, Berlin: 21
Roland Fischer, München: 31
Elisabeth Hausmann, Wien: 32, 33
Heinz Köster, Berlin: 19

Kranich Photo, Berlin: 36
Landesbildstelle Berlin: 30
Siegfried Lauterwasser, Überlingen: 26
Photo Pic, Paris: 20
Pontificia Fotograf Zelici, Rom: 29
Foto Press, Berlin: 23
Georg Schenker: 16
Gustav Schikola, Wien: 25
Charlotte Till-Borchardt, Wien: 17

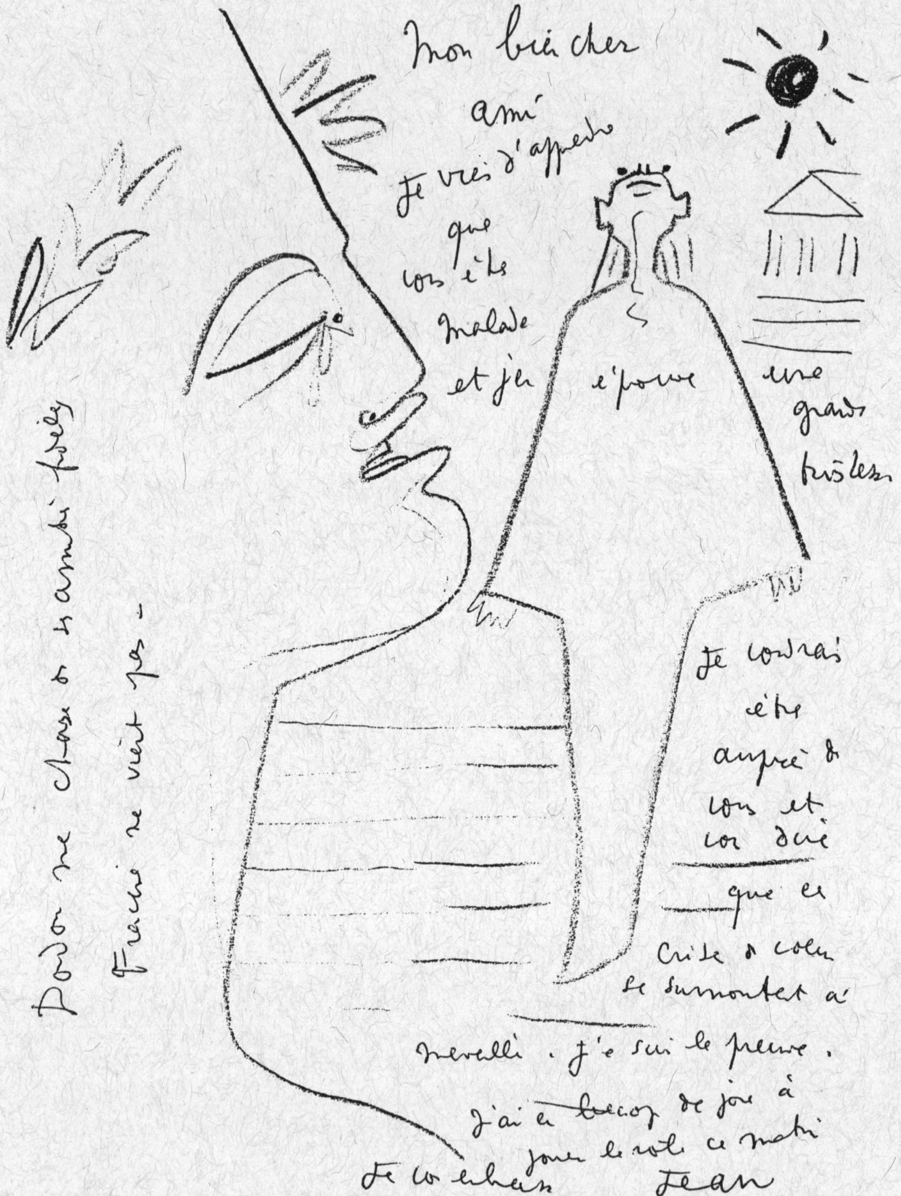
Mon bien cher
ami
Je viens d'apprendre
que
vous êtes
malade
et j'en éprouve une
grande
tristesse
Je voudrais
être
auprès de
vous et
vous dire
que ce
Crise de colère
se surmontait à
merveille. J'en suis la preuve.
J'ai eu ~~beaucoup~~ de joie à
jouer le rôle ce matin
Je vous embrasse Jean
Pardon ma chose si maladroite
Francine ne vient pas.